U0500601

与最聪明的人共同进化

HERE COMES EVERYBODY

CHEERS

CHEERS
湛庐

如何对付像马一样大的鸭子

How Do You Fight a Horse-Sized Duck?

●[美] 威廉·庞德斯通 William Poundstone 著　●刘晓旭 译

浙江教育出版社·杭州

你了解面试中的心理游戏吗?

扫码加入书架
领取阅读激励

扫码获取
全部测试题及答案,
一起感受面试
心理游戏的魅力

- 人事主管对求职者技能、知识和能力的评估可能早在双方互致问候时就已经确定了,这个观点有科学依据吗?(　)
  A. 有
  B. 无

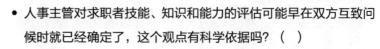

- 当有许多求职者申请某个组织的一个空缺职位时,大多数的淘汰发生在初期阶段,而这些决定往往是凭直觉形成的。这是真的吗?(　)
  A. 真
  B. 假

- 求职者在面试中应牢记一些准则,但不包括(　)
  A. 在面试中提出的问题往往比看上去要简单
  B. 朝前多想几步
  C. 第一直觉一定是对的
  D. 当其他方法都失败之后,试一下画图

扫描左侧二维码查看本书更多测试题

威廉·庞德斯通

WILLIAM POUNDSTONE

立于思想巅峰的畅销书王者
鹰一般的知识传播者

从麻省理工学院的物理学高才生
到家喻户晓的畅销书作家

庞德斯通从小就对科学有着浓厚的兴趣，痴迷世界上的一切神秘事物。在八九岁时，他读了美国著名科普作家马丁·加德纳（Martin Gardner）的《百万人的相对论》(Relativity for the Million)一书，被该书深深地吸引，自此深深地爱上了物理学。20世纪70年代，庞德斯通以骄人成绩获得了美国优秀学生奖学金，并进入世界知名学府麻省理工学院攻读物理学。

从麻省理工学院毕业后，庞德斯通有过一段短暂的编辑生涯，这段经历对他后来的写作大有裨益。而对书籍的热爱，让他立志成为一名作家。

物理学专业和理工科背景给庞德斯通之后的写作刻下了深深的烙印。他对探究隐藏在事物背后的奥秘表现出了前所未有的热情，这让他在每一部著作中都对事物本质进行了几近苛刻的探求。正是这种追根溯源的态度成就了庞德斯通的写作之途，让他成为美国家喻户晓的畅销书作家。

鹰一般的知识传播者

庞德斯通对生活中的任何事物都充满好奇心，他很喜欢研究一些看似不起眼，但能对人们的生活产生很大影响的现象。而且他非常善用幽默且灵动的笔触来描述自己的发现。在他的作品中，严谨的科学知识和数学知识总能以一种充满趣味的方式被呈现出来。

庞德斯通一直在通过多种媒介来传播跨界知识。他已出版多本畅销书，并长期为《纽约时报》《哈佛商业评论》《经济学人》等知名报刊撰写文章，于 2011 年荣获由美国纽约州注册会计师协会颁发的财经新闻卓越奖（NYSSCPA's Excellence in Financial Journalism Awards）。他还参加过《今日秀》《大卫深夜秀》《CBS 早间新闻》等知名电视 / 电台节目，也是美国广播公司两档黄金时段特别节目的撰稿人兼联合制片人，这两档节目都改编自他的图书。

庞德斯通是"大英百科全书"网站上"约翰·冯·诺依曼"词条的编纂者，他还经常在知识问答社区 Quora 上解答科普问题，他在 Quora 上的答案已获 50 多万浏览量。

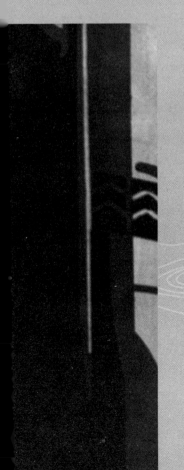

WILLIAM POUNDSTONE

17 部超级畅销书，两获普利策奖提名

不得不承认，庞德斯通的作品题材涉猎范围之广令人钦佩至极，从物理学、数学，到社会学、经济学、管理学……几乎无所不包。从 1983 年的第一本书《大秘密》，到如今的《知识大迁移》《概率思维预测未来》，庞德斯通已出版著作 17 部，而且每一部作品都成为家喻户晓的超级畅销书。其中，《循环的宇宙》和《推理的迷宫》两部作品还获得了普利策奖提名。广为中国读者熟知的《无价》，得到了诺贝尔经济学奖得主丹尼尔·卡尼曼的青睐，也被罗永浩盛赞为"一大奇书"。

庞德斯通为读者营造了一个充满趣味又不乏真知灼见的阅读殿堂。他将带领你拨开错综复杂的生活迷雾，一探事物的核心本质。追随他的脚步，以前所未有的激情，让自己的思维来一次大飞跃吧！

威廉·庞德斯通系列著作

作者相关演讲洽谈，请联系
BD@cheerspublishing.com

更多相关资讯，请关注

湛庐文化微信订阅号

湛庐 CHEERS 特别制作

识人与用人

张　坚
思科中国区原副总裁
中国惠普政府事业部原总经理

当你看到这个书名，你一定很好奇；当你看到这个作者，你又很熟悉。他写的《无价》是多年前我就看过的一本好书，还有他的《知识大迁移》《谁是谷歌想要的人才》等都是畅销书。

记得电影《天下无贼》中葛优扮演的角色说了一句很经典的台词："21世纪最重要的是什么？人才！"是的，人才。在当今这个高速发展的信息化时代、人工智能时代，人才更是全球最稀缺的资源。一方面，如何发现人才、鉴别人才，是值得管理者和企业家共同思考的一个重大问题。老板的主要职责是决策和用人，老板的主要能力是洞察和识人。极端地说，老板连洞察力也不需要，他可以请有洞察力的人来洞察。老板只需要弄明白谁是真正的洞察者，谁的洞察可能更正确就行。因此，老板最重要甚至唯一的责任就是识人和用人。而用人的前提是识人。识人是个技术含量极高的专业活儿，需要理解人性，需要懂一些心理学，需要方法和技巧。

另一方面，每一位求职者和希望晋升的职场人士都希望展示和体现真实的自己，而如何展示是一个重大问题。

这两个问题同时涉及本书的重点——面试，包括面试与被面试。我们常说"选择比努力更重要"，也经常问："优秀的员工是培养出来的吗？"当然不一定。首先要选好"种子"，才能将之培育成优秀的员工。所以招人、找人太重要了。如果选的人不行，可能从一开始就已经处于竞争劣势。我经常讲授《销售团队高效管理》这门课，课程中的一个重要部分就是招聘，招聘就需要面试。

本书作者威廉·庞德斯通一上来就颠覆了我的一些认知，比如说我所做过的测试题和我所学过的《行为面试》（*Behavioral Interviewing*）课程中的内容——这门讲述行为面试的课是我在惠普工作时专门学过的，我也在讲课中经常用到其中的内容。按照庞德斯通的说法，求职者只要准备 4 段经历就把这门课程中的行为面试方法给破了。

1. 你没有足够的时间、金钱或者资源来达成目标的经历。
2. 一位难处的同事、客户或者老板想让你做某些不道德或愚蠢的事情的经历。
3. 你犯了一个大错，但及时从中吸取教训或改正的经历。
4. 你超越了所有人的预期，也就是高光时刻的经历。

哈哈。

本书的第一部分讲了面试中的招聘科学，提出了许多新的观点和想法，当然就包括"招聘中的负面影响"、"人格测试的陷阱"、"毫无用处"的行为面试，这些内容使我印象深刻。第二部分又着重探讨了心理游戏中的问题和解决技巧。第三部分谈了面试中的问题和技巧，其中涉及许多著名公司的案例，引人入胜。内容太多，打开书自己阅读吧。

你如果是个重视人才、需要招人的管理者，或者是一位需要找工作、想要换工作或希望晋升的职场人士，我相信这本书会给你带来帮助。

此书让我受益匪浅，我愿推荐给你，相信你一定能从中受益。

2023 年 12 月 10 日

获得创造性解决问题的能力，赢得你想要的工作

爱迪生的面试调查问卷

托马斯·爱迪生在美国新泽西州门洛公园的一座山脚下建立了一家电灯泡厂。在那里，75 名员工每天辛苦地工作到深夜，制造白炽灯泡。爱迪生患有失眠症，每天工作 20 个小时，为此他雇了一名风琴手来演奏音乐。午夜时，工厂提供一顿简餐。有一次在就餐时，爱迪生偶然提到工厂所在的这座山上有一棵樱桃树。令他吃惊的是，他的员工都不知道这棵樱桃树。爱迪生据此做了一项调查。他发现，有 27 名员工 6 个月来每天都路过这棵樱桃树，却从来没有注意到它。[1]

这件事证实了爱迪生偏爱的一个理论，即大多数人并不关注他们身边的环境。爱迪生认为他的员工应该有观察力。这一信念最终促使他编撰了一份问卷，然后分发给那些正在向他的公司求职的人。爱迪生发现，大多数求职者，即使是那些拥有大学学位和让人艳羡的推荐信的求职者，也无法回答他提出的 48 个"极其简单"[2] 的问题。这些人最终都没能获得录用。

"然而，每家大型企业都在聘用许多这种不称职的员工，"爱迪生在1921年一次接受采访时说，"这给这些公司乃至公众造成了难以衡量的损失。企业应该准备一份小问卷，然后让求职者参加这项测试，这种做法至少可以防止那些极不称职的人被安排到由于他们的严重无能可能导致不可估量的损失的职位上。"[3]公众显然把爱迪生的这番牢骚话当成了信条。当时，这位著名的发明家被视为奋斗精神和科学思维的守护神。1922年，一次民意调查将爱迪生评为当时在世的、最伟大的美国人。[4]

爱迪生关于调查问卷的评论以印刷时代所能实现的最快速度迅速传播开来。在接下来的几个月里，报纸和杂志上出现了一连串的评论、猜测和指责。仅在1921年5月，《纽约时报》就针对爱迪生的调查问卷发表了23篇文章和社论，其中包括一篇基于真实经历的独家报道——一名被拒的求职者站出来，尽可能地复述了他能记起的爱迪生问卷中的问题。不久，另一名被爱迪生拒绝的求职者也谈到了问卷中的问题。《纽约时报》的记者研究出了答案，并将其刊登在了他们就职的这份记录时代现实的报纸上。

爱迪生的调查问卷是冷知识与心算的结合体。

你知道以下面试题的答案吗？

哪些国家与法国接壤？

《悲惨世界》的作者是谁？

说出3种强力毒药。

在一个长20、宽30、高10个单位长度的房间里，空气的重量是多少？

美国哪个州拥有最大的紫水晶矿？

《波士顿先驱报》用爱迪生的调查问卷测试了马萨诸塞州的政客们。这篇报道的标题是《在爱迪生看来，这些人是无知的人》。[5] 记者们请当时另一位伟大的天才阿尔伯特·爱因斯坦发表他的意见。《纽约时报》兴高采烈地报道说，爱因斯坦在一道物理题上出了差错，"因此也成为我们中的一员"。[6] 令这位物理学家出糗的问题是"音速是多少"。爱因斯坦的回答是，他不能马上说出。[7] 他没有把这条信息记在脑子里，但这条信息在教科书里可以很容易被找到。

爱迪生抱怨说，由于他的调查问卷被广泛曝光，他难以招聘到有能力的员工。他决定要"编写新的试题清单"，并警告说："新的试题将受到版权保护，任何以爱迪生调查问卷的名义使用它们的人都将面临诉讼。"[8]

1922年6月，爱迪生又设计出一套包含150个试题的问卷。但新的试题清单很快又被曝光。这份清单包含了更多的冷知识，如葡萄坚果麦片是由什么制成的，以及更多开放式的问题。

你知道以下面试题的答案吗？

你正在和一个不认识的人打扑克，手上只有10美元。在第一轮中，对方拿了一手好牌，而你在抽牌前手里有3个8。赌注罐里有50美分。对方在这一轮以25美分作为赌注。你打算怎么做，为什么？

一些雇主采纳了爱迪生的建议，开始使用类似的调查问卷。[9]但它同样引起了一些雇主的愤慨。哥伦比亚大学心理学家爱德华·桑代克（Edward Thorndike）作为代表之一对它表示了谴责："我相信爱迪生先生会更喜欢一个忠于他的家庭、学校和教会的人，这个人品行高尚，在金钱方面诚实可靠，愿意且能够一天工作8小时，从不推卸责任。爱迪生先生大概不会喜欢一个在口头上或以其他方式炫技，但缺乏这些品质的人。"[10]

心理学家保罗·M.丹尼斯（Paul M. Dennis）认为爱迪生的调查问卷使招聘过程中的对话发生了巨大的改变，但它的影响并未得到充分认识。[11]在爱迪生的时代，和现在一样，工作面试是对一个人是否适合该职位的主观评估。不管爱迪生的调查问卷多么不完美，甚至会产生误导，它仍然提供了一个新的范式，即一种根据问题的答案来预测工作表现的尝试。这一设想产生了持久的影响。它开启了长达一个世纪的相关研究，研究者试图弄清楚面试是否可以预测工作表现，并找出最具预测力的问题和技术。爱迪生的调查问卷还改变了招聘实践，并带来了评估员工的新型方式，某些变化与爱迪生的做法一样具有启发性和争议。

创造性解决问题的能力

当前，经济衰退、流行病、社交媒体和人工智能正在以混乱的节奏改变着招聘模式。近几十年来，一个始终不变的事实是，雇员和雇主都变得比以往更加挑剔。毕业生发现自己债务缠身，面对着一个即使受过良好教育也无法确保获得理想薪资的经济环境。找到一份高薪的工作像是获得一条救生索。在某种程度上来说，这是前几代人不曾有过的想法。求职者也关心社会及道德层面的问题，他们希望在雇主身上看到自己价值观的某种表现。因此，求职者会花很多时间在网上搜索可能符合条件的雇主。这催生了大量的求职应用软件和"最佳雇主"名单。领英网站、《财富》和《福布斯》的年度特稿都会根据薪酬、津贴和时代精神对雇主们进行排名。不可避免地，这种宣传将人们的注意力集中在相对少数的受人尊敬的公司之上。无论经济繁荣还是萧条，对于最受欢迎的雇主来说，每个空缺职位都会吸引十几名或更多的合格求职者。2017 年，特斯拉公司在宣布了 2 500 个空缺职位后收到了近 50 万名求职者的应聘申请。[12]应聘成功的比例是 1∶200，比哈佛的选拔率还低 10 倍。

在某些求职者看来，进入美国五大科技公司（FAANG）是他们的最高理想。FAANG 是 Facebook、Amazon（亚马逊）、Apple（苹果）、Netflix（奈飞）和 Google（谷歌）五大公司的首字母组合。这种使人盲目的魔力并非一种巧合。就像常春藤盟校一样，FAANG 公司在人们眼中闪耀着光环，但也给人带来了一定程度的嫉妒和猜疑。跟随在 FAANG 之后的是一群经常在最佳雇主排行榜上名列前茅的更加多样化的公司，其中包括一些面向年轻人的初创企业和老牌厂商，如波士顿咨询公司（The Boston Consulting Group）、思科公司（Cisco）、希尔顿（Hilton）、德勤事务所（Deloitte）、高盛（Goldman Sachs）、英伟达（NVIDA）、甲骨文（Oracle）、奥多比（Adobe）、贝恩咨询公司（Bain & Company）、美国西南航空公司（Southwest Airlines）、多宝箱（Dropbox）、HubSpot、Blinkist、Kimpton Hotels、Docusign、Lululemon、Salesforce、Trader Joe's、Whole Foods 和 Workday。

随着越来越多有才华的求职者涌向知名公司，不太知名的公司开始寻找新的招聘渠道。总部位于西雅图的 Textio 公司，是一家利用数字工具打造招聘广告的公司，其首席执行官基兰·斯奈德（Kieran Snyder）表示："如果你想在招聘环节与谷歌和苹果这样的公司竞争，你真的需要找到一些新奇的方式来取得成功。"[13] 21 世纪的招聘被拿来与求偶相比较。[14]求职者和招聘公司能够比以往获得彼此更多的信息。如果其中一方觉得匹配的另一方不是特别合适，他就做出左滑（拒绝）的动作，然后离开。

"我当时是一个38岁的单亲母亲，并不契合20岁出头的男性创业者的模板。"Pymetrics公司的联合创始人弗丽达·波利（Frida Polli）说，"我知道，像我这样寻求职业转换的人，包括那些从军的人，我们的处境是一样的。"[15] 波利是一位有着哈佛大学和麻省理工学院教育背景的神经科学家，她的创业想法是借助统计技术使招聘更公平、更有效率。她在电梯广告上采用的宣传语是"人力资源经理的魔球（Moneyball）①"。[16]

波利认为雇主们过于看重一流的资历，比如哈佛大学或斯坦福大学的学位、在德勤或谷歌公司的工作经验。而一个更优秀的系统有可能识别出那些被忽略的人才。

波利还认识到，招聘的初始阶段是整个过程中最薄弱的环节，因为大多数筛选工作都在面试前进行。她所引用的研究表明，招聘人员平均每6秒浏览一份简历，在这个快速浏览的过程中，大约3/4的求职者被淘汰。那些专门负责筛选简历的招聘人员可能认为他们已经把筛选过程变成了一门科学。然而，真正的专业技能要从错误中习得，曾经拒绝过有能力的求职者的招聘人员却永远不会知道他犯过这个错误。招聘人员通常也不会意识到他们的决策中存在潜意识的性别歧视和种族歧视。

许多大型公司已经实现了简历筛选的自动化。相应的软件会扫描简历中与职位相关的关键词和词语组合。匹配度高的简历会被标记出来，等待招聘人员进一步查看。但归根结底，简历并不等于求职者本人。一些平庸的人有着光鲜亮丽的简历，而有时情况则恰好相反。简历充其量只能说明某个求职者做过什么，不能说明他能够做什么。作为一名在中年寻求职业转换的求职者，波利对此有切身的体会。

---

① 同名电影也被译为"点球成金"，是一部讲述职业棒球队总经理比利·比恩（Billy Beane）如何以小博大，在逆境中制胜的影片。——编者注

　　由波利创办的 Pymetrics 公司销售适用于招聘的心理测试游戏。这些游戏是一些求职者可以在手机或电脑上进行的益智游戏。实际上，这些游戏取代了自动筛选简历或初级的电话面试。从汉堡王到特斯拉，Pymetrics 的客户遍及各个行业。无论雇主是谁，这些游戏想要测试的都是求职者是否拥有可以在某个特定公司或职位上取得成功的那些属性。我们可以举一个例子。

你知道以下面试题的答案吗？

　　你已经与一个随机的伙伴配对，并得到了参与游戏所需的 10 美元。现在你可以选择将这笔钱的一部分，即在 0 ~ 10 美元之间的任一数额分给这个伙伴。你分给他的钱将被乘以 3 后再交给他。随后，你的伙伴可以选择将一部分钱退还给你，他同样可以在 0 ~ 30 美元之中选择任一数额。你的伙伴做出这个决定之后，你所获得的钱都将归你所有。你将在 10 美元中选择多少钱分给伙伴（如图 1-1 所示）？

图 1-1　你会将多少美元分给伙伴？

从概念上讲，这道题目与团队建设的某个练习相似，即你后仰着倒下，希望由一个你不太了解的人接住你。在这个游戏中，你要拖动三角形按钮来确定你想给你的伙伴多少钱，然后单击"发送"按钮。在几秒钟内，你就会知道你的伙伴做了什么，以及你最后是赚钱还是赔钱。这个游戏没有标准答案，但波利发现人们给出的答案与其在特定工作中的业绩具有相关性。那些送出 5 美元或更多钱的人往往会成为更适合合作性岗位的团队成员。

心理测试游戏是"员工评估革命"的一部分，它们以所谓的"21 世纪技能"为核心。该名词包罗万象，涵盖了批判性思维、媒体素养、企业家精神、协作能力、应对变化的能力和跨文化理解能力。"与传统的商业环境相比，流动的、学习密集型的环境需要一些全然不同的特质，"波利解释说，"它们多半是从错误中快速学习、采取试错的方法以及对模糊情况的适应性这一类的特质。"[17]

波利提到的这些特质都是所谓的创造性问题解决能力的组成部分。2017年，心理学家贝诺·卡波（Beno Csapó）和约阿希姆·冯克（Joachim Funke）写道：

在一个充满变化、不确定性和惊喜的世界里，解决问题是人类需要的关键能力之一。每当我们手头没有常规应对手段时，我们就需要它。解决问题需要我们对周围的世界进行智性的探索，需要制订在未知环境中有效获取知识的策略，还需要创造性地应用现有的或在整个过程中可以收集到的知识。因为人类有如此之多雄心勃勃的目标，这个世界到处充斥着各种各样的问题。但这个世界上也充满着解决问题的方案，因为人类具有寻找和发现它们的非凡能力。

在创新型公司面试的求职者经常会遇到测试这类非凡能力的试题。这里分别以彭博社（Bloomberg News）和苹果公司的面试题为例。

你知道以下面试题的答案吗？

我手上有一副含 52 张牌的普通扑克牌。我把一张王牌面朝上插入其中，然后反复地洗牌和切牌。接着我开始给你发牌，一直发到王牌出现为止。请问我发给你的牌里包含 4 张 A 的概率是多少？

你第一天上山，第二天下山。每天早上，你都在同一时间出发。请问你是否会在同一个时间点出现在同一地点？

这类面试题有时被称为"超纲"问题。[18] 它们不是在考察你记住了多少课本上的原理，你甚至可能不清楚要从哪里开始回答问题。它们需要的正是所谓的**"创造性解决问题的能力"**。

许多雇主非常重视解决问题的能力，因为这种能力符合他们觉得自身具有创新性和开拓性的认知。这些公司不仅在寻找在某个细分领域具有出众能力的员工，也在寻找那些能够学习新技能的人。超纲问题把求职者推到舒适区之外。但这并不意味着求职者怎样回答问题都可以，他们的想象力必须接受试题限定条件的引导。求职者应该进行头脑风暴，寻找回答问题的可能途径，然后找出最好的方法并设法实现，还要与面试官沟通自己的逻辑思路，最后用一个明确的答案彻底解决这些面试题。

如何应对面试中的难题

当然，世上的事总是说起来容易做起来难。那么，求职者应该如何应对面试中的这些游戏和智力试题呢？它们遵循着一些规律。我要向读者推荐其中 3 条：

● 在面试中提出的问题往往比看上去要简单。

● 朝前多想几步。

● 当其他方法都失败之后，试一下画图。

我们先来解决发牌的问题。一种常见的反应是，这道题需要大量的计算，甚至可能需要一些你从未学过的数学知识。但它其实并不需要！

试着这样想想看：唯一有影响的牌是 4 张 A 和那张王牌。不妨设想把发牌人手中除了这 5 张牌之外所有其他的牌都移走，当他用这仅剩的 5 张牌来发牌时，结果将与他用整副牌来发牌是一样的。求职者的问题只是是否会在王牌之前得到 4 张 A，因此其他牌的位置并不重要。也就是说，这个问题相当于是在问，在被洗过的 5 张牌中，王牌是否排在第 5 位。出现这种情况的概率是 1/5。

在商业世界里，没有人会告诉你，你正在用最笨的方式做事。雇主们会更看重那些能在一闪念间就找到简单、快速的解决方案的求职者。至于苹果公司关于上山下山的试题，它的措辞其实就是一个提示。你可以把"在同一个时间点出现在同一地点"当作一个可行的假设。

为了进一步解决这个问题，请在白板上画一幅图。这幅图应该能简要地呈现你上山和下山的过程（如图 1-2 所示）。

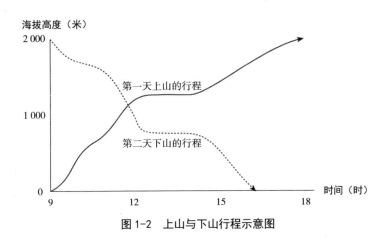

图 1-2　上山与下山行程示意图

　　第 1 天，你在早上 9 点出发。你所在位置的海拔高度随时间上升，尽管上升的速度并不恒定。有些路段可能比其他路段更陡峭。在吃午饭时，你会稍作休息，而当一天快结束时，你会感到疲劳，登山速度随之变慢。最后，你到达了山顶。如果以海拔高度和一天中的时间为坐标，你的旅程是一条从左下方到右上方的呈波浪状的斜线，即图中的实线。水平部分代表你的午餐时间，当时你正停下来休息。

　　第 2 天，你仍然在上午 9 点出发。但是你的起点在山顶，你的路线是一条向下的斜线，即图中的虚线。它并不是前一天路线的翻版。因为下山的速度更快，而且你可能在不同的时间点休息。你很可能会在当天早些时候到达山脚。不过，很容易看出，代表这两天行程的斜线一定是相交的。只要时间不断流逝，而你一直向山下走，它们就一定会相交。两条斜线的交叉点表示你在何时及何地实现了在两天中的同一时间到达了同样的高度。

　　有数学或工程背景的求职者会意识到这张图表现的是介值定理（intermediate value theorem）。可以非常粗略地认为，它表达的是为了从 A 点到 B 点，必

须取 A 和 B 之间的所有值（即海拔高度）。介值定理在证明数学定理、解决某些逻辑难题和设计算法方面非常有用。向苹果公司申请编程工作的人应该认识到这个定理是这个过程中的一个工具。因此，看起来和申请岗位无关的面试问题，实际上可能与这项工作有重大的关联。

分配 10 美元的心理测试游戏与这些逻辑题的不同之处在于，前者没有标准答案。不过，它也需要类似的推理过程，如前瞻性地思考一至两步。为了在这个游戏中做到最好，你必须预测你的伙伴将如何对你的选择做出反应。

由于分配给你的伙伴的任何数额都将被乘以 3 再转交给他，这里存在双赢的可能。给你的伙伴分钱表现的是集体理性，这种做法增加了你和你的伙伴可以共享的财富。你的伙伴也可能会因为你的信任而回报你。但问题是，你不能强制达成这一点。这个游戏不允许你与你的伙伴交流，甚至不让你确认对方已经考虑清楚了整体情况。对方可以不给你任何回报，也不会因为他的吝啬行为受到任何影响。

这个被称为信任游戏（trust game）的测试[19]自 1995 年发布以来，一直是行为经济学的重要内容。艾奥瓦大学经济学家乔伊斯·伯格（Joyce Berg）领导的一个团队设计了这个游戏，目的是证明人们并不总是按照古典经济学理论假设的那种理性、利己的方式行事。根据这个理论，玩家不应该相信他的伙伴，而应该把所有的钱都留给自己。但是伯格和他的同事发现几乎每个玩家都送出了一些钱，其平均金额稍稍超过了原始资金的一半。

如今，雇主们将信任游戏视为一项简单而微妙的性格测试。它可以揭示人们内心深处对个人主义、合作和信任的态度。雇用问题青年和雇用计算机科学博士的公司都在使用它。这些公司首先用它对公司内最优秀的员工进行测试，然后根据求职者的回答与该公司在同类领域或职位上最优秀员工的匹配程度，为求职者打分。

在大多数情况下，求职者选择 5 美元，即所获得的金额的一半，就不会错得太离谱。5 美元乘以 3 等于 15 美元。一个慷慨的伙伴可能会返还你其中的一半，即 7.5 美元。在这种情况下，你可能会说，如果你的伙伴不想做个混蛋，这是他起码应该做的。你和你的伙伴都会因此受益。

得到了分享的好处，你很可能会问自己，为什么不把 10 美元全部给你的伙伴呢？这样他就有 30 美元可以分摊。如果对方是你的朋友，或者你能够与他沟通并达成协议，你很可能会这么做。但在这个游戏中，求职者必须依赖陌生人的善意。把 10 美元全部送出去是有风险的，甚至可以说是过于天真了。

在招聘过程中，选择极端数值，即 0 美元或 10 美元，对求职者可能是不利的。不过，对于单打独斗或涉及大量谈判的职业来说，较低金额的选择者可能是更理想的候选人。较高金额的选择者则适合以人为本的一系列工作，因为在那些工作中与他人和睦相处的能力是至关重要的。

在一些严苛的公司面试时，求职者会遇到每一种类型的常规面试问题，从人力资源员工的标配"请简要介绍下你的简历""你觉得 5 年后自己会晋升到哪个位置"到让人疲惫的工作任务。但最令人恼火和容易引起误解的问题其实是那些考察 21 世纪技能的面试题。本书将探讨当代招聘的这些方面：逻辑题、脑筋急转弯、神奇的估算和心理测试。它将帮助你理解为什么这些评估技术会得以流行，以及雇主们希望用它们测试出什么。最重要的是，本书将会告诉你如何应对这些问题并赢得工作机会。

本书分为 3 个部分。第一部分简单回顾了历史上预测员工未来工作表现的种种努力。这一部分讲述了智力测试和人格测试的兴衰、负面影响的概念以及消除招聘过程中歧视现象的各种尝试，也谈及行为面试问题、工作抽样和集体面试的发展；详尽地介绍了评估招聘面试在预测工作表现方面所具有的价值的各项科学工作，还对为什么面试通常没有我们大多数人认为的那么具有预测性，以及为什么这个事实几乎没有改变面试在当前的地位等问题做出了解释。历史上科学研究的成功与失败共同造成了招聘工作的现状。

第二部分探讨了招聘过程中最常见的心理测试游戏。这些游戏借鉴了心理学、行为经济学和博弈论领域的一些著名实验。它们能充分反映出参与者的特质乃至天性。一般来说，求职者无法针对心理测试游戏做准备，但通过了解雇主的预期，他们可以提高测试的分数。在许多公司，在此类游戏中的表现决定了谁能获得参加面试并得到工作的机会。

第三部分介绍了某些挑剔的雇主在面试中提出的最具挑战性的问题，并给出了相应的答案。除此之外，它还是一个关于如何创造性解决问题的教程。在当代人的理解中，解决问题的能力是一种可学习的、在职场和面试中都很有价值的技能。因此，求职者应该了解问题解决方面一些不成文的规则。根据不同的解题思路，面试题被分门别类，归入不同的章节。在读完本书之后，你将会掌握一套帮助你解决从未遇到的问题的技巧。

本书的读者并不仅限于求职者。心理测试游戏和逻辑题在很大程度上与我们的思维模式有关。它们推动我们不断地去探索新的想法，更好地理解他人和自己。

推荐序 识人与用人

张　坚
思科中国区原副总裁
中国惠普政府事业部原总经理

前言　获得创造性解决问题的能力，赢得你想要的工作

第一部分
面试中的招聘科学

第二部分
心理游戏中的问题解决技巧

第三部分
面试题中的问题解决技巧

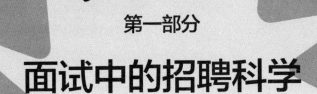

第一部分

面试中的招聘科学

HOW
DO YOU
FIGHT A
HORSE-SIZED
DUCK?

▼

你的超能力是什么?

▼

为什么动物没有轮子?

▼

如果你钻了一个贯穿地球的洞，然后跳进洞里，
接下来会发生什么?

01 面试中的各种测试

1917 年，哈佛大学心理学家罗伯特·耶基斯（Robert Yerkes）在新泽西州的瓦恩兰组建了一个由美国心理学家组成的梦之队。他们的任务是为美国陆军新兵设计一套认知测试，即陆军甲种测试（Army Alpha Test）。该测试的目的是为应征入伍者匹配合适的岗位。该测试将确定参加军官培训的候选人，以及筛出那些精神状况不适合服役的人。由于新兵的教育背景大不相同，心理学家的任务是在尽可能少地参照课本知识的情况下，测试新兵的常识和智力。陆军甲种测试很大程度上借鉴了法国心理学家阿尔弗雷德·比奈（Alfred Binet）设计的开拓性智力测试。此外，它也测试了新兵对美国流行文化知识的了解程度，以及在军事生活中很重要的一种能力，即贯彻执行明显毫无意义的指令的能力。

你知道以下面试题的答案吗？

如果 4 大于 2，那么划掉数字 3，只有在 3 大于 5 的情况下，才在数字 4 下面画一条线。[1]

1 2 3 4 5 6 7 8 9

你明白了吗？正确的做法是划掉数字 3。

另一项测试，即陆军乙种测试（Army Beta Test），则试图绕过语言的门槛。该测试纯粹是视觉上的，适用于不懂英语或在陆军甲种测试中不及格的新兵。

第一次世界大战期间，约有 175 万名入伍者参加了陆军甲种测试。测试的结果按字母标示等级：从 A（非常优秀）到 E（非常差）。尽管陆军甲种测试起源于法国，但人们一直认为它是美国智慧的表现。战后，美国私营企业注意到了这一测试。在数十年里，智力测试成为美国招聘流程的惯例，得到心理学家的广泛认可。1926 年，普林斯顿大学的心理学家卡尔•布里格姆（Carl Brigham）在大学的入学考试中采用了陆军甲种测试。它后来发展成为学术能力测试（Scholastic Aptitude Test，SAT）。大家可能都知道，SAT 考试目前仍在被采用，但形式发生了很大的变化。

求职者一向不喜欢智力测试。从定义上看，智力测试显然有一定的难度，完成它是一项费力的工作。使用智力测试的雇主则似乎认同人性是一维的。不过，在大多数工作中，智力是否比单手做俯卧撑的能力更重要，至今还不是很清楚。

智力测试的广泛流行揭示了一个让人尴尬的事实：许多高智商的人在他们的职业生涯中并没有取得多大的成就。这削弱了智商作为工作表现预测指标的作用。

　　一个更值得关注的问题是，耶基斯、布里格姆和其他许多智力测试领域的心理学家同时也是美国优生运动①的倡导者。在1923年出版的《美国智力研究》（*A Study of American Intelligence*）一书中，布里格姆写道："陆军智力测试已经毫无疑问地证明，就像美国黑人一样，意大利人和犹太人从基因的角度来说是无法被教育的。给这些天生的白痴和低能儿提供良好的盎格鲁 - 撒克逊式的教育②，只会浪费金钱，更不用说让他们进入我们在医学、法律和工程方向上的优秀的研究生院了。"[2]

　　不妨看一下支持布里格姆结论的几个陆军甲种测试问题。

你知道以下面试题的答案吗？

　　　　皮尔斯银箭（Pierce Arrow）汽车是在美国哪个城市制造的？布法罗、底特律、托莱多，还是弗林特？

　　　　阿尔弗雷德・诺伊斯（Alfred Noyes）是著名的画家、诗人、音乐家，还是雕塑家？

　　　　"天鹅绒乔"③的字样出现在哪种商品的广告中？牙粉、纺织品、烟草，还是肥皂？[3]

---

① 认为基因会决定人的优劣，因而禁止携带"劣质"基因的人群生育。——编者注
② 以英美为代表的发达资本主义国家所实行的教育。——编者注
③ "天鹅绒乔"是美国的一个烟草品牌。——译者注

与爱迪生一样，陆军甲种测试的发明者认为聪明人应该清楚他们自己正在做的事情。陆军甲种测试取材于生活在城市地区、经济优渥的美国白人的文化，这些人开汽车、听收音机、阅读报纸，而且熟悉日常播放的广告。然而，陆军甲种测试的对象除了城市精英以外，还有来自农村、几乎没有接触过消费文化的应征者，以及几年前才来到美国、在餐桌上说英语以外语言的城市移民。不足为奇，后两个群体在测试中得分一直不高。显然，今天的读者在回答这些问题时几乎都会被判定为低能儿，因为 21 世纪初的文化与1917 年的文化截然不同。

1930 年，布里格姆做了一件对美国种族主义来说史无前例的事情。他承认自己犯了错误。布里格姆发表了一篇题为《移民群体的智力测试》（*Intelligence Tests of Immigrant Groups*）的论文，说明为何陆军甲种测试不适合跨文化比较，并推翻了他之前的观点，认为这项测试不能被用于评测抽象、非现实的智力。他公开抨击自己在 1923 年出版的那部作品："关于种族差异的整个假想的上层结构彻底崩溃了。"[4]

> 这篇综述总结了一些最近的测试结果。这些结果表明，针对不同民族或种族群体的比较研究可能无法用现有的测试进行，尤其能够说明，作者自身的研究，作为这些种族比较研究中最自命不凡的一项，是毫无根据的。[5]

智力通常被定义为学习的能力。然而，学习是一个需要时间的过程。在静态测试中测试该过程并不容易。因此，陆军甲种测试和智力测试所衡量的是测试者已经学到的知识。它们可能是一组事实，也可能是一些技能，如比喻或分数乘法。这类测试的核心假设是，那些天生善于学习的人掌握了很多技能，而且应该已经学过测试中的这些内容了。

但是，人们学到的知识取决于文化、阶层以及动机、好奇心一类的个性因素。智力测试在本质上将这些要素与认知能力混为一谈，而且人们很难在其中对它们进行区分。

优生学的精灵不会轻易地被关回瓶子里。一位参与陆军甲种测试设计的心理学家亨利·H. 戈达德（Henry H. Goddard）在纽约埃利斯岛进行了智力测试。他报告说，大多数新来的移民"智力低下"，不过这个结论只适用于乘坐三等舱的移民，不适用于乘坐头等舱的移民。这类主张加上布里格姆的著作，使得美国立法者竭力拒绝"日耳曼"以外的民族向美国移民。在20世纪30年代的德国，阿道夫·希特勒上台后公开赞扬了美国对优生学的支持政策。但是，纳粹政权的崛起和大屠杀的恐怖，在被新闻广泛报道以及知识界热切讨论之后，浇灭了20世纪中叶美国对优生学及其背后的种族主义理论的热情。智力测试也受到了质疑。

什么是招聘中的负面影响

1971年，美国最高法院就格里格斯诉杜克电力公司（Griggs v. Duke Power）案的一项裁决，被证明是使美国招聘市场不再广泛使用智力测试的最后一根稻草。被告是位于北卡罗来纳州的杜克电力公司，该公司长期对员工实施种族隔离政策。非裔美国人被分配到一个单独的部门，工资也较低。根据1964年的《民权法案》，这种做法是违法的。杜克电力公司名义上向所有种族的员工开放了高薪部门，但它要求求职者拥有高中文凭或在智力测试中达到一定分数。而在现实中，为杜克电力公司工作的非裔求职者往往比白人求职者更穷，受教育程度更低，所以很少能达到这些要求。美国最高法院认为，文凭和智力测试分数对于在北卡罗来纳州边远地区从事艰苦户外劳动的工作来说并不重要。智力测试利用法律漏洞，使被国会宣布为非法的工作歧视得以继续存在。

因此，美国最高法院裁定，如果中立的要求或测试导致少数族裔被雇用或晋升的人数不成比例，那么它们也可能是歧视性的。这种情况也被称为负面影响（adverse impact）。

在格里格斯诉杜克电力公司一案中，美国最高法院对招聘中"公平"这个具有某种哲学意味的问题进行了权衡。许多当代公司因此将多元化写入其发展愿景。请考虑一个典型的硅谷式问题：假设一家以男性员工为主、推崇兄弟文化的公司有 100 个空缺的职位，这些职位有 1 000 名求职者，其中 400 名是女性。如果在 100 名最合格（假设这是可以客观确定的）的求职者中，有 55 名是女性，那么，本着公平原则，公司最终应该雇用多少名女性？

（a）大约 40 名，因为这反映了选择该公司的求职者的性别比例。男性求职者和女性求职者应该有平等的就业机会。

（b）大约 50 名，因为世界人口大约有一半是女性。新雇员的人口统计学数据应该与一般人群相匹配。

（c）大约 55 名，因为这是最合格求职者中女性所占的比例。公司应该忽略性别因素，聘用最合格的人。

（d）100 名，因为公司的男性雇员已经太多了。关于新雇员的数据应该体现对已有歧视的纠正。

每种答案都有其理由。大多数雇主更喜欢任人唯贤的答案（c），因为他们想要尽可能地雇用最有能力的劳动者。他们愿意相信，在不放弃更有资格的求职者的情况下，多元化也可以实现。

美国法律认同雇主有权雇用最合格的人才。但当被投诉存在歧视时，雇主可能会被要求证明其采用的评估方法能够识别出胜任这份工作的求职者。要证明整个招聘流程中的某项事实并不那么容易。

实际上，负面影响原则支持答案（a）。理想情况下，女性受雇雇员的比例应与求职者中女性的比例相等。符合这一标准的雇主可以很轻松地对歧视投诉进行抗辩。

如今，负面影响体现为美国司法部在 1978 年采用的"五分之四原则"（four-fifths rule）中。该原则建议大型企业在所有"受保护阶层"中按照该比例招聘求职者。法律保护一些群体不受就业歧视的伤害，其中包括由性别、种族、宗教、籍贯、年龄或身体残疾定义的群体。美国许多地区都采纳了这项政策，一些州则覆盖了更多受保护的群体。

五分之四原则要求雇主计算出每个受保护阶层中被雇用的申请人的百分比。这类群体中受雇人数的占比不能低于主流群体占比的五分之四。

举例来说，这意味着，被雇用的黑人人数应介于被雇用的白人人数的 80% ~ 125% 之间。当这一比例低于 80% 时，黑人求职者可以认为他受到了种族歧视，而当这一比例超过 125% 时，白人求职者也会声称受到了歧视。

由于五分之四原则提供了一定回旋的空间，答案（a）和（c）代表的两种法律精神在实践中可能不会产生太大的不同。但五分之四原则并不能保证会被实施。在现实中，求职者几乎从来不能获得他们需要知道的用以判定是否存在负面影响的数据。而歧视性的诉讼往往只有在证据确凿的情况下才会被追诉。

格里格斯诉杜克电力公司案产生了许多后果，其中一些是始料未及的，种族评判方法（race-norming）即其中之一。比如说，能力倾向测试可以很好地预测一个人在某项工作中的表现，但它在某种程度上会表现出种族歧视。通过种族评判这一方法，每个求职者的得分都要与其同种族（或其他受保护群体）的求职者相对照。该评判方法的假设是，得分在亚洲人中排名前10%的亚洲人被认为与在白人中排名前10%的白人一样能够胜任工作。种族评判方法既可以避免负面影响，同时也允许各个公司使用其熟悉的测试和评估方法。

在20世纪七八十年代，美国联邦政府和38个州政府采纳了种族评判方法。但保守派人士把它与平权运动相比较，认为它构成了反向歧视。1991年由乔治·H. W. 布什总统签署的《民权法案》修正案取缔了种族评判方法。

在某种程度上，美国的就业法通过更详细地规定雇主不能做什么来减少就业歧视，而不过问雇主能做什么。负面影响原则使雇主们对智力测试和能力倾向测试心怀戒备，即使有些工作明显需要更灵活的思维。负面影响的存在与否可能取决于一些超出公司控制的因素。一些美国公司招募了许多来自海外的高素质求职者，这导致了某些民族血统的群体的高入职率。这种做法使某些平时受到青睐的群体，如美国白人，也面临着负面影响，而当来自一个受保护群体的不合格求职者以超高比例申请一家公司的职位时，相反的问题就会出现。

然而，今天的雇主拥有相当大的权力来决定谁可以成为求职者。求职者看到的招聘信息是由领英或Facebook等平台基于对他们的了解而展示的。总的来说，这种情况非常普遍。Upturn数字技术研究集团的总经理阿伦·里克（Aaron Rieke）表示："就像世界上其他类型的数字广告一样，人工智能正在帮助锁定哪些人可以看到哪种类型的职位描述。"[6]一家需要更多符合要求的女性或少数族裔前来就职的公司有很多办法找到他们。

关于负面影响的法律、科学和哲学思考，更加凸显了以下这个悖论：设计一个能以相当高的准确度来预测工作表现的评估方法并不难，但这些方法一般来说都是以某种文化参考框架为背景的。如果对该方法所基于的文化背景了解较少，那么有才华的求职者就将处于不利地位。如何应对这一问题是当前招聘工作的首要挑战之一。

人格测试的陷阱

心理学家罗伯特·霍根（Robert Hogan）、乔伊斯·霍根（Joyce Hogan）和布伦特·W. 罗伯茨（Brent W. Roberts）在 1996 年的一篇文章中对"一种有益于平等就业、社会公正和更高生产力的力量"大加推崇。[7] 他们所指的正是职业人格测试。

这几位心理学家认为，人格测试不会"系统性地歧视来自任何种族或国家的群体"[8]，也不会对残疾人或老年人另眼相看。因此，与智力测试相比，人格测试不太可能产生负面影响。

用于招聘的人格测试通常采用五因素模型（Five-Factor Model，FFM）或大五人格模型（Big Five）。1961 年，在得克萨斯州拉克兰空军基地（Lackland Air Force Base）工作的两位美国空军心理学家欧内斯特·图普斯（Ernest Tupes）和雷蒙德·克丽丝塔尔（Raymond Christal）定义了人格中"5 个相对强大且反复出现的因素"[9]。他们分析了应征入伍者的人格特征自我报告，从中寻找相关性。

大五人格模型并不复杂。它类似于以人格为元素的周期表。理论上，每个人都可以被设置于这个五维空间的某个地方。大五人格模型的 5 个维度可以被记忆为英文简写 OCEAN，即开放性（Openness）、尽责性（Conscientiousness）、外向性（Extraversion）、宜人性（Agreeableness）和神经质性（Neuroticism）。

除了针对经验的开放性之外，其他的维度大致可以按它们的字面意思理解。开放性衡量的是对冒险、新颖的或非常规的想法以及文化探索表现出的好奇心和兴趣。更宽泛地说，开放性关乎创造力、想象力以及抽象思维能力。

五大维度中的任何一个维度都代表着一个测量某种基本人格特征及其反向表述的量表。外向性量表以极端外向为一端，极端内向为另一端。大多数人的表现介于两者之间。其他 4 个量表也可以以此类推。

神经质性是一个被贴上负面标签且颇具弗洛伊德理论色彩的量表。有些人更喜欢图普斯和克丽丝塔尔最初的命名——情绪稳定性（emotional stability）。它被认为是神经质性的反义词，所以两者都可以作为该量表的名称。

1961 年，图普斯和克丽丝塔尔在一份空军技术报告中发表的这项理论，在当时几乎没有引起学术界或产业界的注意，但在接下来的几十年里，一些团队证实了大五人格模型的作用。为了辅助招聘工作，人格测试的结果必须能预测出求职者未来的工作表现。然而，直到 20 世纪 90 年代，这方面的数据仍一直很少，而且是让人生疑的。这时，一个研究团队声称人格测试结果与工作效率之间存在相关性。几乎就在同一时期，人格测试具备了从纸上测试转向在线测试的可能性，后者更便于实施，评分也更快。据估计，目前 60% ～ 70% 的美国员工在招聘时要接受某种人格测试。[10] CVS、家得宝、百胜餐饮集团、劳氏、诺基亚、Walgreens 和 Xerox 等许多大型公司都采用了此类测试。2014 年，根据一项评估，人格测试业务每年可创造 5 亿美元的价值。[11]

人格测试通常是自我报告式的。求职者被要求对诸如"我是派对的主角"等陈述回答"同意"或"不同意"。大多数试题想要测试的目标是很明确的。但一个显而易见的问题是，求职者有可能会错误地呈现自己。

"针对试题给出的答案代表的是自我展示，而不是自我报告。"罗伯特·霍根、乔伊斯·霍根和布伦特·罗伯茨写道。[12] 他们认为，参试者不一定表现出了他是怎样的人，甚至不一定会表现出他自认为是个怎样的人。他所表现的是他希望别人将他看成怎样的人。一个声称"我对待每一项任务都有始有终"的求职者在现实中的表现可能并非如此，只是赞同这样一种价值观。

人格测试的试题很多，求职者通常要抓紧时间。最简单的答题方式是不去深思，基本上凭直觉回答。大多数人看上去确实是这样做的。通过对比心理学家的现场评估，商业型的人格测试已经验证了其有效性。产生不可靠答案的试题从问卷中被删除，只留下那些最适合的人格指标。

尽责性，即大体上的"职业道德"，通常被认为是招聘时最需重视的大五人格品质。那些责任心较低的人可能包括"永远无法完成任何一件事的高智商人群"，即微软的雇主们最讨厌的那类人。外向性方向上的高分对于销售工作和与公众打交道的工作来说至关重要，而对于其他工作，中等分数甚至低分就可以符合要求。在设计、咨询和广告等创造性领域，求职者需要在针对经验的开放性一项上有较好表现。

"如果发生了非常糟糕的事情，我需要一段时间才能再次快乐起来。"申请在麦当劳工作的人可能会在测试中遇到这样的陈述。据称，点击"同意"代表与神经质人格有相关性。这些求职者被认为是喜怒无常的，难以与他人相处，无法专注于自己的工作。招聘者很容易得出这样的结论：这类员工会带来更高比例的冲突、解雇、诉讼和"坏运气"。

肯·拉赫蒂（Ken Lahti）是弗吉尼亚州阿灵顿市 CEB 公司的副总裁。他声称，在线人格测试可以"筛掉 30% 最不合格的求职者"。[13] 简而言之，一项快速、廉价的测试就可以让雇主筛掉那些满腹牢骚、逃避责任和制造麻烦的人，而把注意力集中在有动力完成工作的团队成员身上。这难道还会有问题？

1947 年，心理学家罗斯·斯塔格纳（Ross Stagner）愚弄了一群人事经理。他为他们做了一项人格测试，然后报告了虚假的测试结果——随机从占星术书中摘录的陈述。接着，斯塔格纳要求这些招聘专家对他的"测试结果"的准确性进行评分。大多数专家给斯塔格纳的报告打了高分。

次年，伯特拉姆·R. 福勒（Bertram R. Forer）上演了一出更为人知的好戏。福勒对 39 名学生进行了一次虚假的人格测试。然后，每名学生都收到了一份内容相同的伪造评估报告：

● 你非常需要别人喜欢和欣赏你。

● 你有对自己挑剔的倾向。

● 你的性适应能力给你带来了一些问题。

● 你为自己是一个独立思考者而自豪，如果没有令人满意的证据，就不会接受别人的观点。

正如斯塔格纳所测试的那些人事经理一样，福勒的学生们压倒性地认为这些评论道出了他们自身独特的人格。

现在，相当多的关于"陷阱"研究的文献使得这个话题获得了它的专业名称：福勒效应（Forer effect）或巴纳姆效应（Barnum effect）。后者取自美国著名杂技演员 P. T. 巴纳姆的名言"每分钟都有一个傻瓜出生"。[14] 这些研究表明，如果一项人格测试适用于几乎所有人，观点积极，而且由权威机构提供，即使其中的评估毫无根据，它也会被认为是准确的。

我们有理由怀疑巴纳姆效应是否在人格测试及其他评估技术的流行中发挥了作用。密歇根州立大学管理学教授弗雷德·摩格森（Fred Morgeson）解释说："管理者从直觉上愿意相信，人格是重要的。"[15] 对于技术背景出身，并急于学习人力资源知识的企业家来说，人格测试尤其具有吸引力。在线人格测试是量化的、数字化的，边际成本几乎为零。任何一位现代管理者都愿意相信人格测试是有效的。但人格测试营销人员很少披露的是，没有一种已知的员工评估方法具有管理者和其他人通常所认为的那种预测能力。摩格森认为，人格测试与工作表现之间的联系"远低于该领域让我们相信的程度"。

"毫无用处"的行为面试

由于面对面的面试仍然是招聘的基础，产业心理学家耗费了大量资源，试图确定哪些面试技巧最能有效地预测工作表现。20 世纪经久不衰的一项创新是行为面试（behavioral questions）。你有没有做过老板不让你做的事？结果如何？请描述一个你没有足够的时间完成工作任务的例子，或者给出一个你不得不处理客户提出的不合理要求的例子。

面试官认为行为面试是一种非正式的人格测试。其基本原理是，在一项测试中很容易对标好的品质，但编造一个连贯一致的叙述却很难。行为问题引出的经历通常在一定程度上是真实的，能够说明求职者将如何处理在未来出现的类似情况。

视频面试和人工智能推动了行为面试的更新迭代。HireVue 网络招聘公司推广了一个颇受欢迎的视频平台，在该平台上求职者借助手机或电脑录制视频，并回答一系列行为问题。HireVue 公司的首席技术官劳伦·拉森（Loren Larson）解释说："我们捕获了成千上万的数据点——情绪、选用的词语、主动或被动的动词、求职者说'嗯'的频率。"他表示："如果你不苟言笑，那你可能不适合做零售工作。"[16]

该系统不是严格意义上的测谎仪，但它的确通过分析声调和面部表情来判断求职者的诚实度和焦虑状态。尽管招聘人员可以复查面试视频，但求职者有可能在没有人看过他们的面试视频的情况下被淘汰。人类的境遇是不是很可悲？HireVue 公司的客户包括亚特兰大公立中学、波士顿红袜队、达美航空公司、嘉年华邮轮公司、宜家、英特尔、科勒、卡夫亨氏食品公司、T-Mobile、Urban Outfitters。

无论是面对面或线上面试，行为面试都受到人力资源行业的重视。求职者可能会认为这类面试相对简单，压力也较小，但它们却可能成为雷区。行为面试邀请你吐槽糟糕的老板、阴险的前同事和坏运气。遗憾的是，面试官并不认识你那位糟糕的老板，除非对他的控诉上了新闻。你越是抱怨老板，面试官越会怀疑你们双方都有错。面试官可能会担心抱怨太多的求职者很难相处，而且，求职者谈论现任老板和同事的方式预示着他们在被聘用后将会如何谈论新公司。

行为问题面试也不能免受巴纳姆效应的影响。面试官可能过于相信一段信手拈来的趣闻揭示人格的能力。这类面试的效果已因为自身的流行度而受损。在波士顿工作的数字策略师布雷特·鲁迪（Brett Rudy）表示："任何人都可以花 15 分钟谈论自己。"[17] 他发现标准的行为面试"毫无用处，因为每个人都已对此有所准备"。除了毫无经验的求职者之外，所有的求职者都知道一些最常见的问题，而且被建议在参加面试时要准备一些精心修饰过的故事。最少的话，求职者只要准备 4 个故事就够了，它们应该包括：

● 一段你没有足够的时间、金钱或资源来达成目标的经历。

● 一位难相处的同事、客户或老板想让你做某些不道德或愚蠢的事情的经历。

● 你犯了一个大错，但及时从中吸取教训及改正的经历。

● 一段你超越了所有人的预期的经历。

如果面试官罕见地问了一个真正原创的问题，精明的求职者会像任何政治家那样敷衍道："这是个好问题。我想说……"然后转到一个老生常谈的故事上。

工作抽样，实践出真知

路易斯·阿布鲁（Luis Abreu）是英格兰布莱顿市的一名用户体验设计师。在 2014 年的一次会议后，他在网上写了一篇文章，总结了苹果 iOS 8 系统的隐私性和安全更新。这篇文章在开发者中很受欢迎，阿布鲁收到了一封电子邮件，信中询问他"是否愿意到苹果公司寻求职业发展机会"。[18]

阿布鲁回复道："当然愿意！"

阿布鲁接受了 3 次电话面试和 5 次视频面试，每次面试的时长大约为半个小时。3 周后，阿布鲁收到了梦寐以求的邀请，请他前往位于美国旧金山库比蒂诺的苹果公司总部进行面试。苹果公司为阿布鲁支付了机票和 3 个晚上酒店住宿的费用。

在苹果公司总部的面试包含了大量的样本工作任务，耗时 6 个小时，相当于大半天。此外，阿布鲁还要应付 1 顿工作午餐，以及 10 多位面试官。阿布鲁回到英国 1 周后，收到了 1 封电子邮件，上面写着："我们将不会进一步处理你的求职申请。"

许多在苹果公司"宇宙飞船"总部面试过的人讲述了几乎一模一样的故事：

● 苹果公司突然联系了申请人。

● 苹果公司的决策过程包括历时 3 个月或更长时间的数次面试，还为这些人提供了昂贵的差旅费和住宿费。

● 最后，苹果公司用 1 封简短而无礼的电子邮件拒绝了求职者。

这正是许多严苛的公司招聘现状的写照。这些公司愿意面试大量超出合格标准的人，而最后拒绝其中的大多数。这种现象就是无错误肯定（no-false-positives）① 原理在现实中的体现。这种做法似乎对苹果公司很有效，但对求职者并不总是适用。另一位苹果公司的求职者说："我的时间对他们来说显然只是商品。"[19] 他经历了两次申请流程，但两次都被拒绝。

工作抽样是当代招聘评估的另一大支柱。求职者会得到一些样本任务，比如开发营销计划、编写应用程序或起草合同。他们被要求在面试中或在限定的时间内完成工作。微软公司开创了工作抽样的先河，继而又发明了长达一整天、马拉松式的面试。今天，工作抽样被技术行业普遍接受，在需要专业技能的多个领域中的应用也很广泛。

---

① 错误肯定指的是一种测量上的报错，即实际能力低于录取标准的受测者被错误录取的现象。苹果公司希望规避这类招聘失误。——译者注

工作抽样的基础假设是实践出真知。求职者在一项技术任务中的表现应该能预示求职者在未来工作中将会如何执行类似的任务。这是一个获得常识和研究支持的判断。

对雇主来说，工作抽样的成本相对较高。它要求多个技术员工抽出工作时间进行面试或检查由求职者完成的任务。为此，微软公司和其他雇主想出了突然终止不成功面试的办法。SpaceX 公司有一项政策，一旦一位面试官认为求职者不适合该职位，他就可以中止面试流程。该公司创始人埃隆·马斯克规定，每一个招聘决定都必须得到全体同意。[20]

工作抽样也有其不足。工程师迪佩什·德穆拉里（Deepesh Deomurari）解释说："即使是马克·扎克伯格也可能无法通过所有的面试，因为他可能会忘记一些面试官认为他应该知道的 Java 库的细节。"而在现实世界中，程序员可以按照自己的节奏工作，查找他们一时忘记的东西。

另一个问题是招聘过程的应试教育化。一项标准化考试可能会提问美国内布拉斯加州的首府在哪里，而且默认能回答该问题的学生也知道其他州的首府。但是如果每个人都知道这个测试只要求知道内布拉斯加州的首府，老师们就可以跳过这一类的问题。这种应对策略可以提高测试分数，让老师和学生在这个过度迷信衡量标准的时代获得优异表现。但实际上，学生并没有学到太多知识。

对软件工程师来说，"力扣面试"（LeetCode interview）就属于这类"应试教育"。力扣是一家很受欢迎的、提供编程和面试培训服务的网站，为工程师提供了成百上千的标准技术问题和面试任务。力扣官网的窗口右侧提供了一个代码编辑器，它允许用户以选定的语言输入代码。用户可以执行代码并检查它的效果，也可以查看其他用户的评论。从 10 岁的神童到职业生涯中期的转行者，力扣网站为每个人提供了学习编程的途径。它允许用户进行模拟面试，并按照难度对特定公司在面试中提出过的问题进行评级。HackerRank、InterviewBit 和 Topcoder 等网站也提供类似的功能。

这样一来，程序员通过研究流行的技术问题来为面试做准备，而不知如何提出好的问题和工作任务的面试官可以从这类代码网站上寻找这些面试问题。正如思科公司的一位工程师所言，这将导致"对单一事项的过度优化"[21]。求职者变得更擅长回答力扣提出的这类问题，即用有效的、反直觉的解决方案来解决小问题。在实际中，它们确实是应用程序的构建模块，但谷歌公司的一名员工认为，力扣面试问题的缺陷在于未能着眼于大局，即不考察"从整体架构方面思考问题的能力"[22]。这种能力需要搭建一个由知识、直觉和技能组成的更庞杂的体系。另一位工程师发出了如下的疑问：

> 有人相信力扣式的面试问题是一个很好的指标，足以表明某人在其专业领域是一位优秀的工程师吗？我以前和 FAANG 的面试官讨论过这个问题，他们每次给出的回答都是，"我个人的想法很重要吗？不重要，但我想它能帮助你了解求职者解决问题的方式"。说实话，这听起来像是在说大多数面试官并不相信自己对求职者的评价，只是被迫在为自己的评价方式进行辩护。每个人都知道 FAANG 的面试已经变成了力扣的练习项目。[23]

这样的招聘案例显然是失败的。像其他指标一样，工作抽样是一个有嘈杂信号的指标，但在衡量一个特定的、可定义的技能组合上的能力时，招聘者似乎并没有更好的方法。一个临时抱佛脚的求职者也可以对号入座并展示出主动性。

在招聘上最挑剔的公司里的人力资源员工不会因为力扣的问题而辗转反侧。他们现在谈论的是错误肯定和错误否定——谷歌公司长期使用的两个新名词。错误肯定是指一名求职者在面试中表现优异并被录用，但却成了一个不合格的员工，所以这是一次让人遗憾的聘用。错误否定则恰好相反，一位本可以成为一名好员工的求职者，却因为面试表现不佳而被淘汰。

　　两种情况似乎都一样糟糕，而错误否定似乎表现出了更大的不合理性。不过，组织化的思维方式是另一回事。亚马逊的创始人杰夫·贝佐斯说："我宁愿面试 50 个人而没有结果，也不愿雇用一个错误的人。"[24] 没有人会因为错误否定的结果而受到指责，公司也不可能知道自己错过了一位优秀的求职者。被错误肯定的求职者则会成为团队的一分子，他的同事必须更加努力地工作来为这个表现不佳的员工收拾残局。如果公司最后不得不解雇一名糟糕的员工，那将会是一个代价高昂、耗费精力的过程。一次错误肯定会给所有最初批准这次聘用的人都带来不利影响，他们因此更谨慎行事。当一家公司有许多合格的求职者时，为什么还要冒险呢？

集体面试，变相的速配约会

　　与大多数科技公司不同，苹果公司拥有它自己的全球连锁零售商店。据称，苹果新开的零售店里的每个空缺职位都会有 50 名求职者申请。[25] 对每个人进行一对一的筛查是不切实际的。相反，苹果公司采取了集体面试的方式。数十名求职者被带到一个大房间里，参与一项结合了人格测试、真人秀和赛前动员的活动。通常情况下，几名苹果公司的员工担任面试官兼主持人，给这个团队出题或安排游戏项目，求职者依次回答问题或展示自己。一个常用的试题是，"告诉我们一些关于你自己的事情"。小组成员则要猜测这些事情是不是真实的。

　　大多数人都不善于撒谎，这是行为问题面试的前提。群体智慧非常善于发现骗局。求职者是否会通过愚弄大众的方式"赢得"这场比赛并不重要。苹果公司不会因为最具说服力的骗术而雇用你。

集体面试其实是一种变相的速配约会。求职者没有太多在聚光灯下的时间以打动面试官。好的策略是，只要有机会，你就把焦点转回到自身与工作相关的资历上。如果你在中学时为一位韩国流行歌手开通了一个 Instagram 账号，并获得了 10 万粉丝，请你在集体面试中提一下这件事。

你可能听过这条相亲建议：注意你的约会对象对待服务员的态度。行为方式反映出他 / 她是怎样的人。苹果公司的集体面试也是如此。面试官会着重观察一个求职者如何对待其他求职者。与面试官的互动方式可以充分乃至极大地预示他们在工作中的表现。成功的求职者会把自己介绍给别人，与人们打成一片，并避免说坏话和背后中伤的行为。

没有标准答案的古怪问题

集体面试，就如同一对一面试一样，通常包括一些"古怪的问题"，即那些超乎常理的问题。不得不说，有些古怪的问题真的很傻。

你知道以下面试题的答案吗？

你的超能力是什么？

你最喜欢的迪士尼公主是谁？

如果你是盒子里的一支新蜡笔，你希望自己是什么颜色？

　　这一类问题没有标准答案。面试官有可能会自鸣得意地说明这一点。他们问这些问题只是为了表明他们自认为这家公司是多么前卫、富有创意和年轻化。这些问题是文化契合（culture fit）崇拜的一部分。面试官认为公司有独特的、只能通过雇用那些与之相契合的人才能得以保持的文化，而这些多少有些无聊的问题可以对标这类人群。尽管文化契合一般被理解为多样性的对立面，但当下这两个流行语经常在同一场合被提及。

　　"如果僵尸来袭，你会怎么做？"Capriotti 三明治店的首席执行官阿什利·莫里斯（Ashley Morris）会问求职者这个问题。"它的确没有标准答案，"莫里斯说，"我们的希望是，我们将由此发现这个人的内心世界、对他来说真正重要的东西、他的品行到底怎样，以及他是否适合公司的文化。"[26]

　　甲骨文的联合创始人拉里·埃里森（Larry Ellison）曾让招聘人员提问："你是你认识的人中最聪明的吗？"如果对方回答不是，他们接着会问："在你认识的人里，谁是最聪明的？"然后，甲骨文的招聘人员会试图雇用求职者提到的那个人。[27] 而且，职场中的传言确实是这样说的。

　　Warby Parker 公司的标志性问题是："你的上一套服装是什么风格？"联合创始人兼首席执行官戴维·吉勒博阿（David Gilboa）表示，它测试的是与该品牌"品味的特立独行"相符合的特质。"如果我们雇用了世界上技术最熟练的人，但他的工作风格却不适合我们，他仍然不会有成功的表现。"[28]

　　风险投资家、PayPal 联合创始人彼得·蒂尔（Peter Thiel）透露，他最喜欢的面试题是"告诉我一件几乎没人赞同你但却是正确的事"。这个问题曾在舆论中引起热议。蒂尔解释说："这是对原创性思维的测试，也是在考验你是否敢于在不友好的面试环境下大胆说出自己的想法。毕竟，对面试官讲述一些他可能不认同的事情，从社交的角度看，总是令人有些尴尬。"[29]

蒂尔指出，最常见的 3 个答案是"美国的教育系统已经崩溃而且急需修复"、"美国是独一无二"以及"上帝是不存在的"。他认为这些都是糟糕的回答。就前两个答案来说，它们并没有那么不受欢迎，而使得"几乎没有人"赞同。至于第三个答案，作为一个信奉基督教的自由主义者，蒂尔表示，它"只是一场熟悉的辩论中某一方的观点"。

就像曾经流行的那个经典问题"说出你最大的缺点"一样，蒂尔的问题令求职者进退两难。一个好的答案必须是令人信服的，但又非常没有市场。这就像在感恩节餐桌上，人们通常要回避政治和宗教话题一样。在工作领域的争论中，在选择立场之前，你也应该三思而后行。面试官很可能认为他比你更专业，而且他可能持有与你相反的观点。

蒂尔曾在文章中指出，成功的公司是以"关于这个世界如何运作的一些公开但却不为人知的秘密"为基础的。[30] 他举例说，Airbnb、Uber 和 Lyft 这些公司都认识到一个事实，即许多拥有房子或汽车的人都愿意短期出租这些物品，只要能找到一种足够简单的变现方式。就蒂尔的问题而言，那些可以发展成商业创意的答案才是理想的回答。求职者不妨谈谈如果一款应用程序可以匹配到合适的接收者，你认为人们愿意分享、出借、出售或捐赠哪些东西。

类似的挑战还包括"你倾向于寻求许可还是谅解"一类的问题。面试官是在询问，你是会选择让你的上级或管理层批准你的新想法，即"寻求许可"，还是先行动，然后再面对相应的后果，即"寻求谅解"。可以肯定的是，问这个问题的面试官会认为"寻求谅解"这个答案更能体现企业家精神。这家公司其实正在考虑某种类似于电动踏板车的业务，这类工具无须等待监管机构的批准就可以被投放到城市的人行道上。

这并不是说你应该全盘接受"寻求谅解"的答案。正如 Zappos 的首席执行官谢家华（Tony Hsieh）所推广的那个问题："从 1 到 10 打分，你要给自己的古怪程度打几分？"[31] 你应该表现得很古怪，但不要太古怪。

所有的公司和组织都是某种层级结构，希望它们的员工按部就班地行动。没有人想要一个总是突发奇想的员工。当一个组织或小型社会的规则很明确时，人们应该选择"寻求许可"的做法。其他选择都将浪费你的时间，因为你在捍卫你肯定会输掉的阵地。颠覆的最佳时机是规则还没有被建立的时候。这时，一个大胆的、全面有益的倡议最有可能成功。

"如果你是一种动物，你会是哪一种？"这一定是一个蠢到极致的面试问题。从初创企业到《财富》500 强，它被广泛应用于各行各业，因此求职者并不会对它感到意外。但提出这个问题的那些人会很严肃地对待它。斯托米·西蒙（Stormy Simon）是 Overstock 网站的前总裁，她回忆说，有一次"一位求职者说，他把自己看成小熊猫，因为每个人都觉得它们很可爱，很容易接近，但事实证明它们真的很懒。尽管答案不理想，我们还是聘用了这位求职者，但在 3 周内我们就分道扬镳了。这恰好表明这个问题有多重要"[32]。

不错，任何正在审视当下招聘状况的人都必须承认，提出荒谬的面试问题并没有妨碍某些企业家和公司取得巨大的成功。但这些问题是否推动了他们的成功，则是另一回事。

正确的结论或许是，明星企业家可以问任何他们想问的问题，同时也和其他人一样容易受到巴纳姆效应的影响。求职者则有理由担心，针对他们面试表现的打分标准可能是独特和难以理解的。不是每个面试官都像埃里森或蒂尔那么有名，但大多数人都有自己独特且无法被谷歌搜索到的思路。

即使在 Warby Parker，古怪的问题也不会像万圣节的服装竞赛那样层出不穷。最新颖或最古怪的答案并不会成为你被录用的理由。你要配合这些问题的本质来回答。你不要说，"我不看迪士尼电影"或"我最想成为的动物是人。从生物学上来说，人也是一种动物"。这相当于在告诉面试官这些被重视的问题是愚蠢的。它们的确很愚蠢，但是你的任务不是去宣布这一点。

面试有用吗

面试已经流行了一个多世纪。在这期间，它们一直是心理学、社会学和管理专业人士研究的主题之一。研究者已经建立了大型的数据库，希望梳理出面试和工作表现之间的联系。这些研究涵盖了传统面试问题、行为问题、工作抽样，以及极少量的古怪的问题和逻辑题。研究者将面试与认知测试和人格测试相比较，认为它也能够预测职场表现。

这类研究有几个需要注意的地方。我们都了解过关于巧克力所造成的健康影响的冲突研究。问题的关键是巧克力并不是孤立存在的。M＆M巧克力豆的消费者的生活方式可能与吃手工制作的松露巧克力的人截然不同。巧克力可能对健康有益，但也有可能导致一些不健康的后果，如肥胖症和糖尿病。对研究设计者来说，控制每一个变量是不现实的。媒体曾大力宣传一项"巧克力有益健康"的研究，尽管这项研究的设计很差，而且它是由斯莫尔斯咨询委员会（S'mores Advisory Board）资助的。媒体对支持食用巧克力的研究的过度关注，扭曲了人们对该领域里科学的研究成果的认知。

类似的问题也适用于针对招聘的研究。几乎没有哪家公司自始至终只使用一种面试方法。雇主们也从不会随机雇用一组求职者，并跟踪他们在工作中的表现。学术研究中的数据大多来自大学生或在线志愿者的模拟面试，其结论是否适用于现实世界的职场还有待商榷。一些有应用前景的面试方法在商业媒体和大众媒体上被大肆宣扬，人们因此采用它们，但往往随后感到失望。这种情况从爱迪生所生活的那个时代就开始了。

基于这些认识，我们再来看看一个世纪以来真实可信的科学研究揭示了什么。最重要的发现是，招聘面试在预测人们的工作表现方面表现不佳。几十年来，心理学家一直试图告诉雇主们这一点——但他们并不想听。

1994 年，艾伦·I. 赫夫克特（Allen I. Huffcutt）和小温弗雷德·阿瑟（Winfred Arthur Jr.）报告称，基于面试的招聘决定对之后在职表现统计变化的影响只有 4%。这个结果比抛硬币要好，但也好不了多少。另一些研究则表明，当面试与人格测试或认知测试等评估方法相结合时，面试官的判断实际上降低了决策的有效性。

对"薄切片"（thin slicing）[①] 的研究表明，面试官非常容易被第一印象所影响，第一印象其实正是"薄切片"扩展交互的结果。在 2000 年的一项实验中，托莱多大学（University of Toledo）的心理学家特里西娅·J. 普里克特（Tricia J. Prickett）、内哈·加达－简恩（Neha Gada-Jain）和弗兰克·伯尼尔（Frank Bernier）用常规的面试技巧对 3 名志愿者进行训练。[33] 然后，志愿者作为面试官进行了 59 次模拟面试，他们询问的都是人力资源员工采用的标准问题，如："你对自己 10 年后的打算是什么？""你最大的缺点是什么？""你和你的上司有过意见分歧吗？你是怎么处理的？"[34] 每次面试持续约 20 分钟，并有视频记录。每次面试后，面试官会对求职者的一些特质进行评估，如受欢迎程度、智力、野心、诚信，然后就他们是否会雇用这个人给出判断。

每个视频都被剪辑成 20 秒的短片。在视频中，求职者进入房间，与面试官互相问候，然后坐下。接着，这些短片被展示给另一组人，在此之前他们对求职者或面试一无所知。这组人被要求仅根据 20 秒的视频片段，按照同样的标准对求职者进行评分。他们的评分与上一组受过训练的面试官竟然

---

① 指个体根据相对少量的信息做出快速而可靠的判断或决定的能力。——译者注

极其相似，尽管他们没有听到任何求职者在问答环节给出的回答。

心理学家们由此得出了一个令人震惊的结论："人事主管对求职者技能、知识和能力的评估可能早在双方互致问候时就已经确定了。"[35] **在招聘面试过程中发生的一切几乎不会改变面试官的第一印象。**

这并不能证明第一印象就是错误的。然而，人们想必也很难相信基于问候环节的评估会有多么准确。针对"薄切片"的研究确实表明，某些广受欢迎的问答实际上并不会给面试带来更大的价值。

如同所有人一样，面试官往往相信自己能很好地判断人性。他们很可能夸大了自己的洞察力和他人的可预见性。面试官通常期望以近乎 100% 的准确率预测求职者的工作表现。可以说，这一类的信条在一流的公司里更加深入人心，因为被抬高的自信心在这些公司里就像是人们呼吸的空气的一部分。成功的商界人士通常认为自己在每个领域都是专家，招聘当然也不例外。有证据表明，招聘在很大程度上受随机因素影响。没有一种已知的面试技巧能够消除这种不确定性。

有没有一种方法能预测工作表现呢？答案是有的，但不是雇主或求职者特别想听到的那个答案。约翰·E. 亨特（John E. Hunter）和隆达·F. 亨特（Ronda F. Hunter）在 1984 年写道："这些年来所有的大样本研究都表明，纸上测试是衡量能力的极好方法，其他类型的测试则通常更昂贵，也不那么有效。"[36] 他们谈论的其实是认知测试和人格测试，现在它们更多地通过网络来实现。

这些测试并不完美，亨特们很清楚。他们排斥那些过分偏离这类测试的创造者的文化影响力的测试。认知测试和人格测试在测量它们要实现的目标时相对可靠，而且它们所衡量的内容与工作表现有相关性。

一方面，这两种测试需要收集大量的数据。同样的测试给到每个求职者，而且评分是客观的。这就消除了很多干扰。另一方面，面试官可能会问每个求职者不同的问题。他可能在潜意识里试图确认第一印象，向喜欢的求职者抛出简单的问题，而向其他人抛出更难的问题。于是，这种即时判断就变成了一个自验的预言。

在 2008 年的一篇调查文章中，鲍灵格林州立大学（Bowling Green State University）的斯科特·海豪斯（Scott Highhouse）比较了在员工评估方面的认知和现实情况。调查显示，人们相信传统且非结构化的面试比测试更能够预测员工的工作表现，然而经验现实的结论却恰恰与之相反（如图 1-1 所示）。

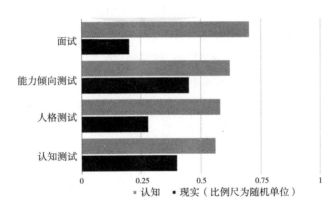

图 1-1　关于员工评估技术的认知与现实

资料来源：Highhouse 2008。

当一份工作需要某种特定的技能时，对该技能的能力倾向测试是一个很好的预测指标。一般认知能力测试的表现也不错。即使对于销售这种以人为核心，而不是以智力为导向的职业，上述结论也是成立的。优秀的销售人员往往在认知测试中得分更高。研究发现，人格测试同样具有预测工作表现的能力。它们所提供的信息通常不如能力倾向测试或认知测试，但比面试更有效。

海豪斯写道："在预测人类行为方面，分析优于直觉，这是行为科学中最成熟的发现之一。"[37] 但是，我们要抵制那种仅仅靠测试就足以衡量我们自己或他人的想法。人类的洞察力当然是不可或缺的。而且，正如海豪斯所强调的，"依靠专业判断比依靠测试分数或公式有更高的社会接受度"[38]。

**面试
背后的
科学**　　　　在一个令人印象特别深刻的实验中，海豪斯和他的同事菲利普·利文斯（Filip Lievens）、威尔弗里德·德·科尔特（Wilfried De Corte）要求两组零售商店经理做出模拟的招聘决定。其中一组被告知求职者已经参加了智力测试，并将在面试中接受性格评估。另一组得到的信息恰恰相反：求职者接受了性格测试，而经理们要在面试中评估他们的智力水平。然后，两组经理要根据这些模拟求职者的性格和智力得分对他们进行评分。两组经理的决定都表明，他们更信任面试评估，而不是测试分数。而在接受过面试评估的前提下，人们往往认为智力比性格更重要。

如果问一位心理学家如何改进工作面试的效果，你可能会听到他说出"结构化面试"（structured interview）这个名词。在这种面试模式下，每位求职者会接受同一组提问，跑题的谈话则被尽可能地避免。面试官根据求职者的答案为其打分。因为面试官的记忆可能是不可靠的，并且倾向于他喜欢的求职者。

研究表明，结构化面试比通常那种随意发挥的面试更具预测性。由于这类调查非常有说服力，一些雇主因此采用了结构化面试。但结构化面试最多只能得到有限的支持。按照列表回答问题，没有穿插性的对话，这种面试模式让面试者觉得过分僵化。而且，如果一家受欢迎的公司总是使用相同的问题列表，那么整套测试会很快在网上曝光，成为廉价的参考。正是由于这些原因，知名公司经常会打乱它们的面试问题的顺序，而且总是采用非结构化的面试。

面试比客观测试更有效的错误观念长期以来影响着公共政策。美国教育测验和公共政策委员会在 1990 年关于学校和职场测试的建议中提出，"测试分数是不完美的衡量标准，不应该被单独用于针对个人的重要决定"。该委员会在科技行业具有公信力，由苹果公司负责教育的副总裁伯纳德·吉福德（Bernard Gifford）担任主席。吉福德说："我们只是相信，在任何情况下，一个人都不应该仅仅因为测试分数而被雇主或大学拒绝。"

除了研究这类现象的心理学家，谁会不同意这样的观点呢？"这些观点听起来很合理，"海豪斯写道，"但它们代表着一类有根本缺陷的假设。没有人质疑测试分数是不完美的衡量标准，然而，该委员会暗示，将测试分数与其他指标结合起来就可以纠正这些缺陷，实际上它们只会被进一步强化。"

在这方面，一项造成更重大影响的政策是美国最高法院 2003 年依据格拉茨诉博林格案建立的平权行动。涉案的密歇根大学一度在录取时采用计分制，来自弱势群体的求职者可额外获得 20 分。相比之下，当时美国 SAT 考试每一项的满分是 12 分，而最高总分为 150 分。经审判，美国最高法院以 6∶3 的投票结果裁定该录取制度违宪。不过，首席大法官威廉·伦奎斯特（William Rehnquist）认为，种族身份可以成为大学录取资格的合理考量因素，在此案中最高法院持异议的是不合理的计分制度。就面试而言，对求职者的评估要以真实的个体为基础，而不是交给一个无情的公式。

2019 年，正在参与总统竞选的拜登发誓要禁止公立学校使用标准化测试。[39] 事实证明，这是一个很好的政治主张。几乎没有人喜欢标准化测试，而且此类测试在社会经济方面的偏见一向是众所周知的。但是，他的错误在于认为任何替代方案，比如面试，一定比标准化测试更好。率先推动标准化测试乃至平权行动的正是若干年前美国政府中的当权者的偏见。

大多数招聘研究都试图帮助雇主预测未来的工作表现。这种有关招聘面试的认识其实是狭隘的。一场面试还涉及其他利益相关方，尤其是求职者和招聘公司的在职员工。

面试官通常是求职者被雇用后与其一起工作的员工。求职者的最终入选可能不仅取决于他／她的资历，还取决于新同事对选拔过程的看法。求职者是由捉摸不定的人力资源部门强加过来的，还是现有的员工也有一定的决定权？在面试中考虑这一类因素，不仅是为了找到"最合格的"候选人，也是为了让现有员工相信，他们的声音已经被听到了。

任何接受新工作的人都是在进行一场赌博。没有人想在没有进行审慎调查的情况下就做出改变人生的决定。这类调查可能包括会见可能共事的同事、了解工作环境等。尽管面试有很多缺点，但正如心理学家普里克特、加达－简恩和伯尼尔所承认的那样，面试是"在潜在员工和公司之间建立融洽关系的有效手段"[40]。正因为这个原因，如果没有别的变化，面试将一直存在下去。

02　面试题有用吗

在第一次世界大战即将结束的时候，德国工程师阿瑟·谢尔比乌斯（Arthur Sherbius）发明了一种秘密武器。它是一台加密机，当时技术最高超的密码破译人员也无法解密它发出的信息。由于德国海军表示对这台机器不感兴趣，谢尔比乌斯于是创办了自己的公司。他以"恩尼格玛"（Enigma）为品牌名称来销售这款设备，Enigma 在希腊语中意为"谜语"。在和平时期，这台加密机作为一种保证商业和政府信息安全的手段获得了一定的认可。

第二次世界大战爆发后，英国意识到恩尼格玛密码机的威胁。恩尼格玛密码机从来没有被破译过，所以德国纳粹政府很可能把它用于战时通信。于是，英国人开始招募密码破译人员，以破译德国人的信息。1939 年 9 月，英国政府密码及编码学校从伦敦搬到了布莱切利园（Bletchley Park）。它是一座维多利亚时期哥特式的乡村庄园，因与世隔绝的地理位置而适合开展保密工作。

布莱切利园的另一个优点是，它刚好位于剑桥大学和牛津大学之间，多个领域的知名学者都居住在这一带。布莱切利园组织中最著名的成员是剑桥大学的数学家艾伦·图灵（Alan Turing）。该组织随即发现，它必须把招募的范围扩展到数学专业以及牛津、剑桥两所大学以外。它陆续聘请了一些语言专家、古典学者、音乐家、家庭教师和诗人。将这些人联系在一起的是他们对逻辑题的浓厚兴趣。

剑桥大学和牛津大学当时已经以在入学面试中提出"牛桥问题"（Oxbridge questions）而闻名。

你知道以下面试题的答案吗？

为什么动物没有轮子？

如果你钻了一个贯穿地球的洞，然后跳进洞里，接下来会发生什么？

如果今天是星期二，那么前天的前一天之后的那一天接下来的那一天是星期几？

（答案在本章末尾）

布莱切利园组织向前来面试的密码破译员提出了类似的问题，还从当时新兴的填字游戏中得到了一些借鉴。1930年，英国《泰晤士报》刊载了世界上第一个填字游戏，这种有相当难度、侧重单词拼写的填字游戏很快便风行起来。布莱切利园组织要求在应聘战争工作的申请表中加入一个问题，即询问求职者是否喜欢填字游戏。填写了"是"的求职者会被转交给密码破译行动组。1941 年,《每日电讯报》(*Daily Telegraph*)举办了一场竞赛,宣布谁能在 10 分钟内解开经编码的填字游戏,谁就能得到 100 英镑。5 个人在这次比赛中胜出。英国政府联系到他们并向他们提供了在布莱切利园秘密工作的机会。

德国人在战争期间改进了恩尼格玛密码机,并每天更改它的设置。为了解密这些信息,高速计算是一项必不可少的条件。英国人为此建造了由图灵设计的专用机器——"甜点"(Bombe),以及之后的巨人计算机(Colossus),后者被认为是世界上第一台可编程的电子数字计算机。有些历史学家认为,英国的密码破译行动使这场大战的进程缩短了两年。

数十年后,布莱切利园组织对盟军行动的影响和计算机科学的重要性才逐渐被人们所认识,而战后大西洋两岸计算机工业的发展则进一步彰显出英国这一次在技术领域的胜利。

在美国,IBM 公司已经开始向私营企业推销电脑。它需要招募并快速地培训程序员。在那个时候,这份工作甚至很难向别人解释。"软件"一词直到 1958 年才由当时的统计学家约翰·图基(John Tukey)首次提出。图基指出,软件的重要性已经"不亚于电子管、晶体管、电子线路、磁带等'硬件'"[1]。

20 世纪 60 年代初,格温·李(Gwen Lee)在多伦多的一份报纸上看到一则招募数据处理员的广告。她参加了 IBM 公司组织的集体面试,发现自己不但是其中唯一的女性,也是唯一的黑人。她接受了一项由逻辑题组成的测试,"那些你必须弄清楚,是'某个面包师在骑自行车'和'住在有一扇红门的房子里的人是机械工'一类的试题"[2]。

评分结束后,李被领入一个房间,里面有两名 IBM 公司的男职员。他们无法相信她的得分率达到了 99%。一名男职员指责她被派到那里是有人想在这件事上搞恶作剧。他们又问了她一些难度更高的问题，并意识到她的确有能力获得这样的分数。李得到了 IBM 公司提供的最高级别的职位，作为加拿大首批女性软件工程师之一，她在该公司工作了相当长的一段时间。早期的计算机工业对女性的态度可以说是晦涩不明的。但至少有轶事表明，在美国工程界极少雇用女性的时代，逻辑题为女性带来了就业机会。

在面试中使用逻辑题是早期硅谷公司和微软公司的惯例。不会编程的人可能会认为编程是一项极具逻辑性的工作，但它其实与寻找漏洞没什么差别。"这就像做逻辑题——又大又复杂的逻辑题，"韦尔斯利学院的毕业生玛丽·安·威尔克斯（Mary Ann Wilkes）说，她曾被选中为麻省理工学院的 IBM 704 计算机编程，"我依然保持着过分挑剔、要求精确的思维方式。我会注意到墙上挂得歪歪扭扭的照片。"[3]

发现问题所在是解决谜题的关键。最先出现或最显而易见的解决方法几乎从不会奏效。解谜者必须预料到自己会遇到一些障碍，就像程序员必须预料到某些漏洞一样。解决方案通常意味着想法的飞跃。一种新颖的而回头去看又很简单的方法，足以使一切都配合到位。解答逻辑题需要毅力、耐心，而如果你要在面试中完成这一任务时，它还需要你具有一定的抗压性。

你知道以下面试题的答案吗？

你站在地球表面，先向南走 1 千米，再向西走 1 千米，再向北走 1 千米。你最后刚好回到你的出发点。请问你此刻身在何处？

埃隆·马斯克一直坚持一项原则，即亲自面试特斯拉和 SpaceX 的每一位员工，连门卫也不例外。他说上面这道题是他最喜欢的面试题。科技公司从很早就开始在面试中使用这道题。这已经被广泛报道，所以今天的求职者不太可能再在马斯克的面试中遇到这个问题。

像许多脑筋急转弯一样，马斯克的问题存在一个悖论。如图 2-1 所示，先向南走 1 千米，再向西走 1 千米，再向北走 1 千米，然后你应该在距你的出发点以西 1 千米的地方。但题目中却说你刚好回到你的出发点。这就有点儿不对劲了。

标准答案是在北极点。这个答案符合问题的条件，因为罗盘是根据地球南、北极地磁场的引力来指示方向的，当你站在北极点上，向每个方向走都是往南走。容易让人困惑的部分是向西的旅程。向西走意味着你要沿着一条纬线走。在所有纬线之中，只有赤道绕了地球一周，其他的纬线则相对较短，曲率更大。在无限接近北极的区域，纬线是一些以北极点为中心的、极小的圆周。如图 2-2 所示，你的向西的旅程将沿着这样的一个圆周，然后向北的一段旅程将带你再次返回北极点。

图 2-1　正常情况下的路线　　　　图 2-2　从北极出发时的路线

谜底解开了。但如果止步于此，你的表现可能还不够好。有些逻辑题的答案不止一个，这道题的答案则是无限多个。

假设你此刻在南极洲，离南极极点 1 千米多一点。你先向南走 1 千米，然后紧邻着南极极点向西绕一圈，这个圆周的周长恰好是 1 千米。这时你就站在向南走 1 千米后的位置。然后，你再向北走 1 千米，就回到了你的出发点（如图 2-3 所示）。这个答案也符合该问题的描述。

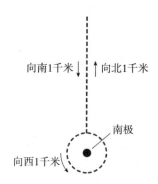

图 2-3　从靠近南极的某点出发时的路线

　　周长为 1 千米的圆周，其半径为 $1/2\pi$ 千米。圆周率或 π 代表单位直径圆周的周长，约为 3.141 59。因此，你必须从距离南极极点 $1 + 1/2\pi$ 千米或约 1.159 15 千米的某一个点出发。你可以选择任何一个到极点为该距离的点，符合该条件的点共同构成一个圆。

　　你还可以得出其他的答案。如图 2-4，你可以从离南极极点更近一点的地方出发，向南走 1 千米，然后沿着一个周长为 1/2 千米的圆周向西走，走两圈，最后再向北走 1 千米，回到最初的起点。你的出发点甚至可以距南极极点更近，只要你沿一个直径更小的圆并走上 3 圈、4 圈或随机的整数圈数。

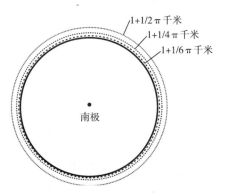

图 2-4　从更靠近南极的点出发的路线

这就产生了一系列的解。这些出发点都落在南极周围、半径为 $1 + 1/2n\pi$ 千米的圆周上，其中 n 为任意正整数。这些圆向着一个半径为 1 千米的圆周无限聚合。这个圆周上的点是符合条件的极值。当你以这些点为出发点时，你的向西的旅程应该是一个无限小的圆周，为了回到出发点你要绕着这个无限小的圆周走上无数圈。

这道面试题可以被视为一个范例。在现实世界中，一个特定的解决方案未必就是唯一或最好的答案。创新者需要不断寻找改进产品或业务的方法。马斯克表示，大多数工程师都能给出北极这个答案。但如果他们就此打住，马斯克就会追问道："还能在哪里？"[4]

2018 年，美国消费者新闻与商业频道（Consumer News and Business Channel，CNBC）的一名记者在大街上随机向行人提出马斯克的这道面试题，结果可想而知。没有人答对。最接近正确答案的一位男性说"两个极点之一"，并猜测是南极极点。[5] 最常见的错误答案是地球的球心。

逻辑题有用吗

金融业、咨询业和互联网零售业的面试一直在使用逻辑题和脑筋急转弯，几乎每一个重视创造性思维、筛选严格的招聘公司都会提出这类问题。然而，很少有研究探讨这类问题在招聘中的价值。这类问题通常伴随着其他更常规的问题，因此研究者很难对它们在招聘决策中的作用单独评估，甚至很难判断它们是否真的有作用。

**面试
背后的
科学**

杰里迈亚·霍纳（Jeremiah Honer）、克里斯·W. 赖特（Chris W. Wright）和克里斯·J. 萨布林斯基（Chris J. Sablynski）在 2007 年的一篇论文中报道了一项包含逻辑题式的面试题的实验。[6] 这显然是此类研究的首例。学生身份的志愿者被要求解答 6 道脑筋急转弯。它们均摘自我本人于 2003 年出版的《如何移动富士山》（*How Would You Move Mount Fuji*）一书。[7] 志愿者回答问题的视频由 3 位评分者独立评分。霍纳的研究团队发现，评分者给出的分数相当一致。这一点之所以重要，是因为涉及语言类回答的判断总是存在一定主观性。

在这项研究中，没有人被雇用做任何事情。志愿者的解题能力无法与之后的在职表现进行比较。但志愿者参加了冯德里克人员测试（Wonderlic Personnel Test），即一种用于招聘的认知测试。志愿者在逻辑题和冯德里克人员测试上的表现存在相关性。这项研究支持了这样一种观点，即对于不想采用实际测试的雇主们来说，逻辑题可以作为一种认知测试。

研究人员要求志愿者就"我觉得面试实施和操控的方式挺不错"一类的陈述回答"同意"或"不同意"。这些逻辑题得到了相当高的平均分，以 10 分为满分，它们的平均分是 6.2 分。毋庸置疑，那些更擅长回答脑筋急转弯的志愿者更有可能表示他们对这些题目感觉良好。参加该试验的志愿者是一些来自北加州的学生，分属多个种族，其中 68% 的人是女性。

采用逻辑题的面试因袭了常见的面试问题。基于它们的评估有可能会表现出确认偏差（**confirmation bias**）。精明的面试官用这一类问题来检视自己的第一印象。它们作为一种对冲手段，可以确保那些表现出核心竞争力的员工同时也具有处理新问题并学习新技能的能力。

"我很早就在信息技术领域学到的一点是，无论应聘的职位高低，特定系统的经验和知识往往会被过分强调，"戴维·阿格里（David Agry）解释道，他是一位喜欢采用问题解决式面试题的面试官，"因为信息技术在不断变化，你必须奔跑才能跟上潮流。持续学习和更新知识的欲望和驱动力，以及出色的解决问题的能力和为客户服务的心态，远比当下拥有的知识重要。**当我向求职者提出他们必须认真思考的、各种稀奇古怪和随机的日常生活问题时，他们天生的解决问题的能力和方式就会显现出来。**"[8]

答　案

你知道以下面试题的答案吗？

为什么动物没有轮子？

有轮子的动物这一表述既不存在语法上的矛盾，也不排除在物理上实现的可能。动物没有轮子这一事实表明，轮子绝不可能经由进化实现。

一个轮子要产生作用，必须能够沿一个轴自由转动。我们只能想象一只动物身上的轮子和轴是与它的身体分开的，这样它们才可以旋转，但是它们又要被固定在某个位置上，才不至于脱落。这个轴可能还需要某种生物润滑剂。长着轮子的动物必须具备某种利用肌肉力量来转动轮子的机制。这种机制尤其难以想象。一只动物虽然有可能在前肢和后肢的位置上长出提供推进力的轮子，但和长着 4 条腿相比，长轮子又有什么优势呢？

达尔文曾惊叹鸟类的翅膀居然进化得如此之完美。当代生物学家认为，这是因为在通向飞行的进化之路上的每一步都为鸟类带来了一种生存优势。鸟类的祖先最先进化出保暖的羽毛，进而获得了像鼯鼠一样的滑翔能力，可以更有效地觅食或躲避捕食者。然后，呈流线型的身体使得它们得以尝试短距离的动力飞行。最终，鸟类发展出长距离飞行的能力，实现了季节性的迁徙，以保证获得充足的食物。

一只长着轮子的动物的最大问题在于，只能实现部分功能的轮子似乎提供不了任何生存优势。一个轮子、轴与动力相结合的系统既可以构成一件精巧的机器，也可以沦为一种负担。进化出轮子所需的元素同时出现在随机突变里的概率是无穷小。

也许我们应该问为什么人类认为轮子是如此伟大的发明。一个原因是，火车、汽车、自行车和摩托车不会永久附着在我们的身体上。我们可以在方便的时候使用它们，不方便的时候就把它们放在一旁。另一个原因是，人类已经为适应有轮子的车辆铺设了最适合它们的道路。车轮无法在森林、高山、高山草甸和海岸顺利运转。一个物种只有在具备了铺路的能力之后，它才能使车轮发挥作用。

你知道以下面试题的答案吗？

如果你钻了一个贯穿地球的洞，然后跳进洞里，接下来会发生什么？

————————————————▉

地球内部的外核呈熔融状态，处于极高的压力之下。如果有一个贯穿地球的洞，液态的铁和镍将奔涌到这个洞里，将其封死。

让我们先不管这一点。假设这个洞可以在力场的作用下保持开放。那么跳进这个洞与跳进深井没有什么区别，你会以越来越快的速度向地心坠落。然而，你会一直保持着地球表面上的旋转速度。随着你不断接近地心，由于洞里墙壁的旋转速度比你的旋转速度小，你将一次又一次地撞到洞壁上。

这是科里奥利效应（Coriolis effect）的结果，即在旋转的参照系中你的运动会受到惯性的影响。科里奥利效应使飓风在北半球呈逆时针旋转，而在南半球呈顺时针旋转。它在理论上可以影响从水盆里流走的水的旋转方向，并支配着许多科学博物馆里标记时间的傅科摆（Foucault pendulum）的运动。

有一个简单的方法可以避免科里奥利效应。那就是钻一个从北极极点到南极极点的洞。因为这个洞与地球的自转轴相重叠，你可以从任意一端跳进去，而不受旋转速度的影响。不会再撞墙了！但是如果这个洞里充满了气体，比如你赖以呼吸的空气，那你就会像流星一样因摩擦而燃烧。

好吧，我们再做一些让步！假设这个洞是真空的，在北极和南极都用玻璃穹顶密封洞口，因此地球大气不会被吸入这个真空的洞。现在，你穿着宇航服从北极的洞口跳了进去。

你的运动轨迹会像一个摆锤。首先，你加速运动到地球的地心，然后越过它并开始减速，直至来到位于南极的洞口。那时，你的动能会被耗尽。于是，你掉回洞里，再次向地心加速运动，并无限地重复这个过程。综上可知，跳进穿透地球的洞里没有什么好结果。

你知道以下面试题的答案吗？

如果今天是星期二，那么前天的前一天之后的那一天接下来的那一天是星期几？

最好从第一个时间名词向后推：

"前天" = 星期天（因为我们被告知今天是星期二）

"前天的前一天" = 星期六

"之后的那一天" = 星期天

"接下来的那一天" = 星期一

答案是星期一。

在面试中回答这些题目当然要比此刻阅读这些文字困难得多。

03 面试中的心理测试游戏

"我只是认为女性不应该进入管弦乐团。"长期担任洛杉矶和纽约爱乐乐团指挥的祖宾·梅塔（Zubin Mehta）说。[1]梅塔并不是唯一持有这种观点的人。柏林爱乐乐团直到 1982 年才开始聘请女性，维也纳爱乐乐团则直到 1997年才聘请女性。[2]这样做的理由有很多。据说吹号的动作会使漂亮的脸蛋变形，而且女人把大提琴放在两腿之间不免有失优雅。[3]有一句谚语甚至是这样说的："女人越多，声音越差。"[4]

但是，从 20 世纪 70 年代起，美国管弦乐团在聘用新人方面做了一个小改变。这导致乐团中女性音乐家的人数发生了巨大变化，从 1970 年的不到5% 变成 2019 年的 40%。[5]这个改变就是"盲试"（blind audition）。

在此之后，前来求职的音乐家要躲在屏幕或幕布后面为管弦乐队的评估小组表演。每个求职者只能通过一个编号来标识身份，必须表演指定的作品，而且不能与评委交谈。评估小组的成员既不会看到求职者的简历，也不会被告知任何与他们的教育经历或经验背景有关的情况。评估小组的成员只根据表演来评判，因为这是唯一重要的因素。

盲试是文化变革的一部分，在这场变革中，人们的心态发生了转变，职场中的玻璃天花板被打破。经济学家克劳迪娅·戈尔丁（Claudia Goldin）和塞西莉亚·劳斯（Cecilia Rouse）在 1997 年的一项研究中，试图理清许多令人困惑的因素。这两位作者估计，仅仅由于采用盲试这一变革，从 1970 年到 1997 年，女性就业增加了 30% ~ 55%。[6]

戈尔丁和劳斯还报告说，即使只是在初次试听时被采用，这种盲试也能产生相当大的效果。管弦乐团在招募新人时通常会进行 3 轮试听。有些乐团只在第一轮时使用了盲试。即便如此，它也可以使女性进入最后一轮的机会增加 50%。

这说明，招聘中的歧视在很大程度上是无意识的和前置的，正如大量证据所表明的那样。当有许多求职者申请某个组织的一个空缺职位时，大多数的淘汰发生在初期阶段，这些决定往往是凭直觉形成的。即使是怀有善意的招聘人员也很容易筛掉那些与某项预期不符的求职者。然而，招聘人员在见到一位已经证明自身价值的女性或少数族裔求职者时，他们可能会有一种更开放的心态。

心理测试游戏的发展

为什么不向一般的工作岗位推广盲试这一招聘环节呢？这一理念推动了心理测试游戏产业的快速发展。"心理测试"一词是指包括书面测试在内的各类心理评估。但在今天的招聘中，它越来越多地是指快节奏的电子游戏和试题，求职者的反应、智慧和判断力可以在其中得到体现。"游戏"这个词听起来很有趣，且没有威胁性，但这些心理游戏并不是随意设置的。它们是一些在趣味数学、心理学与经济学领域被充分研究过的试题和实验，其中包括气球模拟风险任务、独裁者游戏、棉花糖实验和伦敦塔谜题。接下来的章节将会一一解释这些题目。

Arctic Shores、HireVue、MindX、Pymetrics、Revelian 等公司将心理测试游戏与彩色动画、电子乐和嘻哈音乐相结合。这些游戏一开始很简单，但越往后就越具挑战性，就像电子游戏的关卡一样。每完成一轮，求职者将获得一小段评估文字作为奖励，比如"你经常对别人持怀疑态度，这可以帮助你准确地评估情况"。[7] 玩家在半小时内就可以完成 10 轮左右的一组游戏。

心理测试游戏通常取代简历被当作初步筛选的基础。Pymetrics 公司的弗丽达·波利说："大多数招聘人员都认为简历很糟糕。"[8] 简历中混合着性别、年龄、种族和其他雇主试图忽略的属性的相关信息和代理变量①。大量证据表明这的确是一个问题。[9]

**面试
背后的
科学**

玛丽安娜·伯特兰（Marianne Bertrand）和塞得希尔·穆来纳森（Sendhil Mullainathan）②在 2004 年的一项研究中提出了这样一个问题："艾米丽和格雷格（白人的常用名）比拉吉莎和贾马尔（黑人的常用名）更适合被雇用吗？"研究人员将虚假的简历发送给波士顿和芝加哥的真实雇主。他们发现，这些简历中名字听起来像白人的求职者得到的回馈比名字听起来像黑人的求职者高 50%。即使简历中列出的教育和经验处于相同水平，这一结论依然成立。而且，一向标榜机会平等的雇主们与其他公司一样具有偏见。

实际上，做出招聘决定的雇主们往往更倾向于选择和自己相似的人。如果格雷格式的雇主相对较多，而拉吉莎式的雇主相对较少，那么这就将使拉吉莎在求职时处于不利地位。

---

① 指统计计算中用来替代无法获得准确数据的变量的新变量。代理变量的数据相对容易获得，但它必须与原变量高度相关。——译者注
② 哈佛大学终身教授，哈佛大学行为经济学领域重要领头人。其代表作《稀缺》的中文简体字版已由湛庐引进，浙江教育出版社出版。——编者注

一种补救办法是删除求职者的姓名和其他个人资料。人工或软件筛选可以基于被编辑过的简历进行。但在实际操作中，它并不像听起来那么简单。如果求职者列出了韦尔斯利学院①的学位，这已在说明她的教育水平，同时也对性别做了暗示。毕业学校的名称很难从雇主的考量中被剔除。名牌大学的学位和文凭作坊的学位显然有巨大的区别。

代理变量的作用则很微妙。年长的求职者会在简历中列出非常多的工作经历。即使从他们的简历中删除工作年限这一项，雇主也可以由列出的工作经历了解到他们的年龄。

在大型公司，简历往往交由人工智能审查。在一个广为人知的经验案例中，亚马逊公司使用了一款可进行机器学习的机器人来审查简历，并用一组有优秀表现的亚马逊员工的数据来训练它。结果表明，与女性求职者相比，这款机器人明显更青睐男性求职者。你猜这是为什么？因为大多数亚马逊公司的优秀员工是男性。机器学习就像一个模仿父母真实行为而不是其言论的孩子。人类审查员至少会意识到只雇用男性是个可怕的错误。[10]

机器学习高度依赖训练数据。在这个案例中，训练数据是亚马逊优秀员工的资料。如果用因性别、种族和其他因素受保护的阶层的数据来平衡它，结果是有益的。然而，这又引发了自助抽样的问题。如果一家公司在初创阶段没有足够的女性、拉丁裔或黑人员工的数据，那么它可能无法针对这些群体提供充分的公司专用的训练数据。

只有靠足够的训练数据，机器学习才能产生有意义的结果。在另一个广为流传的经验案例中，机器人认为它发现了两个预测工作表现的最佳指标：一个指标是求职者的名字叫作"杰瑞德"，另一个指标是在高中时期打过长

_____

① 美国最优秀的女子学院之一。——译者注

曲棍球。这些相关性指标碰巧存在于一家雇主的数据量过少的训练数据库中。[11] 人类审查员会立即意识到这两个属性不太可能适用于一般情况。但到目前为止，机器人还不可能产生这种意识。

无方向性的心理测试游戏

心理测试游戏承诺从一开始就不会涉及歧视。候选人的初步筛选基于不暗含各类文化期待的游戏。用波利的话说，游戏是"无方向性的"，高分并不一定比低分好。[12] 这些分数只是被用来确定最适合某一特定工作的求职者的数据。

从求职者的角度来看，游戏可能比笔试更有吸引力。它们不太可能引发求职者对考试或面试的焦虑。求职者可以在任何方便的时间开始游戏，并在两场测试之间略作休息。他们也没必要再把电话面试安排在休息日，或想方设法避开老板在工作日时推进面试。心理测试游戏不像工作抽样那样烦琐，也不像人格调查问卷那样窥探隐私。它们的结果也不太容易造假。"如果我想知道你的体重，我可以问你，"波利说，"你可能不太清楚，又或许不想告诉我，再或者自从上次称完体重后，你的体重可能又变了。但如果我让你站上一台体重秤，它就会告诉我。"[13]

招聘人员非常容易不自觉地被某些学校和雇主的名气所影响。心理测试游戏则忽略掉背景，提供候选人之间直接的、量化的比较。"我们的很多客户都有这样一种想法，希望他们可以接触到最广泛的候选人群，而且真正地从中挖掘到最适合他们的人。"波利解释说，"他们这样说，'我想在每一处都看看，像我必须找到一个有哈佛大学或谷歌公司背景的优秀候选人那样努力。'"[14]

心理测试游戏可以针对特定的公司和职位进行定制。Pymetrics 公司的劳伦·科恩（Lauren Cohen）介绍说，他们的客户联合利华公司要为 7 类岗位招聘约 200 名员工，"我们让该公司这些岗位上的高级员工来玩我们的心理测试游戏。我们在后端分析了他们的特征数据，找出了他们彼此共有的特征，以及将他们与一个更大的基准组相区分的特征。然后，我们用所有这些信息创建了一个关于这 7 类岗位成功模式的综合轮廓，并将该合成数据作为我们预测算法的训练数据"[15]。

这些数据通常可以识别出人力资源部门不需要的属性。Pymetrics 公司在分析了纽约一家大型金融机构的顶级销售人员后发现，这些人最显著的特征是冲动、注意力持续时间短和愿意冒险。正如波利指出的，你永远不会在职位描述中看到这 3 个特征。[16]

心理测试游戏的倡导者提出了两个大胆的观点。第一个观点指出心理测试游戏本身与招聘具有相关性，可以像传统的评估标准一样或更好地预测工作表现。对大多数雇主来说，要接受这一判断，需要大幅提升信心。

关于 Pymetrics 等公司使用的心理测试任务这一课题，有大量的开放性研究。但这类研究很少涉及在招聘过程中将心理测试游戏当作本质上的人格测试的应用。只有游戏营销人员宣传说，这些公司的单方面研究表明，成功的员工在得分上始终不同于其他员工。这些营销人员还声称这种相关性是有意义的。当然，游戏中的高分选手不会只有打长曲棍球的杰瑞德。

从某种意义上说，这个领域对成功的定义标准很低。负责筛选简历的人通常只关注从业的经验。一些研究发现从业经验和工作表现之间只有有限的相关性，另一些研究则发现两者之间根本没有相关性，还有一些研究则报告了两者之间的负相关性，即经验少的人工作表现反而更好。[17] 尽管埃隆·马斯克的公司使用了 Pymetrics 的心理测试游戏，而且他本人对正规教育与工作表现之间的联系提出了质疑，指出要在特斯拉或 SpaceX 工作，"根本不需要有大学文凭，甚至连高中学历也不必有"[18]。

倡导者的第二个观点同样引来很大争议，它认为心理测试游戏在预测工作表现时很少甚至不会产生性别或种族歧视。这并不是第一次有人主张在招聘中使用人格测试，但心理测试游戏的出现为实现这一目标提供了一些新的工具。

求职者在电子游戏中的表现与性别、种族、年龄、宗教、国籍或身体是否残疾等因素没有明显联系。然而，这并不意味着人们不能从中找到联系。从统计学的角度来说，当你足够努力地寻找相关性时，你通常会找到。

在决定使用哪些心理测试任务时，波利排除了一些已知具有性别偏差的测试。[19] 人们通常认为，男性在空间推理测试中表现得比女性更好，这种差异与X染色体上的某个基因有关。[20] 空间推理任务——向参与者展示三维几何图形，并追问哪些图形可以在旋转后与目标图像相匹配，早在陆军乙种测试问世时就已经被用于认知测试。这种能力对于建筑师等专业岗位非常重要，但对于绝大多数职业来说并不那么有意义。

"在模型构建过程中，我们对不同的特征输入进行加权和减权，直到所有不同性别和种族的群体都有相同的机会匹配模型。"Pymetrics 公司的首席产品经理朴里扬卡·贾因（Priyanka Jain）解释说，"我们对消除歧视的理解基于平等就业机会委员会的五分之四原则。"[21]

Pymetrics 公司的偏差测试算法，也被称为审计 - 人工智能，是开源的。它被认为是测试和减少机器学习软件中偏差的通用工具。Pymetrics 提供了下面这个例子：一家公司有大量的求职者，而且均匀分布在亚裔、黑人、拉丁裔和白人这 4 个群体之中。在美国，前三者都是受特别保护的阶层。在采用了一款预测工作表现的测试或游戏之后，亚裔的通过率为 25%，黑人为

27%，拉丁裔为 24%，白人为 26%。请问这家公司可以用这个测试软件吗？

　　偏差率是用测试中表现最差的一组的通过比例，除以表现最好的一组的通过比例。在上文的例子中，拉丁裔的通过率最低，为 24%，而黑人的通过率最高，为 27%。因此，偏差率为 24/27，即 88.9%。五分之四原则将偏差率的下限设置为 80%，因此该测试符合标准。

　　Pymetrics 公司的 12 款心理测试游戏测量了与 90 个不同特征相关的数百万个数据点。科恩表示，这些游戏收集了如此多的数据，因此能够在受保护阶层中识别出多组有效消除歧视后的属性，同时还能够准确预测工作表现。实际上，他们利用数据挖掘来实现一种机会均等的精英选拔。被选中的求职者都是在一组游戏中得分最高的人，而这组游戏被认为可以预测他们在雇主公司的成功表现。没有一场游戏会为了满足受保护阶层的配额而选出分数较低的应聘者。

　　有什么问题吗？它将我们带入了新的道德领域。举个具体的例子，假设一家公司有两种评判求职者的标准，即是否有大学学位以及是否至少两年的相关工作经验。而数据显示，学位和工作经验同样可以预测一个人在该公司的某个特定职位上的表现。但是，拥有大学学位的求职者往往是白人，而拥有至少两年工作经验的求职者则更加多样化，与总人口的构成接近。最后，公司决定用经验作为招聘标准，并忽略求职者是否有大学学位。

　　公司的做法公平吗？一个刚毕业的大学生，无论他来自哪一个种族，可能都不会认为这是公平的。这个毕业生或许为了获得学位而背负了债务，因为他认为有了学位就能更容易地找到工作。但很明显，对于以上这个例子里的工作来说，学位并不是必需的。

　　现在，我们再换一个视角。假设雇用的标准变成在 A 和 B 两款游戏中的表现，这两款游戏都能够预测工作表现。由于某种原因，白人一般更擅长游戏 A，而所有种族的人都同样擅长游戏 B。公司最后选择使用游戏 B 来决定雇用谁，它忽略了游戏 A。

后一种选择更容易让人接受。首先，人们不会为了玩游戏 A 而去申请 6 位数的学生贷款。其次，几乎没有求职者以前听说过游戏 A 和 B。再次，游戏 A 因为存在偏见，似乎是一个有缺陷的预测指标。

有人可能会反对说雇主筛掉了一些信息。如果游戏 A 和游戏 B 都具有预测性，那么基于这两个标准的招聘决策可能会表现出更好的预测性。这家公司从道德角度来说是否有义务使用所有可用的信息呢？

或许它没有这个义务。**在现实世界中，所有的招聘指标都是不完美的，每个指标都要付出成本，如筛选简历、进行面试、为测试和心理测试游戏评分等。没有人会指望一个雇主用尽所有可能的评估方法。达成足够准确的预测，同时使偏差最小化才是招聘的真义。**

如果说负面影响中的歧视性在实现了人类一直无法实现的公正的算法中达到顶峰的话，这可真是一个不小的讽刺。心理测试游戏的营销人员是否能实现正义的目标则是不确定的，因为数据的关键部分不对外开放。但显而易见的是，许多《财富》500 强和跨国公司都接受了这一宣传。Pymetrics 公司在纽约、伦敦和新加坡均设有办事处，为高露洁、希尔顿、领英、万事达、麦当劳、Hyyatt、Kraft Heinz、Accenture 等公司提供心理测试游戏。德勤事务所于 2017 年发表的一份报告指出，全球 29% 的企业高管会在招聘时使用游戏类和模拟类的测试。[22]

04 评估创造性解决问题的能力

在招聘过程中使用的游戏和逻辑题借鉴了几十年来与创造性解决问题相关的研究。**"创造性解决问题"是指应对不熟悉的挑战并获得成功解决方案的思考过程。**解出逻辑题、开发新产品、创作电影配乐、撰写诉讼案情摘要都可以被看作是创造性解决问题。这一概念的倡导者认为，所有这些工作都有相似之处，而这些相似之处并不是浮于表面的。

那么，创造性解决问题的能力与传统意义上的且令人生疑的单纯智商有何不同？卡尔·布里格姆是最早提出智商测试分数是某种物化（reification）的学者之一。"物化"一词源自德语，意思是"制作成东西"。奥斯卡金像奖是电影制作工作的物化。它鼓励我们去想象这些小金人是重要的且值得我们去关注，得到其认可的电影艺术是可以被明确定义的。同理，智商是对某些认知技能的组合的物化。当用一个词或数字指代某个事物时，人们就会假定这个事物是一件物品，然而有时它并不是。

另一种观点认为，智商是一个在本质上就很模糊的概念，就像美或正义一样，它无法被精确定义。了解鲜为人知的事实可能是高智商的标志，但也许只是因为这个人看了太多《危险边缘》（*Jeopardy*）①。做类比、写文章或解出逻辑题也不例外。

创造性解决问题的能力这一概念不包含什么宏大的假设。它仅仅是解决新问题的能力而已。研究者并不认为它是一种与生俱来的天性，尽管人们曾经错误地认为智商是天生的。事实上，人们认识到解决问题在很大程度上是一种可学习的技能。解决问题可以被类比为演奏乐器。不是每个人都是莫扎特，但实际上每个人都可以学会演奏一种乐器。

对于雇主来说，一项不可改变的特质，比如曾经的"智商"，似乎比一项任何人都能学会的特质更有价值。但是雇主们总是根据已掌握的技能来招聘员工。如果一家公司需要律师，它会选择雇用一个学过公司法的人。

解决问题现在是教育类研究的一个活跃领域。基于电子游戏进行的实验可以帮助研究者了解儿童是如何解决问题的，并跟踪他们在解决问题时的每一个进展。电子游戏可以融入现实世界的一些特征，如不断变化的物体或规则，或与他人合作后才能实现的解决方案。[1] 人们在用于招聘的心理测试游戏中，也可以见到这些元素。

对于一些在用人方面格外挑剔的雇主来说，对创造性解决问题能力的评估已成为招聘时的指导原则。作为应聘者，你要如何学习着手解决不熟悉的问题呢？

---

① 一个在美国流行的知识竞赛类电视节目，题目涵盖历史、文学、艺术、流行文化、科学、体育、地理等领域。——译者注

学会使用心智模型

亚历山大的帕普斯（Pappus of Alexandria）是最早在该领域做出贡献的学者之一。帕普斯在他的文集中介绍了一种通常被译为"分析"或"启发"的解决问题的技术。帕普斯并没有声称自己是这项技术的发明者，而将其归功于生活在公元前 4 世纪到前 3 世纪非常著名的古希腊数学家欧几里得、现在已鲜为人知的珀加的阿波罗尼奥斯（Apollonius of Perga）和老阿里斯塔乌斯（Aristaeus the Elder）。

帕普斯认为，分析是"一个特殊的理论体系，面向那些……渴望获得解决数学问题的能力的人"。它的核心是逆向工作。无论是教科书上的问题还是现实中的问题，它们通常都是在遵循一定规则的前提下，从初始状态 A 到达目标 B。帕普斯指出，从终点 B 开始并思考如何回溯到 A，往往会使问题变得更容易。"在分析中，我们先从要达到的目标着手，把它视为前提条件，"帕普斯写道，"然后从中得出结论，以及结论的结论。"[2]

值得注意的是，帕普斯将这一方法归功于欧几里得。几千年来，欧几里得的《几何原本》一直是条理清晰的推理方式的典范，跳过了思想上的挣扎，直接指向最纯净的结论。帕普斯则谈到在现实生活中人们混乱和波折的推理过程。

现代有关解决问题的研究通常会被追溯到赫伯特·A. 西蒙（Herbert A. Simon）和艾伦·纽厄尔（Allen Newell）。西蒙是卡耐基梅隆大学的经济学家，纽厄尔则是一名曾在兰德公司（RAND Corporation）工作的研究生。他们现在被认为是认知心理学和人工智能领域的先驱。他们用跨学科的研究考察了人类解决问题的方式，并希望以此揭示如何设计出能完成同样工作的机器。

纽厄尔和西蒙写道："解决问题被许多人看作是……一种神秘的、近乎神奇的人类活动。仿佛人类尊严的维护只能依赖于人类自身的神秘，以及尚且无法解释的制造奇迹的过程。"[3]他们在1972年出版的著作《人类的问题解决》（*Human Problem Solving*）中介绍了如何通过编程让计算机执行人类觉得有难度的任务，比如下棋或证明数学定理。在纽厄尔及西蒙看来，解决问题是在涵盖潜在解决方案的空间中一次相对有效的搜索。对于所有棘手的问题来说，潜在解决方案的数量可以达到指数级别。人类的思维太过缓慢，无法穷尽所有的可能性。人类于是凭借启发或心理经验法则来缩小可能性的范围。纽厄尔和西蒙写道："我们不需要关心干草堆有多大，我们只要找出确定能在其中找到针的一小部分。"[4]

在20世纪，解决问题的另一位倡导者是斯坦福大学的数学家乔治·波利亚（George Pólya）。他出生在匈牙利。尽管波利亚的著作涉及的主题极为广泛，甚至有3个数学奖项是以他的名字命名的，但他最广为人知的作品是1945年出版的《怎样解题》（*How to Solve It*）。这本书把部分普通读者当作它的目标读者，因此它的初版封面上写有"一个可以帮助你解决任何问题的思考体系"的宣传语。

《怎样解题》已被奉为一本专业怪才的终极自助教程。计算机科学家马文·明斯基（Marvin Minsky）认为它从根本上激发了他的灵感。麦克阿瑟天才奖得主陶哲轩曾经把它当作国际数学奥林匹克竞赛前的练习。陶哲轩从10岁开始参加该比赛，一路获得了铜牌、银牌乃至金牌。

根据波利亚的说法，问题之所以成为问题，是因为你不知道要从哪里着手解决。既没有公式可以求助，也没有算法可以保证找到解决方案。在波利亚看来，只要你学过算术或手边有计算器，添加一列数字不能算是一个问题。但是一个好的逻辑题会让大多数聪明的解题者不知道从何下手。

波利亚指出，解决问题的第一步是理解问题，第二步是制订计划，第三步则是落实计划。如果一切顺利的话，你就能获得成功。在解决问题之后，波利亚建议你回头看一看这个问题及其解决方案，你应该问问自己能从这次经历中学到什么。解决问题是一辈子的事，你应该试着从每一次成功或失败中汲取教训。

粗略地看，这段介绍像是一场让人疑窦丛生的 TED 演讲。但波利亚给出了令人信服的论证。解决问题就像撬锁一样，一件一件地取出工具并不断尝试。这个过程必然是一个反复试错的过程。最好的解题者是那些袋子里有最多工具且对下一步该如何做有最好直觉的人。

《怎样解题》由一系列讲述解决问题技巧的短文构成。它们既不是各自独立的，也没有特定的顺序。一些问题在客观上比其他问题更难，而相对容易的问题的难点在于如何克服心理上的障碍。波利亚的指导不仅基于逻辑学，也基于心理学。

所有解决问题的理论家都强调了类比的重要性。为了理解复杂的现实世界，我们可以求助心智模型，即将本不相同的情况联系起来的简便范式。常见的心智模型包括墨菲定律、第二十二条军规、机会成本、回归均值、双赢和公地悲剧。这些模型概括了大部分人类共有的实践智慧。那些在看到某种情境会联想到"第二十二条军规"的人比对这个概念茫然无知的人更占优势。前者会意识到这是一个进退两难的处境，用脑袋撞墙也没有用。你要做的是向前看。

无论是在约瑟夫·海勒（Joseph Heller）的小说《第二十二条军规》（*Catch-22*）中，还是在经济学、艺术、生物学、政治学、物理学和流行文化等领域，心智模型的源头都是现实生活。心智模型是给出进一步类比的原材料，上文提到的这些最有价值的模型在应用上已远远超越了原来的领域。

要使用心智模型，你不必是个天才，但你确实需要接受经过精心组织的教育，无论是通过正规教育还是自学的方式。沃伦·巴菲特的长期合伙人查理·芒格是心智模型的支持者之一。芒格认为："80 个或 90 个重要的心智模型在将你变成一个成熟睿智的人的过程中起到了近 90% 的作用。"[5]

获得解决问题的技巧

在接下来的章节，我将介绍 20 种用途广泛的解决问题的技巧。其中大多数技巧流传已久，帕普斯、波利亚、纽厄尔和西蒙等许多学者都介绍过。我已经强调过，这些技巧最有可能被现代招聘中的游戏、逻辑题和古怪问题所借用。

本书的第二部分介绍了最常见的心理测试游戏，并给出了三种解决问题的技巧。这些技巧不仅适用于心理测试游戏，也适用于你可能遇到的其他挑战。

绕道而行，有时候需要做一些离目标更远的事情。解决问题很少会简单地直奔目标。你应该预料到你将不得不做一些违反直觉的事情，比如看起来是错误的或让你离目标更远的事。

解决问题的通用处方：探索、计划、行动。这是波利亚的基本思路。首先，探索你的选项并理解它们；其次，用你学到的知识来制订一个计划；最后，把计划付诸行动。

把自己放在他人的位置上，成功解决问题往往取决于对他人想法的理解。成功解决问题往往取决于对他人的想法和感受有准确的认识。这不仅是考察情商的心理测试游戏的核心，也经常成为逻辑题的一大要素。

第三部分介绍逻辑题和在面试中会遇到的开放性问题。我将用 17 章来详细阐述更多的解决问题的技巧。

你的第一反应是错误的，警惕快速且简单的直接答案。一个问题之所以是问题，是因为答案并不明显。当一个简单直接的答案突然跳进你的脑海时，请保持怀疑。

注意意想不到的词语，这可能是解决问题的关键细节。在脑筋急转弯的题目中，每个词都有用。当一个问题提到一个意想不到的细节时，通常意味着这个细节是至关重要的。

使用类比，从相似的问题中寻找答案。眼前的问题很可能与你以前遇到过的问题有相似之处。这样的类比或许可以帮你找到推进的方向。在游戏和解逻辑题方面很有经验的人一般也擅长从许多潜在的类比中得到借鉴。这就是为什么创造性解决问题的能力是可以学习的。本书不但可以帮助你解决问题，而且，如果运气好的话，还能帮助你在面试中成功上岸。

把问题分解为几个容易解决的部分，是解决奇怪的估算问题的关键。许多大的问题都可以被分解成多个较容易解决的小问题。这是解决一些奇怪的估算问题的关键，比如"丹佛有多少硬币"这个问题。

用画图的方式，让棘手问题的解决方案显而易见。大多数人都是视觉思考者，有时候，也许你画了一幅图或一张表格，棘手问题就迎刃而解了。

尝试问题的简单版本，从中找到原始问题的解决方案。有时候你可以为要解决的问题找到一个前提条件更罕见或更常见的简单版本，使得它可以更容易解决。然后，你或许可以通过调整这个解决方案使之适用于原来的问题。

提出一个好问题，用问问题的方式填补信息空白。面试官会给你一个不完整的问题，并且期待你提出问题和填补缺失的信息。面试官在打分时会考虑你提出的问题是否切题，以及你如何将所学到的知识转化为令人信服的解决方案。

使用排除法，只保留一种可能性。这种方法并不总是有效，但有时列出所有可能的行动、策略或答案是有用的。接下来，你可以按照这个列表，逐一排除，只保留一个最不可能出错的答案。

使用逆向工作法，从终点开始往回走更容易找到入口。帕普斯在 1 700 年前的建议可以以多种方式来解读。当要求你回答如何实现一个目标时，你可以从期望的结果开始，在相应的时间里逆向推导。你也可以以更抽象的方式逆向思考，把问题中的未知条件当作已知条件，然后从中得出结论。

小心陷阱问题，在找到简单的解决方案前不要投入过多时间。有些面试问题会让解题者徒劳地寻找一个要么在其眼皮底下、要么无处可寻的答案。这类陷阱在招聘面试中并不常见，而且有人认为根本不应该设置它们。但求职者应该意识到这种可能性。留意任何一个让你觉得问题比它看起来要简单的提示。

估计与完善，更准确的答案往往接近估算值。如果面试问题需要计算，先大致地快速估算一下，将是一个好的办法。最终得出的、更准确的答案应该接近于这个估值，否则你就需要找到二者不一致的原因。

建立方程式，用数学方法解决应用题。有些脑筋急转弯是经过美化的应用题。一旦你理解了这个问题，你就可以把它转化成方程式，用你在代数课上学到的方法解决它，前提是你还记得那些知识。

不要陷入思维惯性，创造新的思维方式。 我们经常会陷入思维的窠臼，即一直以来我们采取的思维方式。有些游戏和逻辑题之所以有难度，是因为它们要求我们摆脱旧的思维方式，另辟蹊径。

　　不要被麦高芬[①] 误导，找出问题的关键。 面试问题可能会迷惑你，让你认为你必须首先了解或推断某个未知变量，然后才能找到解决方案。麦高芬是美国导演希区柯克时常提及的一种艺术手法，它是一个障眼法，你不需要靠它来解决面试问题。

　　利用贝叶斯定理，列表、计算、除以总数。 许多面试问题需要估算概率。一个有效的技巧是先列出具有相同概率的所有可能的结果，再计算出其中有多少符合问题给定的条件，然后除以总数得到最终的概率。

　　寻找与工作相似的地方，将现实工作的原则应用到答案中。 许多逻辑题和古怪问题都与应聘职位有着潜在的关联，即能够反映某些商业、金融、工程或编程领域的重要原则。你应该认识到这种联系，并将其运用到你的答案中。

　　引入新特征，为答案增加脚手架。 试着为面试问题添加一个新元素。它可能会帮助你厘清现状，并引出解决方案。作为更高级的解决问题的技巧之一，这种方法需要靠你的直觉来判断何时以及如何使用它。

　　现在，你准备好与当今最具创新力的公司的面试官斗智斗勇了吗？

---

① 美国导演希区柯克用"麦高芬"来指代一种艺术手法。创作者利用某个不起眼的细节来推进故事的发展，但它本身其实对于故事的逻辑和结构没有任何作用。——译者注

第二部分

心理游戏中的问题解决技巧

HOW
DO YOU
FIGHT A
HORSE-SIZED
DUCK?

▼

什么是独裁者博弈？

▼

为什么"冲突行动"是达成目标必需的一步？

▼

为什么在心理测试游戏中，目标不是获得最高分？

05 绕道而行，有时候需要做一些离目标更远的事情

德国心理学家沃尔夫冈·克勒（Wolfgang Köhler）和 9 只黑猩猩一起被困在非洲西北部的加那利群岛长达 6 年。他接受了一份从 1913 年开始、为期一年的工作，在加那利群岛的特内里费岛上担任普鲁士科学院灵长类动物研究中心主任。但在第一次世界大战爆发之后，经过该岛的船只拒绝将他从由英国控制的大西洋送回国。

困在特内里费岛的科勒把一部分时间用于研究黑猩猩如何解决问题。他把一根香蕉放在黑猩猩看得到的地方，然后让它找出拿到香蕉的方法。在最简单的实验中，他利用栅栏将黑猩猩和香蕉隔开。黑猩猩能看见香蕉，但拿不到。这只黑猩猩绕了很长一段路，最终拿到了这根香蕉。科勒很受震撼，因为以往的实验表明狗和猫不会有这种行为。它们只是站在栅栏前，盯着食物。[1]

科勒的黑猩猩懂得解决问题的核心技巧——冲突行动（conflict move）。冲突行动看似使问题解决者远离了目标，但实际上却是达成目标必需的一步。

冲突行动是违反直觉的，因此，它也成为许多逻辑题乃至益智玩具的核心设计。想想德国的筒铐游戏（Mädchenfänger），它会用到一个呈圆柱形的竹编玩具。两个人分别在玩具的两端插入一根手指。当他们试图拔出手指时，玩具反而将它们抓得更紧。要想拔出手指，这两个人必须做一件看起来与目标完全相反的事：用力把手指推向对方。

问题解决者要懂得接受冲突行动。心理学家用一个名为"伦敦塔"的智力游戏来检验这一原理。伦敦塔现在是面试中较为常见的心理测试游戏之一。

你知道以下面试题的答案吗？

你会看到 3 根杆子，上面套着不同颜色的圆盘。这个游戏的目标是用尽可能少的移动，重新安排每个圆盘的位置，以匹配目标图像。你一次只能移动一个圆盘，而且必须是某根杆子上最上面的那一个。你可以点击一个圆盘并把它提起来，然后点击目标杆把它放在那里。在必要时，你还可以点击屏幕上的按钮撤销移动或重新开始游戏（如图 5-1 所示）。

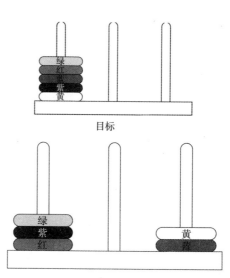

图 5-1　圆盘游戏

这款游戏会让逻辑题的铁杆粉丝想起已经风行了一个多世纪的河内塔（Tower of Hanoi）游戏。河内塔由一个衬板和 3 根垂直的杆子组成，其中一根杆子上穿着 8 个尺寸递减、叠成圆锥状的圆盘。游戏的目标是将所有的 8 个盘子移动到任意一根闲置的杆子上。游戏规则规定，玩家每次只能移动一个圆盘，而且较大的圆盘不能放在较小的圆盘上。

河内塔游戏于 1883 年问世，与越南的首都河内其实没有任何的关联。最初，它被误认为是某个"克劳斯"（Claus）教授的发明，后来人们才发现它其实是由"卢卡斯"（Lucas）教授设计的。这位"卢卡斯"教授就是著名的法国数学家爱德华·卢卡斯（Édouard Lucas）。卢卡斯教授设计过许多智力题，本书第 12 章介绍了其中的一题。

河内塔游戏发展出了多种形式，有实体版和电子版、廉价版和豪华版等等，已经成为最常见的益智类电子游戏之一。1982 年，英国伦敦大学学院（University College London）神经心理学家蒂姆·沙利斯（Tim Shallice）采用卢卡斯的智力游戏作为诊断大脑额叶损伤的工具。大脑额叶影响着人的计划（planning）、主动性（initiative）和解决问题（problem-solving）等能力。沙利斯设计了一个简化版的河内塔游戏，即在 3 根柱子上放了 3 个大小相同但颜色不同的球。患者要重新排列这些球，一次只能移动一个，以匹配目标配置。沙利斯将这个测试命名为"伦敦塔"。[2]

1997 年，杰夫·沃德（Geoff Ward）和艾伦·奥尔波特（Alan Allport）推出了一款更具挑战性的五盘"伦敦塔"，它适合作为一般的认知测试。[3] 如果你在招聘时遇到伦敦塔游戏，它应该就是奥尔波特推出的这个版本。你会发现这个游戏有点像经济舱乘客试图坐进靠窗、中间和靠过道的一排座位，总要有人先出去，其他人才能进得去。

有一个简单的方法可以解决伦敦塔游戏的问题。它的步骤不一定最少，但很容易记住。简而言之，你要从那个一旦放置好就再也不需要移动的圆盘开始。

看一下图 5-1 中上图给出的目标配置。第一根杆上有 5 个圆盘，底部的圆盘为黄色。玩家应该先从黄色的圆盘开始。

现在再来看图 5-1 中下图显示的待移动的圆盘。黄色的圆盘目前位于第 3 根杆子的最顶端，随时都可以移动。要把它放在目标位置，首先必须将占据第一根杆子的 3 个圆盘移走。这些圆盘应该被放在第 2 根杆子上，因为我们不想让它们压在黄色圆盘上。移动它们需要 3 步，以相反的顺序将它们移到第 2 根杆子上，从下往上依次是绿色、紫色和红色的圆盘。请注意，这几个步骤均属于"冲突移动"，因为我们要将 3 个圆盘从它们最终要待的第 1 根杆子上，移动到并非其目标位置的第 2 根杆子上。

现在，我们可以自由地将黄色圆盘移动到第 1 根杆子上的目标位置。这是第 4 步。黄色的圆盘再也不需要移动了，所以我们可以不再管它。这时，我们类似于用 4 个圆盘重新开始了一轮游戏，而不用再考虑 5 个圆盘。

这时，再查看一下目标图像，紫色圆盘应该被置于黄色圆盘之上。紫色的圆盘现在被夹在第 2 根杆子的 3 个圆盘中间。把最上面的红色圆盘移到第 3 根杆子上，然后我们就可以自由地把紫色的圆盘移动到黄色的圆盘上。这时已经有两个圆盘就位，只比第一个圆盘就位时多了两步，4 + 2 = 6，总计 6 步。

下一个要移动的是蓝色圆盘。将其上方的红色圆盘移动到中间杆子上绿色圆盘的上方，然后将蓝色圆盘放置在第 1 根杆子上，位置在紫色圆盘之上。我们用了两步，又使第 3 个圆盘就位。

最后，我们来处理红色圆盘和绿色圆盘。每个圆盘都只需要一次移动就可以就位。所以，这个解决方案一共使用了 4 + 2 + 2 + 1 + 1 = 10 步。

伦敦塔游戏衡量的是提前思考多个步骤的能力。在许多不同类型的工作中，这个能力似乎都很重要。特定的伦敦塔游戏配置目标的难度在一定程度上取决于所需"冲突移动"的数量。几乎对于任何工作来说，人们都希望尽可能快地实现目标配置。这一点对于那些需要计划和管理复杂项目的工作而言尤其重要。

许多人认为，求职者提前为心理测试游戏做好准备是不可能或毫无意义的。因为他们没有合适的答案可供借鉴。有些心理测试游戏考验的是一些不易改变的特质，如手眼协调能力、反应时间和记忆力。你不能提前为此做准备，就像你不能为视力检查做准备一样。再说，你为什么要准备呢？

采用心理测试游戏的雇主并不是在寻找超人般的反应力或过目不忘的记忆力。没有多少工作需要这些。雇主们关注的是预测出在工作中获得出色表现的特质，如提前计划的能力、对风险的接受度和理解他人感受的能力。了解一些背景信息可以使求职者从中获益，这些信息包括某一特定游戏要衡量的是什么特质；其他参与者通常如何回应和求职者给出的回答如何影响他们对特定工作的适合程度。提前了解一种游戏可以让求职者更有信心地应对它。这种做法还有助于确保求职者理解游戏的规则。太多的求职者不仔细查看手机屏幕上的游戏介绍，就贸然投入其中。显然，如果玩家对游戏的理解有误，这对他本人或雇主都没有好处。

参加电子版心理测试的求职者通常需要得到许诺，即在一段确定的时间内，他们的测试结果可以被提供给其他雇主。这段时间通常为一年。这种做法很可能是有益的，因为求职者就不必一直参加同样的考试，而且这个测试结果可以被用来与其他雇主提供的、求职者有资格获得的工作机会相匹配。

不过，这也意味着，对某个雇主来说欠佳的游戏表现，可能会像你的信用评级上的一个污点一样挥之不去。因此，求职者必须认真对待心理测试游戏。

这里有 3 个适用于所有参与心理测试游戏的求职者的技巧。首先，你虽然可以通过手机进行测试，但不要这样做。编制游戏的代码会以毫秒级别对玩家的反应时间进行评分，带移动键的全尺寸键盘仍然好过手机触摸屏。你不仅不需要担心手机滑落，而且尺寸更大的电脑屏幕还可以无障碍地显示出所有信息。

其次，不要跳过信息披露环节。心理测试游戏在开始前通常会给出一个表格，让你说明你是否有色盲、阅读障碍或注意力缺陷等疾病。求职者可能不愿意这么早就透露这些私人问题，但你也很难回避它。一款常见的心理测试游戏要求玩家区分红点和绿点。这对不能分辨红色与绿色的色盲来说是块绊脚石，而发行商提供该游戏的替代版本，任何有色盲问题的求职者都一定更乐于尝试后一个版本。

最后，你不妨在两个心理测试游戏的间隙休息一下。这没有坏处，反而有一些好处。你可以遛狗、做瑜伽、喝咖啡，然后以更饱满的精神进行下一场游戏。

协调和记忆游戏

常见的心理测试游戏多达数十种。你在面试过程中会遇到哪些游戏取决于你的雇主和你正在申请的工作。有些"游戏"其实只是加入动态图像的智商测试。许多几何图案在屏幕上飞快滑过，你需要指出其中哪两个是一模一样的；或者一组有编号的牌展示在你面前，你要点击其中几张，并使它们加起来的总点数为 22。图像化的手段不会改变这些问题的基本原理。

较新版的游戏创意是以时间为要素。在"按键任务"这个游戏中，根据提示，求职者需要尽可能多地去敲击空格键，直到得到停止的指令为止。虽然你也可以通过点击手机触摸屏上的按钮来完成这个测试，但请不要使用手机。

雇主们并不关心你在游戏中敲了多少次空格键。这个游戏要测试的其实是耐力。一些人会被游戏激发出竞争欲，从而全力以赴地想要获得高分；有些人开局时很努力，但很快就松懈下来；还有一些人完全无法投入一项根本毫无意义的任务。第 3 种人有可能是容易在困难面前退缩的人，然而也有可能是独立思考者。在这个游戏中获得平均分或较低分数的人有可能更适合某些创造性的工作。

数字跨度测试衡量的则是短期记忆。你面前的屏幕上有数字在闪烁，每次只有 1 个数字，如 4、9、0，而你则需要输入你看到的数字。如果你答对了，屏幕上的数字就会变成 4 位数。如果你又答对了，下一次呈现的数字就将变成 5 位数。数字的长度不断增长，直到你答错为止。很快你就会答错的。

数字跨度测试一直以来都是语言认知测试的一部分。数字记忆看上去是一个较专业的领域，但其实它与智商有着非常高的相关性，而且更具象、更易被测试。大多数人都能毫不费力地记住一个 7 位数的数字。这也正是为什么许多国家的电话号码都设定在 7 位数左右。

对于会计和其他与数字打交道的工作来说，数字跨度很重要。能记住一个数字要好过不得不反复查询它。不过数字跨度主要针对短期记忆。类似的记忆包括针对词语、面部表情和肢体语言的记忆，它们对于我们更好地理解周围的人类世界至关重要。数字跨度不是用来鉴别记忆大师的。如果求职者能够记住 8 位或 8 位以上的数字，那么表现就很不错。

更复杂的心理测试游戏包含相互冲突的冲动。这里有一个具体的案例。

你知道以下面试题的答案吗？

你会看到一系列在屏幕上闪烁的红点或绿点。当你看到一个红点时，你要按一下空格键；当你看到的圆点是绿色时，你就不动。

这是一个"通行 / 停止"的任务。也可以说，它是"西蒙说"（Simon Says）游戏 ① 的心理学版本。你要根据提示执行一个重复动作，除非有信号告诉你不要这样做。就像"西蒙说"游戏一样，这个心理测试操作起来比乍看上去有难度。游戏中加入了认知冲突的因素，因为绿色通常意味着"通行"，而红色意味着"停止"。但在这个游戏里，恰恰是相反的。

"通行 / 停止"任务设计的目的是测试冲动。一看到圆点就立即点击的参与者，会有很高的错误率，因此属于冲动型。这一类人往往更喜欢冒险。"通行 / 停止"任务有很多种类型，而一套心理测试游戏通常会包含其中的几种。每一项都会以不同的方式使"通行 / 停止"的决策更复杂化。

在图 5-2 所示的箭头游戏中，你会看到排成一行的 5 个彩色箭头。位于最中间的箭头的指向可能与其他箭头一致或不一致。你得到的指令如下：

如果箭头是蓝色或黑色的，请使用箭头按键指示最中间的箭头所指的方向；

如果箭头是黄色的，请使用箭头按键指示侧边箭头所指的方向。

---

① 一种儿童游戏。在玩游戏时，一个孩子向其他孩子发出指令。只有在发出指令"西蒙说"时，大家才能跟着做，否则就要受到惩罚。——译者注

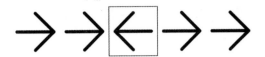

图 5-2　箭头游戏

　　按照游戏的设计，这些指令一般是随机生成的。解决的办法是在脑海中把要区分的颜色分为黄色和深色，然后告诉自己在看到黄色箭头时指示位于侧边的箭头的方向，而看到"深色"箭头时指示最中间的箭头的方向。

　　图 5-3 所示的这个"通行／停止"的游戏则近乎荒谬。求职者要从两张脸中区分出"小嘴巴"和"大嘴巴"，然后用箭头按键指示出来。在这个游戏里大嘴巴只比小嘴巴略宽 5%，差异微小得几乎难以察觉。尽管如此，求职者仍然有可能表现得比随机猜测要好。

小嘴巴　　　　　　大嘴巴

图 5-3　小嘴巴与大嘴巴

　　作为求职者，你不需要过于为这些游戏焦虑。每个人都觉得它们很难。正如游戏开发商说明的那样，这些游戏测试的是参与者的冲动程度以及注意力持续的时间。有些人会保持专注，并随着游戏的进程不断强化它，另一些人则会感到无聊和心不在焉。拥有低冲动程度和长时间注意力的人适合从事空中交通管制员和会计工作。得分恰好与之相反的人则可能是天生的销售员。

你知道以下面试题的答案吗？

你更想选择哪一项？

（a）现在得到 55 美元；

（b）61 天后得到 75 美元。

你更想选择哪一项？

（a）现在得到 54 美元；

（b）119 天后得到 55 美元。

这个测试会令我们联想起斯坦福大学心理学家沃尔特·米歇尔（Walter Mischel）著名的棉花糖实验（marshmallow test）。20 世纪 70 年代初，米歇尔和埃贝·B. 埃布森（Ebbe B. Ebbesen）给幼儿园的孩子们出了个难题。孩子们可以马上吃到一块棉花糖，但如果他们愿意等 15 分钟，就可以吃到两块棉花糖。米歇尔把第一块棉花糖放到桌面上伸手可及的地方，孩子可以选择在任何时候吃这块棉花糖，但如果他吃掉它，他就不会再得到第二块棉花糖。米歇尔和埃布森用秒表给孩子们计时。几乎没有人能坚持 15 分钟。在屈服于诱惑之前，平均每个孩子坚持了 6 分钟。[4]

从那以后，棉花糖实验就变成了浸润在大众心理学之中的文化基因。我们每个人都是棉花糖实验中的孩子。我们身处其中的文化全天候地诱惑我们购买、消费和享受。我们知道我们应该放弃甜点、坚持锻炼，并且为退休存些钱。可是，做当下让自己舒服的事似乎更容易，毕竟人生只有一次。

延迟满足（deferring gratification）或许是最终极的冲突行动。米歇尔和她的同事们对参加了第一次棉花糖实验的孩子们进行了跟踪研究。这个团队报告说更能够抵制诱惑的孩子在长大后取得了更大的成功，也更少遇到困难。他们的 SAT 分数更高，而离婚率、肥胖率和药物滥用率则相对较低。

再来看一下上文中的成人版的棉花糖实验。参与者将面对一连串关于金钱和时间的选择。这些问题可能会夹杂着一些类似于配镜验光过程中的互动。你对某个问题的回答决定了你接下来的选择。

首先，现在拿 55 美元还是 61 天后拿 75 美元？如果你现在非常非常需要钱，比如你马上要被从居住地赶出去，你一定会选择即时满足，即选项（a）。此外，即时满足是确定的，而生活则有许多不确定的因素。毕竟，你不能完全确定 61 天后付钱的人还在不在，有时你甚至对自己都不敢做这样肯定的承诺。人生要及时行乐！

但是，如果 55 美元不足以决定你的命运，而你只是接受了这个报价，那么延迟选项（b）就值得被好好研究一下。一位会计师指出，延迟满足意味着在 2 个月时间内获得 36% 的回报率，相当于年回报率达到了惊人的 543%。

再看第二个选择，现在拿到 54 美元还是 119 天后拿到 55 美元？这个选择比较难把握。为了多赚 1 美元而等待近 4 个月是否值得，这看上去似乎不是特别明显。经计算，等待的溢价相当于 5.79% 的年回报率，并不比股票或共同基金等常见投资的平均回报率更高，所以没有必要再等下去了。

我在这里提到了回报率，求职者可能没有时间在接受测试时进行计算。这些游戏的重点是要衡量人们的下意识反应。更愿意获得延迟奖励的特质与大五人格中的尽责性有关。对于需要主动性的职业来说，这是至关重要的，因为从业者要能够在长期项目中掌握自己的节奏。事实上，每一份工作都需要自律，哪怕只是为了用时间换取报酬。

面试技巧小贴士

1. 黑猩猩懂得绕道而行，以便拿到栅栏另一侧的香蕉，这里涉及的解决问题的核心技巧叫作冲突行动。冲突行动是违反直觉的，因此，它也成为许多逻辑题乃至益智玩具的核心设计。

2. 面对这类问题，我们应该记得，冲突行动看似使问题解决者远离了目标，但实际上却是达成目标必需的一步。因而我们应该接受冲突行动，向黑猩猩学习，懂得绕道而行，做一些离目标更远的事情。

06　解决问题的通用处方：探索、计划、行动

　　心理测试游戏呈现了一个微观世界。虽然不像常见的电子游戏那样有丰富的细节，但这种游戏与电子游戏的共同点是将玩家带入了未知的领域。你要做的第一件事就是探索。逐个尝试游戏的潜在选项并了解它们如何生效。然后，你要利用你所学到的知识制订一个计划，以便获得尽可能高的分数。最后，你要将你的计划付诸实施。这正是乔治·波利亚解决问题的万能法，即探索、计划和行动。

　　心理测试游戏可能会采集成千上万个数据点，得分只是其中一项。游戏程序还记录了分数是如何获得的。参与者以怎样的方式面对未知事物并从经验中学习？他们是经历一次早期的挫折之后就开始气馁，还是经过一连串的失败最终取得了胜利？人类面试官可能会遗忘很多细节，不得不编一个故事来合理化参与者的最后得分。但游戏程序可以记住一切。

你知道以下面试题的答案吗？

你面前的屏幕上有一个连着气泵的气球。点击一下按钮，你就可以给气球打气。每按一次，气球会膨胀一次，而你的累积赌注就会增加 5 美分。你可以随时停下来并获得累积赌注。但每次为气球打气都有可能使它爆炸。如果发生这种情况，你将拿不到任何累积赌注。这个游戏允许你为许多个不同颜色的气球打气，因此你可以从经验中学习并调整你的策略。一旦你选择收取累积赌注，钱就会转入你的一个永久性银行账户，不会产生任何风险（如图 6-1 所示）。

1.05美元

打气

兑现

图 6-1　气球模拟风险任务

这个游戏又称气球模拟风险任务（Balloon Analog Risk Task，BART），是由马里兰大学（University of Maryland）的卡尔·W. 莱胡兹（Carl W. Lejuez）所领导的一个心理学家团队设计并于 2002 年发布的。BART 衡量的是人们的风险偏好，具体来说，即对风险与回报的权衡。顺便说一下，棉花糖测试体现的是对时间与回报的权衡。

每个人都吹过玩具气球或泡泡糖。我们的目标是让它尽可能地胀大，但又不至于爆开而粘到脸上。这需要在谨慎与激进之间找到中间地带。我们对橡胶气球和泡泡糖的物理局限性有所了解，对屏幕上的虚拟气球则不然。参与者既可以谨慎行事，只要得到几美分就停止，也可以不停地打气以找到气球爆炸的极限点。但你不能确定对于不同的气球来说，这个极限点是固定不变还是变化的。

心理学文献中的 BART 标准分数是指在气球爆炸前的平均点击次数，使气球爆炸的那一次点击不计入。这个数值通常在 30 左右。莱胡兹的团队发现，BART 高分与吸烟、赌博、酗酒、吸毒、无保护措施的性行为和入店行窃等冒险行为有相关性。BART 是一个不良青年指数。然而，喜欢冒险并不总是坏事。在许多行业里，冒险的意愿是不可或缺的。这一特质的最佳值因职业而异，因此 BART 可以在面试中发挥着一定的作用。

该如何使用 BART 呢？首先，不同颜色的气球有很大的不同。在 2002 年的第一次实验中，使用的气球颜色分别是橙色、黄色和蓝色。橙色气球爆炸的时间点在 1 到 8 次打气之间，黄色气球的上限可以达到 32 次，蓝色气球的上限则高达 128 次。招聘游戏可以采用不同颜色的气球，但你应该假设它们代表着不同的爆炸可能性。

在考虑了颜色的影响之后，气球的爆炸点是随机的。BART 程序从本质上说是根据从一个虚拟的罐子里抽取到球的概率，来决定气球是否会在给定的点击次数之内爆炸。以 2002 年那次实验中的黄色气球为例。最初，罐子里中有 32 个球，其中有一个黑球，其余的球则是白色的。每次当玩家打气时，程序算法都会随机抽取一个球并将其放在一边。当它抽取到黑球时，气球就会爆炸。爆炸事件可能出现在第 1 次点击时，也可能出现在第 32 次点击时，每一次点击使得气球爆炸的概率都是均等的。

Pymetrics 公司的 BART 游戏在游戏说明的页面中指出："这款游戏的目标是通过给气球打气赚到尽可能多的钱。"根据这一指示，而且如果你想像个聪明的赌徒一样赌一把，那么，你应该试着了解气球颜色带来的差异，并相应地调整你的策略。既然气球的爆炸只是游戏的一部分，你不应该在行动时表现得过分谨慎。

然而，你也不能过于依靠运气。假设你选到了一个紫色的气球，并怀疑为它打气的上限是 128 次。当你接近这个上限时，你应该意识到你在失败后失去的钱要比可以赢到的多。你已经赚到了在紫色气球上可能得到的大部分钱，而它一旦破裂，你就会失去一切。为了再多挣几个 5 美分而冒险是不明智的。

正如莱胡兹的团队所指出的，最优的策略是当为每个气球打气的次数到该颜色所对应的上限的一半时，就宣布退出游戏。前提是你知道为每个颜色的气球打气次数的上限，而且气球一直没有破裂。如果你采用这种策略，气球有一半的概率会爆炸，你接受它的结果就好；但气球也还有一半的概率不会爆炸，每次打气时你都可以获得 5 美分。你的预期收入是 5 美分的一半，即 2.5 美分，因为你只有一半的概率能拿到钱。表 6-1 列出了在第一次实验中从不同颜色的气球中可以获得的收益。游戏的收益主要来自最不易破裂的蓝色气球。

表 6-1　最优策略与预期收益

颜色	最优策略	预期收益
橙色	打气 4 次后停止	10 美分
黄色	打气 16 次后停止	40 美分
蓝色	打气 64 次后停止	1.6 美元

根据这一利润标准，大多数玩家都太胆小了。他们太担心气球会破裂，因此选择在远远没有达到他们实际可以赚到的数额时就退出。莱胡兹的团队报告称，玩家平均为蓝色气球打气的次数约为 30 次。

游戏的整体目标不一定代表你的目标。你的目标不是在大富翁游戏里赚最多的钱，而是努力通过面试或获得工作机会。涉及谈判、金融和创业的工作需要求职者具备一定程度的冒险精神。如果你正在申请一个以"富贵险中求"为信条的职位，那么你应该敢于冒让一些气球爆炸的风险，同时采取基于气球颜色的最大化策略。如果你正在申请教师、护士或会计等把喜欢冒险视为一个缺点的职位，那么你就不应该过于追求收益最大化。

探索、计划和行动这 3 个阶段可能会相互重叠。当你在学习由气球颜色所决定的爆炸概率时，你同时也赚到了钱。在整个游戏过程中，你还将继续学习，并根据需要调整你的计划。在 BART 中，探索、计划和行动这 3 个阶段是同时发生的，在许多其他类型的解决问题过程中也是如此。

你知道以下面试题的答案吗？

如图 6-2 所示，你面前有 4 组牌。点击任意一组牌，从中抽出一张牌。如果抽出的是一张好牌，你就会赢钱；抽出"烂"牌，你就会输钱。你在游戏开始时有 2 000 美元的虚拟资金，而且可以随心所欲地换牌。游戏的目标是赢得尽可能多的钱。

图 6-2　抽牌游戏

把这 4 组牌想象成老虎机。你没有被告知赢牌的概率。这个秘密通常只有赌场才知道，而你的任务是用高昂的代价来发现它。有些赌博机会频繁地输钱，尽管每次金额都不大，另一些赌博机则会吐出史上从未兑现过的巨额头奖作为诱惑。你必须参与其中才能了解这些机器的行为表现，但大多数老虎机玩家切换得太频繁，所以学不到太多东西。

在这款游戏里，你可以认为至少有一组牌是"安全的"。也就是说，它让你赢得不多，但也没有大的损失。反复从中抽牌，你最后可能会得到一个不输不赢的结果。同时，至少会有一组牌是"高风险的"。从中抽牌，你可能会得到一个高达 100 美元的大奖，而且每次抽牌你都会得到类似的结果。不过，迟早你将遭受巨大的损失，损失有可能高达 1 150 美元。不管你申请的是什么工作，你都应该尝试在每一组牌里都抽一下。因为你应该意识到，其中一个会成为你的"金矿"。它当然不是真的金矿，但雇主们不会希望你放弃任何一次机会。

你是否应该从高风险的那组牌里抽牌呢？如果我们能判断它的收益预期，即达成怎样的长期收益或损失，那么答案就变得容易多了。这款游戏麻烦的地方在于不存在所谓"长期"区间。Pymetrics 公司的纸牌游戏只分配给求职者 80 次点击的机会，因此你没有足够的空间去为这 4 组牌建立抽样，得出一个可靠的统计结论，然后再通过点击最有利的那组牌来获得更多收益。

喜欢冒险的人往往会反复在高风险的那组牌里抽牌。他们这样做，是因为相信自己冒风险的意愿会得到回报，正如股票市场提供的回报高于债券市场那样。这类人适合从事金融、销售等高风险的工作。

另一些人在遭受一次重大损失后，就开始回避高风险的那组牌。这表明他们厌恶风险，更适合有稳定收入的工作。

你知道以下面试题的答案吗？

你可以在一系列的简单任务和困难任务之间进行选择。如果选择简单任务，你需要在 3 秒内按下 5 次空格键；如果选择困难任务，你必须在 12 秒内按下 60 次空格键。

如果你完成了简单任务，你可以赚到 1 美元。至于困难的任务，你可以从中赚得更多，从 1.24 美元到 4.3 美元不等。不过，一旦任务失败，你就什么也得不到。在每次测试开始时，你会被告知完成所选任务后赢钱的概率。

每次你完成了一项任务或者在任务中失败之后，你会被告知你的收入变化，并进行下一次选择。游戏目标是在 2 分钟内赚到尽可能多的钱。

在每次测试中，如果你在 5 秒钟内没有在简单任务和困难任务之间做出选择，那么系统将会随机为你选择。

这是一个考察你如何管理时间的测试。你首先需要理解的是，一旦你开始游戏，就开始了计时。你总共只有两分钟，犹豫不决的时间也算在内。如果你花 5 秒钟还做不出选择，游戏会随机替你决定，但你一定不希望这种情况发生，因为你本来可以用这 5 秒钟玩游戏和赚钱的。另一个要点是，3 秒钟的简单任务比 12 秒钟的困难任务花费的时间要少。如果你选择简单的任务，你就可以玩更多的次数。

两个任务各有特点。简单任务是小菜一碟，而困难任务需要真正的注意力，而且不能确保每一次都会成功。我们以图 6-3 中的情况为例。困难任务的奖励是 2.77 美元，而简单任务的奖励是 1 美元。就任何一项任务来说，玩家成功完成任务并获得报酬的概率都是 50%。通过计算每秒钟游戏时间的"工资"，我们可以更好地比较两种选择。选择简单任务，你有 50% 的机会赢得 1 美元，即预期收益是 0.5 美元。用它除以完成任务所需的 3 秒时间，即平均每秒可获得 0.17 美元。

图 6-3　选择任务，赢得奖励

注：选择一项任务，赢的概率中等（50%）。

在困难任务中，你有 50% 的机会赢得 2.77 美元，如果你成功了，预期收益可达到 1.39 美元。这个任务消耗了宝贵的 12 秒时间，即平均每秒获得 0.12 美元。因此，按每秒收入计算，简单任务的收益比困难任务更高。而且，你此时还没有计入困难任务失败的可能性。

为了进行比较，我们不妨将困难任务的吸引力设定得稍高一些。如图 6-4 所示，新的游戏中完成任务后获得报酬的可能性很高，达到 88%，而且困难任务的回报达到了最高值 4.3 美元。这意味着困难任务对应的平均每秒回报为 0.32 美元，而对应简单任务的平均每秒回报为 0.29 美元。

图 6-4　选择任务，赢得奖励

注：选择一项任务，赢的概率较高（88%）。

因为困难任务所需要的时间是简单任务的 4 倍，所以除非你从中得到超过 4 倍的回报，否则选择完成困难任务就是不合理的。大多数时候，回报不一定能尽如人意，4.3 美元的最高回报也不足以补偿失败的风险。

在这里，我已经替你计算过了，而在游戏时，你绝不应该把时间花在计算上。有一个简单的策略可以使你的分数最大化，那就是始终选择简单任务。不要浪费时间在选择上。只需要一直点击代表简单任务的 1 美元按钮，然后你就能使用更多的时间来玩游戏和赚钱。

如同你参与过的所有心理测试游戏一样，**你的目标不是在这个游戏中获得最高分，而是获得一个与你正在申请的工作中的成功表现相匹配的分数。**许多求职者在开始时会认为困难任务尽管难度较高，但也有"可观回报"。这个游戏要考量的事项之一是，求职者需要多长时间才能意识到困难任务并不像想象中那么值得。求职者尝试一两次困难任务并没有什么问题，特别是在游戏初期，但在那之后，就应该转向一直做简单任务的优化策略。

高额回报通常与在需要主动性的工作中有成功表现是相关的。很多人把工作时间花在困难却不讨好的事情上，或者在无聊的琐事上浪费了太多时间。在这个游戏中，你越是尽量避免表现出此类行为，你的面试结果就会越好。

面试技巧小贴士

1. 心理测试游戏呈现了一个微观世界，虽然不像常见的电子游戏那样有丰富的细节，但这种游戏与电子游戏的共同点是将玩家带入了未知的领域。

2. 在心理测试游戏中，我们首先要做的就是探索，逐个尝试游戏的潜在选项并了解它们如何生效。然后，我们要利用自己所学到的知识制订一个计划，以便获得尽可能高的分数。最后，我们要将计划付诸实施。这正是乔治·波利亚解决问题的万能法，即探索、计划和行动。

07 把自己放在他人的位置上，成功解决问题往往取决于对他人想法的理解

彩帽问题、说谎者及诚实者的国度以及"完美逻辑大师"是另一类逻辑题的典型代表。它们的特征是有一种脱离现实且机械化的有关人性的认识，具体表现为"因为那个有着完美逻辑的家伙推断出了Y，而没有推断出Z，所以我可以推断出X"的观点。不过，这一类逻辑题也揭示了一种重要的解决问题的技巧——换位思考。你需要弄清楚对方了解的信息、感受和下一步的行动。

换位思考这种心理活动通常在情商测试中可以得到更有效的体现。情商测试覆盖了一系列的能力，其中大家比较熟悉的是同理心、合作能力和解读他人情绪的能力。

你知道以下面试题的答案吗？

你和一个伙伴组成一队，并以随机的方式得到了 5 美元的游戏基金。如图 7-1 所示，你现在可以选择把一部分钱分给你的伙伴。它可以是增量为 0.5 美元、从 0 元到 5 美元之间的任何金额。你愿意分给你的伙伴多少钱？

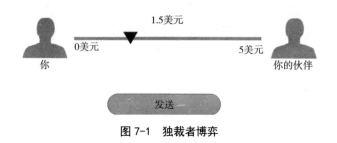

图 7-1　独裁者博弈

这是行为经济学中被大量研究的一类实验，即独裁者博弈（dictator game）。[1] 它比前言中讨论的信任游戏更简单。在这个游戏中你只需要把钱分了，然后游戏就结束了。这就像给服务员小费或给公共电台捐款一样，数额由你来定。你不必担心你的伙伴对此有何反应。你可以表现得慷慨一点，或者相反。它之所以被称为独裁者博弈，是因为分钱的人拥有绝对权力。不过，在点击"发送"按钮之前，你应该换位思考一下。

**面试
背后的
科学**

丹尼尔·卡尼曼（Daniel Kahneman）[①]、杰克·L.尼奇（Jack L. Knetsch）和理查德·塞勒（Richard Thaler）在1986 年发布了独裁者博弈这一心理测试游戏。卡尼曼和塞勒是诺贝尔奖得主，这使这款游戏的出处显得不同寻常。他们试图借此理解利他主义的本质。就餐者付小费的行为是由于慷慨、习惯，还是仅仅因为他们不想被其他人看扁？

在标准实验中，只有 1/5 的独裁者没有分给他们的伙伴一分钱。[2] 全部参与者平均分出的额度约为 30%。以 5 美元为本金，即分出 1.5 美元。众所周知，独裁者在博弈中的行为高度取决于是否存在旁观者。如果参与者在严格保密的条件下进行分钱，任何人，包括他的伙伴，都不会知道独裁者的身份或所做的选择，那么，大约有 60% 的人会将所有的钱留给自己。

但用于招聘的心理测试游戏可无法做到保密。雇主，或者可以说游戏算法，会对你的分配做出评判。让我们逐一来看以下这些选择：

● **把所有的钱都留给自己，不给伙伴分钱。** 这种极度的利己主义在金融精英中很常见。

● **给伙伴 1.5 美元。** 这与独裁者游戏中分出 30% 的典型行为相一致，它显示出同理心与收益之间的平衡。对于很多类型的工作来说，这是一个不错的答案。

● **给伙伴 2.5 美元。** 这是一个五五开的分配。它表明参与者关心他人的感受，需要高度配合的工作和与公众打交道的工作很需要这种特质。

---

① 诺贝尔经济学奖得主，行为经济学之父。卡尼曼代表作《噪声》的中文简体字版已由湛庐引进，浙江教育出版社出版。——编者注

● **给伙伴 3 美元或更多。**这种极其慷慨的给予是罕见的，但创业者在
这个游戏中往往表现出非比寻常的利他主义。[3]

　　在经济学领域，独裁者博弈一直被用于研究人们对于贫富差距的态度。
2018 年，挪威经济学家比约恩·巴特林（Björn Bartling）、亚历山大·卡普伦
（Alexander Cappelen）和马赛厄斯·埃克斯特罗姆（Mathias Ekström）进行
了一项研究。他们要求志愿者在两个版本的独裁者博弈之中选择其一。在其
中一个版本中，接受分配的伙伴是随机选择的。在这种情况下，接受调查的
志愿者一般认为，幸运的伙伴可以分享他的财富。此外，政治上的保守派和
自由主义者会明显地支持这种观点。

　　在另一个版本中，游戏基金被描述成对在认知测试中表现更好的一方的
奖励。此时，大家一致认为这些钱是由表现较好的人赢来的，因此他可以较
少地或干脆不与他人分享。

　　独裁者博弈的研究表明，各个政治派别的人都对意外之财的重新分配持
开放态度，但也接受基于个人能力的财富聚集，即使这意味着"赢者通吃"。
人们对收入差距的态度在很大程度上取决于我们如何解释财富的来源。富人
的成功是靠胆识还是靠运气？在现实生活中两者都有很好的实例，不难找到
符合你的预期的故事。[4]

　　你知道以下面试题的答案吗？

　　这一次你参与的游戏在设定上与前面的独裁者游戏基本一致，不
过现在你可以以 0.5 美元为增量、5 美元为上限，给予你的伙伴或从他

那里取走任意数额的钱，参见图 7-2。你会怎样选择？

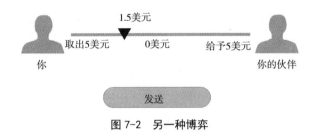

图 7-2 另一种博弈

心理测试通常会在独裁者博弈的试题之后接着进行天堂独裁者博弈（heaven dictator game）的游戏。后者由西班牙经济学家奥罗拉·加西亚 - 加列戈（Aurora García-Gallego）和她的同事创建，在标准独裁者博弈游戏的基础上加入了一个新的变化，即独裁者既可以从不认识的伙伴那里取钱，也可以付钱给他。

参与者可能会觉得自己对这个游戏的反应应该与在一般的独裁者博弈中一样。如果你的伙伴在上一次游戏中有理由从你的 5 美元中分走一些，他现在依然有这个资格。如果你只是认为分享是件好事，你仍然可以这么做。

事实上，加西亚 - 加列戈的研究小组报告说，绝大多数的参与者会从 5 美元中分一部分给伙伴，但约有 12% 的人选择不分享，而另有 13% 的人会从伙伴那里取钱。

在天堂独裁者博弈中，人们如何解读"公平"呢？不分享的选项很容易解释："我没有拿走任何东西，我的伙伴应该为此感到幸运。"然而，与标准的独裁者博弈相比，在这个游戏中选择不分享的人更少。一些在标准独裁者游戏中不分享的人在天堂独裁者博弈中变成了从伙伴那里取钱的人。

这个游戏展示了框架的力量。当可以在一定范围内选择时，人们通常会选择中间值，在情况是陌生的或模棱两可时，这一倾向会更加明确。一些电子收据提供以总金额的 18%、20% 或 25% 作为小费的方便选项。顾客会接受这个暗示，选择 20% 的中间值。从理论上看，这一数额比大多数人原本想要给的小费要高。

在这个游戏中，你可以选择比在标准的独裁者博弈中更贪婪一点。对于涉及金融或交易类的工作，只分享很少的钱或从对方那里取钱是可以接受的，但在其他一些职位上，从对方那里取钱的行为会让红灯亮起。"因为我有能力，我要拿走别人的钱"的想法可能会让人联想到投机取巧、自私自利以及其他大多数雇主都不希望看到的道德问题。[5]

你知道以下面试题的答案吗?

你会看到一些带有不同表情的面部照片，如图 7-3 所示。请选择最符合这些表情的词语。

有些照片附有一段短文。在描述面部表情之前请先阅读这些文字。

图 7-3　哪一个词可以描述这个人的情绪?

面部情绪识别（Facial Emotion Recognition，FER）任务最初是为了帮助诊断孤独症和阿斯伯格综合征而开发的。准确地感知情绪，对于公共事务官员、管理者和谈判者来说，是一项重要的技能。但如果你是一名孤独症患者，你可能会觉得这个游戏非常难。

人们通常从整体上对面部表情进行评估，同时也考虑背景和语调等因素。如果只借助一张头部特写，这个评估工作是很难完成的。以幸福的情绪为例。我们通常认为这样的人的表情是笑容满面。但蝙蝠侠的死敌——小丑也有着这样"灿烂"的笑容。19 世纪法国解剖学家纪约姆·杜兴（Guillaume Duchenne）指出，真实展露幸福的表情同时需要嘴和眼睛的表达。眼周的肌肉会拉高脸颊，在年纪较大的人脸上形成鱼尾纹。我们会本能地认识到这一点，但要表述出来就很难。如果没有脸的上半部的变化，微笑就会显得不真诚。因此，建议你在自拍的时候眯着眼睛看镜头，它会将说"起司"（cheese）时咧开嘴巴的动作转化成更真诚的笑容。

害怕和惊讶的表情很容易被混淆。在惊讶时，人们一般会睁大眼睛，挑起眉毛，下巴下垂，而在害怕时，他们的眉毛相对比较平坦，嘴角会侧拉。

在这个游戏中，与一些面部表情图片一起出现的短文将描述一个具体的情境。"一位女士去看赛马，把所有的钱都押在了她最喜欢的马身上。这匹马只有得到第一名或第二名，这位女士才能赢钱。当参赛的马在转最后一个弯时，这位女士押的马排在第二名。"

此刻，即使不看图片，你也会认为"希望"就是那个正确答案。对配有文字的图片来说，文字暗示了一种感觉，而图片可能传达的是另一种感觉。因此，这些配有文字的图片可以考察参考者是更看重表情和直觉，还是更看重文字和逻辑。

参与者在游戏中没有太多的机会进行分析，因为图片的展示有时间限制。许多人发现他们在测试中的表现比预期的要好。跟着你的直觉走，你会发现你经常"奇迹般地"点击了正确的词语。

面试背后的科学

戴维·科默·基德（David Comer Kidd）和埃马努埃莱·卡斯塔诺（Emanuele Castano）在 2013 年的一项研究中指出，大量阅读文学小说可以提高包括面部表情识别在内的情商测试的表现。文学小说中各种形象的虚构人物可能会帮助读者对他人的情绪的蛛丝马迹产生更多的理解。[6]

🗨 面试技巧小贴士

1. 情商测试覆盖了一系列的能力，其中大家比较熟悉的是同理心、合作能力和解读他人情绪的能力。在情商测试中，换位思考是得高分的关键。

2. 面对这类问题，我们应该把自己放在他人的位置上，弄清楚对方了解的信息、感受和下一步的行动，再据此给出自己的回答。

第三部分

面试题中的问题
解决技巧

HOW
DO YOU
FIGHT A
HORSE-SIZED
DUCK?

▼

什么东西在月球上比在地球上更重?

▼

如果你有 2 000 美元，
你如何在 24 小时内使它翻倍?

▼

你愿意和一只像马一样大的鸭子搏斗，
还是和 100 匹像鸭子那么大的马搏斗?

08　你的第一反应是错误的，警惕快速且简单的直接答案

ZipRecruiter 的首席运营官杰夫·兹韦林（Jeff Zwelling）宣称，他最喜欢的面试问题如下。

你知道以下面试题的答案吗？

一把锤子加一颗钉子的售价为 1.1 美元，锤子比钉子贵 1 美元。那么，钉子的售价是多少钱？

在继续阅读之前，你可能很想先大声说出你的答案。"有些求职者会脱口说出'10 美分'，"兹韦林说，"这显然是错误的。"[1] 然而，很多求职者都

跳入陷阱，给出了这个答案。正确的答案其实是 5 美分。锤子比钉子贵 1 美元，锤子的售价是 1.05 美元，二者加起来是 1.1 美元。

这个问题所考查的与其说是数学，不如说是冲动。它揭示出求职者在发言前是否先经过思考。根据兹韦林的看法，这个问题含有一个暗示。"10 美分这个答案太简单了，然而如果问题真的那么简单，我就不会问它。"[2]

从本质上来说，脑筋急转弯是很难的。换言之，当一个快速、简单的答案出现在你的脑海中时，它几乎肯定是错误的。**你应该怀疑你的第一冲动。在求职面试中，这样做是一个非常有用的策略，因为面试时你需要陈述自己的思维过程。**你可以一开始就说面试问题有一个显而易见的答案，但在这类问题中显而易见的答案通常是不正确的。然后你再尝试证明它是错误的。这是一个很好的了解面试问题的策略。你可以由此确认自己是否真正理解了它。幸运的话，你还会想到一个更有前景的解决方案。即使你没有找到这个方案，面试官也会因为你意识到问题可能比表面上看起来更微妙，而给你一些鼓励分。

下面这道"牛桥"面试问题现在经常被用于苹果等科技公司的面试。试着找出它的答案。

你知道以下面试题的答案吗？

你手上有一杯热咖啡和一小盒刚从冰箱里拿出来的冷牛奶。你打算在 5 分钟内喝完咖啡。为了使咖啡的温度在 5 分钟内达到最低，你应该在什么时候加入牛奶？

想要冷却咖啡的人应该尽快往咖啡里加入使它变凉的东西，对吧？但是，根据"第一反应是错误的"这一法则，答案可能刚好与之相反，即你应该在最后一刻加入牛奶。

第一反应法则最多只能为你指明正确的方向。求职者还需要解释为什么要尽可能晚地加入牛奶，而这需要更多的知识储备。英国物理学家牛顿除了研究重力和运动，还研究过冷却这一现象。牛顿的冷却定律（Newton's law of cooling）指出，热的传导率与物体与其周围环境之间的温差成正比。

一杯热咖啡接触到的是室温下的空气和桌面。因为比周围环境热得多，它的温度会迅速下降。温差的迅速减小，会使得温度下降的速度不断降低，直至为零。咖啡降到室温的速度会越来越慢。大概需要 1 个小时，它才能达到微温的状态。

如果把冷牛奶加入热咖啡，它会立即降低咖啡的温度。在降低了咖啡和环境之间的温差之后，冷却速度也随之减慢。这就得出了一个违反直觉的结论，即越早加入冷牛奶，咖啡的保温时间越长。在最后一刻加入牛奶，你才能享用到温度最低的饮品。

2007 年，英国的播客"直率科学家"（The Naked Scientists）[①] 用热茶做了上述实验，证实了迟一些加入牛奶确实可以使饮品变得更凉。[3]

这个面试问题的措辞使问题进一步变得复杂。由于牛奶是"刚从冰箱里拿出来的"，它比周围的环境更冷，而且随着咖啡的逐渐冷却，它的温度却在上升。5 分钟后，牛奶就不像它被放在冰箱里时那么冷了。这一系列变化有可能抵消上文刚刚描述的过程。

[①] "直率科学家"是一个与观众互动的科学广播谈话节目，由英国广播公司（BBC）在英格兰东部现场直播，同时作为播客在网络上播出，每期时长为 1 小时。——译者注

不过，这个细节并不足以完全改变结论。热咖啡的温度要比室温高出近 80 摄氏度，而冷藏牛奶的温度仅比室温低 10 摄氏度左右。在其他条件相同的情况下，咖啡冷却的速度要比牛奶升温的速度快得多。在 5 分钟内牛奶在温度上的微小变化不足以产生很大的影响。

你知道以下面试题的答案吗？

面试官手里正拿着一块银色的金属。你怎么分辨他手中拿的是铝还是钢？

你是不是正在考虑用磁铁来区分？不错的想法。但是，就这个由苹果公司的工程师提出的问题来说，磁铁并不是一个特别好的答案。

为什么呢？在你的不锈钢冰箱里拆出一块磁铁，试着把它粘在你的洗碗机或烤箱上。它很可能粘不住。钢作为一种铁碳合金，有许多不同的配比方式。某些种类的钢有磁性，另外一些则没有。冰箱的正立面通常可以吸住磁铁，是因为设计者认为消费者会希望在上面贴便条和孩子们的画。高端不锈钢一般是不带磁性的，铝也没有磁性，所以磁铁无法对二者做出区分。

有许多种方法可以区分钢和铝。一个好的回答应该尽可能多地列出区分方法。密度的差异为我们提供了一种可靠的方法。相同体积下，铝比钢轻得多。如果将金属的重量与等体积的水相比较的话，铝的密度约为 2.7，而钢的密度约为 7.8。这意味着同等尺寸的钢块的重量几乎是铝块的 3 倍。

用手掂量一下它们就可以感受到这种差异。此外，你也可以借助一些测量密度的仪器。你只需要一个准确的食品秤或邮包秤、一个杯子和一个平底锅。向杯子里倒满水，将它放到平底锅里，然后慢慢将金属物体完整地浸入杯中。水会从杯子里溢出，溢出的水的体积恰好等于金属的体积。这时，把杯子从锅里拿出来，称一下溢出的水的重量。你可以先称一下锅中盛有溢出的水时的重量，然后把水倒出，再单独称一下锅的重量。两者之差就是水的重量。最后，把金属物体从杯子里取出，称一下它的重量。

假设水的重量是 24 克，金属物体的重量是 186 克。由于两者的体积相同，金属的密度应该是水的密度的 186/24 倍，即 7.75 倍。这就排除了铝的可能性，而且刚好符合钢的密度范围。尽管这个实验的精确度不是很高，但由于两种金属的密度有 3 倍的差异，它完全可以满足题目的要求。

在废品回收场，非磁性不锈钢的售价要比铝高，但人们很少用磁性或密度测试来区分它们。拾荒者更喜欢用的是磨床试验。把一块有待区分的金属放在旋转的砂轮上，抛出火花的是钢，而铝则不会产生这种现象。

用钥匙测试也是一个便捷的方法。取一把房子或汽车的钥匙，把它在金属上剐蹭。如果金属很容易出现划痕，那么它就是如同银和金一样柔软的铝。如果表面没有划痕，那么它就是不锈钢。

仅仅从外观来区分两种金属，也不是不可能的。尽管表面工艺会严重地影响判断，但铝的颜色一般比较暗，而钢的颜色则更接近银色。铁在氧化后会出现橙色的片状铁锈。虽然大多数钢是防锈的，但带有橙色斑块的金属很可能会是铁或钢。铝在氧化后会在表面形成一层薄薄的、坚硬的氧化铝。氧化铝是白色的，而且不同于铁锈，它几乎不可能被铲掉。如果在金属物上看到一层白色的光晕，那么你就有理由认为它是铝。

这个面试问题同时考查实践知识和头脑风暴式的思维能力。求职者是否会满足于第一个听起来合理的答案，还是会有更多的想法？这一点很重要，因为在开发新产品或新业务时，第一个提出的想法往往会被否定或边缘化。苹果公司以生产电脑起家，但这项业务现在只占公司整体业务的不到 10%。星巴克最初仅是西雅图的一家连锁店，出售美味的咖啡豆和研磨机。只有在它的创始人意识到公司也可以向消费者提供即冲咖啡后，它才获得了全球范围的成功。

你知道以下面试题的答案吗？

　　什么东西在月球上比在地球上更重？

　　月球表面的重力约为地球的 1/6。这意味着物体的重量在月球上只有在地球上的 1/6，而且真的找不出任何例外。最显而易见的答案是"没有"。那些学过物理学的人对这一点可能特别确定。但是除非面试官心里已经有了答案，否则他不会提出这个问题。你的任务就是找到这个答案。

　　假设有一个在地球上重为 X 的物体，它在月球上的重量大约是 X/6。唯一使 X/6 大于 X 的方法是 X 是个负数。我们需要找到某个在地球上有负重量的东西，它向上飘浮而不是向下坠落。

　　譬如氦气球。这才是合格的答案。这个答案是否足够严密，与其说是一个物理问题，倒不如说是语义逻辑问题。物理学家会说，考虑到氦气和橡胶的质量以及重力的作用，氦气球在地球和月球上确实都只有微不足道的重量。由于氦气比空气轻，所以在地球上氦气球本身的重量比与它同等体积的空气的重量小。这就产生了向上的、足以抵御重力的浮力。

月球上既没有空气，也没有浮力。在那里，氦气球受到的只有重力，它与其他物品一样会以相同的速度下落。你完全可以把氦气球放在邮包秤上测量它的重量，前提是根据月球引力对邮包秤进行重新校准。综上所述，可以认为，氦气球在月球上比在地球上具有更大的重量。

要注意的是，用橡胶制作的氦气球在月球的真空环境中有可能会破裂。YouTube 上有一段视频展示了橡胶气球在真空房间中破裂的过程。因此，聚酯薄膜制作的氦气球可能更适合作为答案。

你知道以下面试题的答案吗？

你面前有两个一模一样的信封。每个信封里都装着一些现金，其中一个信封里的现金数量是另一个信封的两倍。你要抽取一个信封，不管里面有多少钱，这些钱都将归你所有。你也可以选择交换信封。你会交换吗？为什么？

按常识来看，答案应该是否定的，换信封没有任何意义。你有 50% 的概率抽到那个装着更多现金的信封。交换不会改变这一点。然而，因为这个答案看起来太过简单，你应该料到会有陷阱。

"两个信封问题" 起源于比利时数学家莫里斯•克莱特契克（Maurice

Kraitchik）在 1943 年谈到的一个悖论。[4] 在克莱特契克的叙述中，两个男人都得到了作为礼物的一条领带。他们争论谁的领带更贵，并同意通过打赌来解决问题。他们打算查明领带的价格，获得相对便宜的领带的人将会赢得另一个人的领带。

两个人都有理由认为他将换掉手上的领带，而得到一条更贵的领带。这个期待使得打赌变得有吸引力，但赌局的结果不可能同时对双方有利！

"两个信封问题"的改良版本自 20 世纪 80 年代开始流行。从那以后，这个问题在数学和哲学期刊上引发了几十年的争论。现在，不少企业又邀请大量的求职者对这个困扰学者的问题给出明确的答案。[5]

让我们先分析一下如何进行交换。假设你得到的信封为 A，其中的金额是 A 美元。

另一个信封为 B，里面装有 A 美元的一半或两倍。两种情况出现的概率是相等的。通过交换，你有 50% 的机会得到 A/2 美元和 50% 的机会得到 2A 美元即：

$$1/2 \times A/2 + 1/2 \times 2A=$$
$$A/4 + A=$$
$$1.25A$$

结论是，通过交换，你可以提高 25% 的收益。

大多数人认为这个结论是可疑的。因此，我们换一种看待它的方式。为了简明起见，假设一个信封里有 100 美元，另一个信封里有 200 美元。你并不知道你得到的信封 A 里有多少钱。

如果你得到的是 100 美元，那么通过交换，你将换到 200 美元，获得 100 美元的收益。如果你得到的是 200 美元，交换就意味着收益降到 100 美元，因而损失了 100 美元。你有 50% 的机会得到 100 美元，50% 的机会失去 100 美元。这是一个对双方均无好处的结果。交换是没有意义的。这个答案得到了更多人的认可。

那么，认为交换能提高 25% 收益的观点哪里错了？假设你得到的信封里的金额为 A 美元，并由此计算出你要么损失 A/2 美元，要么赢得 A 美元。但是，这两种结果均不能独立于 A 美元的价值。它们是由 A 美元的价值决定的。作为一个交换者，当且仅当 A 是一个较大的金额时，你才会损失 A/2 美元；当且仅当 A 是一个较小的金额时，你才会赢得 A 美元。

当说到 A/2 美元时，它真正的意思是"较大金额的一半，这与它在哪个信封里无关"，也就是 100 美元。当说到 A 美元时，它指的是"较小的金额"，也是 100 美元。因此，你的收益和损失将是一样多。

以上这个交换问题的难点在于，大脑会根据情境任意地重新解释 X 和 Y。用来描述你损失的 A 和描述你收益的 A 并没有指代同一个金额。如果同一个字母不能指代某一个确定的数量，代数就失去了作用。

简而言之，就这个面试问题来说，交换是没有意义的。

大多数面试官会对上述的解释感到满意。但是学者指出有时交换可以成为一个合理的选择。如同其他大大小小的悖论一样，这个可能性取决于尚未揭示的条件。"一个信封里装的钱是另一个信封的两倍。"但我们还需要知道由谁决定选择哪个信封以及如何决定。这些条件都可以使问题变得不同。

一种可能的情况是，由一位"银行家"在一开始就决定他愿意在这个奇怪的小游戏中投入多少钱，先假设是 300 美元。然后，他将其中的 100 美元装在一个信封里，余下的 200 美元装在另一个信封里。他用掷硬币的方式决定在其中一个信封上标写 A，并将它交给参与的玩家。所有这些都发生在幕后，在游戏开始前就已经决定了。

在这种情况下，游戏中现金的总额是固定的。抛硬币的行为不会改变这一点。如果玩家选择交换，他有同样的概率得到收益或损失。无论结果如何，玩家的收益或损失都等于两个信封中现金的差值，在本例中为 100 美元。因此，结论仍然是交换没有任何意义。

但是，这里还有另一种可能的情况，也能符合这个问题的描述。在后台，银行家首先决定要在信封 A 里放多少钱，信封 A 将会被交给玩家。然后他抛了一次硬币。如果是正面朝上，他就把信封 A 中金额的两倍放进信封 B。如果是反面朝上，他把信封 A 中金额的一半放进信封 B。

对旁观者来说，这个游戏看起来和之前的游戏没有任何差别。两个信封，同样的条件，同样的选择。唯一一个微妙的区别在于，信封 B 中的金额是由抛硬币决定的。而玩家持有的信封 A 中的金额是在掷硬币之前就已经决定的。在这样的条件下，交换就有了合理的逻辑。你冒着失去一半现有的钱的风险，但却有机会把现有的钱翻上一倍。这一次，你确实可以通过交换获得 25% 的收益。[6]

由此可见，这个面试问题的前提是不明确的。我们可以据此想象在哪些情况下交换是有意义的，而在哪些情况下交换是没有任何意义的。

"两个信封问题"很受面试官的欢迎，因为它足够贴近现实。每一项商业行为其实都是对不确定的未来押注的一套组合，产品发布、开发新市场、首次公开募股、兼并都是如此。一个风险项目可能会有很大的成功机会，你也许会就此一飞冲天，但它也有很大的机会失败，而你最多就是丢掉你现在拥有的一切。这很容易得出值得冒一次险的结论。但大量产品和公司的失败表明现实并非如此乐观。这并不是说公司不应该大胆尝试新的业务，不过人们应该意识到，每个人都无法彻底了解市场和现实世界背后正在运转的一切。在面对模棱两可的情况时，人们倾向于选择符合自身期望的解读方式，这会使一个不错的风险项目看起来比它实际上更有吸引力。

面试技巧小贴士

1. 本章中的问题所考查的与其说是数学，不如说是冲动。当一个快速、简单的答案出现在你的脑海中时，它几乎肯定是错的。
2. 你应该怀疑自己的第一冲动。你可以一开始就说，面试问题有一个显而易见的答案，但在这类问题中显而易见的答案通常是不正确的。然后你再尝试证明这个显而易见的答案是错误的。

09　注意意想不到的词语，这可能是解决问题的关键细节

开发一道逻辑题并不是一件容易的事。受到欢迎的逻辑题被一再引用，在这个过程中逐渐变得形式化。就像谜语一样，逻辑题中的每个字眼都很重要。因此，你应该特别注意那些奇怪、意想不到或"不必要"的细节。可以肯定的是，这些细节是解题的关键，而且提供了某种暗示。下面是被苹果公司采用的一道面试题。

你知道以下面试题的答案吗？

你被蒙住眼睛并戴上了橡胶手套。在你的面前有一张桌子，上面有 100 枚硬币。其中 90 枚硬币是正面朝上，10 枚是反面朝上。你无法通过看或感觉来区分它们。请问你是否可以将硬币分成两组，并且

使每一组硬币都含有相同数量的正面朝上的硬币？

你的第一直觉可能会认为任务是将正面朝上的硬币与反面朝上的硬币分开。如果你戴着眼罩和橡胶手套，这绝非一件容易的事。当然了，苹果公司怎么会有那么简单的面试问题！然而，这并不是这个问题的目标。它提出了一个几乎像法律文书般严密的要求："将硬币分成两组，并且使每一组硬币都包含相同数量的正面朝上的硬币。"

我们认真想一下。桌面上一共有 90 枚正面朝上的硬币。面试官也可以换个说法，"把硬币分成两组，使每组有 45 个正面朝上的硬币"。这样不是更清楚吗？面试官没有采取其他的表述。这一点很重要，可能意味着真正的解决方案不需要使每组都含有 45 个正面朝上的硬币。

事实证明，这个思路的方向是对的。那么如何改变正面朝上硬币的数量呢？你可以从桌子上拿走几个硬币，或者从你的口袋里拿出几个硬币放进去。但面试官说要将这些硬币分开，而且强烈暗示目标是桌子上的 100 枚硬币。题目中没有提到增加或减少硬币这回事，而且看起来这也不会带来什么帮助。你还有另一种改变正面朝上的硬币数量的方法。把一些硬币翻过来。如果一枚硬币以前是正面朝上的，现在则是反面朝上，反之亦然。

我们把这 100 枚硬币分成两组。第一组有 X 枚硬币，第二组有 100-X 枚硬币。桌上一共有 90 枚正面朝上的硬币，但我们不知道每一组有多少枚。定义另一个未知数 Y，用它来表示第一组中正面朝上的硬币数量。那么，第二组一定有 90-Y 枚正面朝上的硬币。明白了吗？

我们也可以如此表述，即第一组共有 X 枚硬币，其中 Y 枚是正面朝上的硬币，因此反面朝上的硬币数量是 X-Y 枚。

现在，用你戴着橡胶手套的双手把第一组的硬币全翻过来。第一组中 X-Y 枚反面朝上的硬币，变成了 X-Y 枚正面朝上的硬币。我们希望通过选择未知数 X 和 Y，使被翻转的第一组中正面朝上硬币的枚数（X-Y）等于第二组中正面朝上硬币的枚数（90-Y）。

$$X-Y = 90-Y$$

只有在 X = 90 时，这个等式才能成立。因此，答案是将桌上的 100 枚硬币分成 90 枚和 10 枚共两组，然后把 90 枚的那一组硬币全部翻过来，这时两组硬币就会有相同数量的正面朝上的硬币了。

我们来验证一下。假设有 90 枚硬币的那一组硬币中有 82 枚正面朝上的硬币。这就意味着 10 枚硬币的那一组有 8 枚正面朝上的硬币。我们将 90 枚硬币那一组的硬币全部翻过来，就会产生 82 枚反面朝上的硬币和 8 枚正面朝上的硬币。两组硬币中正面朝上的硬币数量是一样的。

注意，为了符合共有 90 枚正面朝上的硬币的条件，第一组中正面朝上的硬币不能少于 80 枚。而且，在极端条件下，即第二组的 10 枚硬币必须都是正面朝上。

在回答逻辑题时，你应该像一个要在合同中揪出漏洞的律师那样思考。如果一个单词或短语不是标准用语，那么它的存在可能是有原因的。面试中一个有用的技巧是用你自己的话重复一次面试问题，这可以帮助你确认有没有遗漏什么东西。如果你在复述时遗漏了一个至关重要的因素，即便是最铁石心肠的面试官也应该会向你指出这一点，而这或许可以引导你走向正确的方向。

你知道以下面试题的答案吗？

请说出 3 位前诺贝尔奖得主。

这里的关键字是"前"。如果问的是今年的获奖者，这个问题会不会太容易了？不，诺贝尔奖得主多半并非家喻户晓……除非他们已经非常有名。诺贝尔奖委员会从 1901 年就开始颁发这一奖项。过去的一些获奖者现在已为大众所熟知，我们很容易就可以搞清楚。

首先问问你自己，如果有人要获得诺贝尔奖的话，哪一位才智之士应该得到它？你认为是爱因斯坦吗？对，他在 1921 年得过诺贝尔物理学奖。

诺贝尔奖还设置了一项和平奖。那么，谁是 20 世纪最了不起的人权斗士？美国人很容易脱口说出马丁•路德•金、纳尔逊•曼德拉、特蕾莎修女和圣雄甘地等名字。前 3 个人得到过和平奖，甘地也差一点儿就得到它。由于甘地在 1948 年 1 月被暗杀，诺贝尔奖委员会拒绝颁发当年的和平奖，因为按照规定，获奖者必须在世。

再来看看文学奖。20 世纪著名的文学作家有哪些？许多美国人会想到海明威、福克纳和托妮•莫里森。这 3 个人都得过诺贝尔文学奖。科学和经济学领域的获奖者似乎不是那么广为人知。不要忘了破译 DNA 结构的詹姆斯•沃森（James Watson）和弗朗西斯•克里克（Francis Crick）。你已经答出了3 个答案中的 2 个。此外，还有"养狗"的伊万•巴甫洛夫（Ivan Pavlov）[①]

——————————
① 条件反射是巴甫洛夫研究狗的消化腺分泌时意外发现的。——译者注

和"养猫"的埃尔温·薛定谔（Erwin Schrödinger）[1]。

所以，如果要给出一个标准的范例的话，正确答案是爱因斯坦、马丁·路德·金和海明威。

你是否想歌颂女性取得的成就呢？试试给出居里夫人、特蕾莎修女和托妮·莫里森这3个名字。你还可以用做过美国总统的获奖者来回答，西奥多·罗斯福、伍德罗·威尔逊、吉米·卡特和巴拉克·奥巴马都曾获得诺贝尔和平奖。

我们还可以罗列出许多著名的获奖者，如阿尔伯特·加缪、获得了文学奖而非和平奖的温斯顿·丘吉尔、T. S. 艾略特、理查德·费曼（Richard Feynman）、阿尔·戈尔（Al Gore）、维尔纳·海森堡（Werner Heisenberg）、拉德亚德·吉卜林（Rudyard Kipling）、亨利·基辛格（Henry Kissinger）、多丽丝·莱辛（Doris Lessing）、托马斯·曼（Thomas Mann）、古列尔莫·马可尼（Guglielmo Marconi）、爱丽丝·门罗（Alice Munro）、尤金·奥尼尔（Eugene O'Neill）、乔治·萧伯纳（George Bernard Shaw）和 W. B. 叶芝（W. B. Yeats）。

你知道以下面试题的答案吗？

如果你有 2 000 美元，你如何在 24 小时内使它翻倍？

---

[1] "薛定谔的猫"并不是一只真实存在的猫，而是薛定谔为了解释量子力学而提出的思想实验中的一个假设。——译者注

面试中经常出现这类问题：假设杰夫·贝佐斯或其他什么人愿意出钱让你创业，你要创办一家怎样的企业呢？但我们面前的这道面试问题与此无关。这里的关键词是"24 小时内"。作为一个成年人，你应该知道任何企业都不可能在 24 小时内使资本翻倍。风险与回报互相依存。24 小时内 100% 的收益是非常高的回报，所以它也会带来非常高的风险。这将是一场赌博。

举例来说，你可以购买价值 2 000 美元的赌场筹码，并在高风险的轮盘游戏中把它们押在红色区域。要么本金翻倍，要么一无所有。你也可以购买 24 小时内到期的期货合约。然后，你就可以押注利率、标准普尔 500 指数或人民币币值的上升或下降。但它的结果与押注在轮盘游戏上不会有什么不同。

这里，要划出一条底线。虽然你有很多方法可以让你的钱在一天内翻倍，但没有一种是应该被采纳的。习惯接受如此高风险的人不会有长期的偿付能力。

你知道以下面试题的答案吗？

假设你在市中心工作。你的父母住在住宅区，而你的恋人住在商业区。下班后，你会在地铁站搭乘第一班到站的火车，无论它开往住宅区还是商业区。你发现有 90% 的概率你会来到父母家，而列车时刻表显示，开往住宅区和商业区的列车班次是同样多的。为什么会这样呢？

最引人注意的细节是"同样多"的列车班次。看一下"同样多"这个句子，问题中没有给出相关的解释。有一种可能是，在晚高峰时段的某个特定车站里，90% 的列车都是开往住宅区的列车。那么，你自然有 90% 的概率会到达住宅区。"同样多"告诉我们的另一件事是，我们对列车时刻表的信心不应该亚于习惯性这样做的公交乘客。

你每天到达车站的时刻必然是一个随机事件。这个时刻是由你一天中不起眼的延迟决定的。你会在某个随机的时刻到达地铁站，并一直等到第一辆列车到站。发现 90% 的列车开往住宅区这一事实意味着，就你到达的时刻来说，10 次中有 9 次下一辆列车是开往住宅区的。对此有一个简单的解释，即开往住宅区的列车总是比开往商业区的列车早一点到达，而且二者的运行时间都很精确。

举例来说，开往两个方向的列车均为每 10 分钟一班。开往住宅区的列车的到达时刻的尾数总是为零，如 5：10、5：20、5：30，等等。开往商业区的列车的到达时刻的尾数总是为 1，如 5：11、5：21、5：31，等等。可以确定，你在 5：11 到 5：20 之间（在这种情况下，下一班火车是 5：20 往住宅区开的车）到达的概率是在 5：10 到 5：11 之间（下一班列车是 5 点 11 去商业区的车）到达的概率的 9 倍。

这道逻辑题最早可以追溯到 20 世纪 50 年代，当时数学科普作家马丁·加德纳（Martin Gardner）给出了解答。[1]

面试技巧小贴士

1. 逻辑题就像谜语一样，其中的每个字眼都很重要。
2. 你应该特别注意那些奇怪、意想不到或"不必要"的细节，解读这些细节中的暗示性内容，找到解题的关键。

10　使用类比，从相似的问题中寻找答案

历史不会重演，但会惊人地相似。当遇到一个陌生的问题时，你应该问问自己："这是我以前遇到过的问题吗？"你或许不会再一次遇到一模一样的问题，但只要二者足够相似，它们就可以为你提供指引。

你知道以下面试题的答案吗？

> 你愿意和一只像马那么大的鸭子搏斗，还是和 100 匹像鸭子那么大的马搏斗？

这个网络梗已经成为一个无处不在的面试问题。早在 2003 年，Reddit 用户就开始把它提交到"问我任何问题"的环节。[1] 在 2012 年的一次会议

上，有人向美国总统巴拉克·奥巴马提出了这个问题，但白宫工作人员没有理会或者说回避了它。[2] BBC 广播公司请 2016 年伦敦市长候选人回答它。2017 年，参议员杰夫·弗莱克（Jeff Flake）在美国最高法院法官尼尔·戈萨奇（Neil Gorsuch）的审议听证会上把它当作一个安全问题来发问。位于亚利桑那州凤凰城的弗莱克办公室随即上演了一场示威活动，其中一名抗议者穿上了像马一样大的鸭子套装。你可以在网上找到著名演员比尔·默里（Bill Murray）、阿伦·保罗（Aaron Paul）、摇滚歌手布鲁斯·斯普林斯廷（Bruce Springsteen）等名人就这个问题发表看法的视频。

显然，这个问题没有标准答案。面试官关心的是求职者如何证明自己的选择是正确的。你可以有把握地认为，像马一样大的鸭子是一个比喻。它代表着别的东西，你可以在职场中找到类似的情况。也许你有过在快餐店或零售柜台工作的经历。有些客人会提出无关紧要的抱怨，而另一些客人则可能提出严重的投诉。许多投诉完全是浪费时间，但你必须处理好每个投诉。处理一位客人的严重投诉通常比处理 100 位客人的抱怨更容易，因为每个人都认为自己投诉的问题很重要。这就是为什么你应该选择像马一般大小的鸭子，也即选择解决一个大的问题，而不是 100 个小的问题。

我们也可以更多地从字面上来理解这个问题，并且采用一个完全不同的类比。你可能听过这样一种说法：哥斯拉、巨型昆虫等一些科幻电影中的巨型生物会被自己的体重压垮。它的原理是高中科学课上经常讨论的规模变化效应（change-of-scale effect）。

任何生物的体重都与其身高的立方成正比。它的肌肉和骨骼的强度则与其身高的平方成正比。蚂蚁等微小的生物可以举起数倍于自身重量的东西，而体型巨大的生物却要在重力的作用下勉强支撑自己的身体。这个效应限制了恐龙体型的进一步发展，也解释了为什么体型最大的鲸鱼比恐龙更大，因为海水产生的浮力有助于减轻鲸鱼所承受的重力。

规模变化效应同样适用于像马一般大小的异型鸭子和像鸭子一般大小的异型马。正常的鸭子由两条细如铅笔的腿支撑着它的身体。这对于一只普通的鸭子来说就足够了，但对于一只体重接近0.5吨、像马那么大的鸭子来说，这么细的腿是不能支撑它的体重的。异型鸭子会扑通一声倒在地上，再也站不起来。当然，它也不能飞。你看不到会飞的马是因为这不符合自然规律。翅膀的面积与它的长度的平方成正比。大多数会飞的生物都很小，昆虫的体型就不大。再者，即使在鸟类中，最大的鸟类也不会飞。

异型鸭子唯一可行的运动方式就是游泳。即使按比例放大体积，鸭子仍然能浮在水面上，水可以帮助它支撑自身的重量。不过一只会游泳的异型鸭子行动时仍然要面对很多困难。它的蹼的划水面积按照线性尺寸的平方被放大了，却需要克服按异型鸭子身高立方比例增加的惯性。简而言之，异型鸭子在陆地、水上或空中都不可能追得上你。不要进入它的攻击范围，这样你就会很安全。

但是，像鸭子一般大小的马将会从较小的体型中获得很多优势。它们的腿能支撑数倍于自身体重的重量。它们会像蚱蜢一样扑向你。一大群异型马会是非常可怕的对手。

美国演员比尔·默里在回答这道题时选择了异型鸭子作为对手，"估计它的颈部长着许多羽毛。我会表现得仿佛要骑着它似的，从后面压制它"。

面试问题经常采取论述题的形式，但求职者要在没有准备的前提下回答问题。你需要建立联系、讲述经验并得出结论，而且在这个过程中不要出现任何明显的错误。

数学家乔治·波利亚写道："如果我们对一个主题知之甚少，我们就很难有一个好的想法；如果我们对它一无所知，就更不可能产生好的想法。**好的**

想法建立在过去的经验和以前获得的知识的基础上。仅仅靠记忆当然是不够的。如果我们没有记住一些相关的事实，仅靠材料无法建造出一所房子，但如果没有必要的材料，我们同样不能建造房子。"[3]

你知道以下面试题的答案吗？

为什么网球是毛茸茸的？

要小心那些问"为什么"的问题。为什么高尔夫球上有凹坑？为什么橄榄球的形状像斯特威·格里芬（Stewie Griffin）[①] 的头？为什么某种常见的体育用品会有一个想想就觉得奇怪的特征？这样的题目在面试中变得越来越流行。这些问题很危险，因为求职者找不到现成的答案。就现在这个问题来说，我们需要意识到，网球不仅仅是毛茸茸的，还是唯一一种毛茸茸的球类。棒球、足球、台球和保龄球都不是毛茸茸的。壁球和回力球等持拍类运动使用的球则是无毛的橡胶球。羽毛球运动采用以动物羽毛或塑料羽毛制成的羽毛球，这种球也不能说是毛茸茸的。为什么网球这样与众不同？

想一想其他在空中移动的毛茸茸或蓬松的物品，如羽毛、雪花、蒲公英、乳草属植物的种子以及蛛丝。受空气阻力的影响，它们移动得非常缓慢。假设有两个一模一样的橡皮球，其中一个上面用胶水粘着人造毛皮，哪一个球可以在空气中更快地移动？哪一个球会有更好的弹性？

---

① 斯特威·格里芬是美国喜剧动画片《恶搞之家》中的一个角色，他有着一个呈橄榄球形状的脑袋。——译者注

很明显，答案是没粘上人造毛皮的那个球。表面上的细毛会产生更大的空气阻力，使球的移动速度慢下来，还会缓冲橡胶球受到的冲击，减少反弹力。网球表面的细毛在一定程度上也可以产生这两种作用。专业的网球选手都知道这一点。在可供选择的球中，专业人士会选择手感偏硬的球。这样的球会表现出更好的弹性。

网球在历史上并非一直是毛茸茸的。最早的网球出现在 15 世纪，当时的网球是用皮革制成的，人们在草坪上举行比赛。到了 18 世纪，内含羊毛和软木芯的布球开始流行起来。直到 1870 年，人们才开始使用橡胶球。橡胶球价廉、耐用且便于统一，很快就取代了用传统方法制作的网球。

橡胶球的弹性远远高于以往的那些球。红土球场与橡胶球的组合使得网球比赛的节奏变得更快，球员们更难做出反应，同时也增加了球员们在比赛中受伤的风险。在其他条件相同的情况下，具有更好弹性的球需要更大的比赛场地，而大多数网球场都位于富人聚集的郊区，那里的空地价格不菲。

毛茸茸的外观最初只是人们为了降低网球弹性的一种手段。除了网球，球拍、球场、比赛规则和球员都在随着时间的推移共同进化。所有因素都是相关的。你不可能在不影响其他要素的情况下改变网球比赛的某一个要素。在橡胶球的表面添加绒毛有助于保持网球比赛的趣味性和参与性。

网球表面的绒毛还有其他的作用。通过增加与空气的摩擦，它使球的旋转在网球比赛中变得更加重要。一个高水平的球员可以利用旋转使球的飞行路线呈曲线。这进一步丰富了网球比赛的策略，而且日益成为网球比赛的一大看点。

我在这里介绍了一些网球的历史和大多数求职者都不知道的冷知识。如果在面试时你知道这些素材，那非常好；如果你不知道，也许你可以把网球表面的绒毛和你知道的一些东西联系起来。有工程师背景的人可以更深入地研究毛茸茸的植物种子所体现出的空气动力学。毕竟，面试官要了解的是求职者的整体能力。

你知道以下面试题的答案吗？

如果有一台机器，每年都能为你赚 100 美元，你现在愿意为它付多少钱？

今天的钱好过未来的钱。这是一个商业现实，一些雇主很希望确保它们的雇员对这个概念有真正的理解。用金融行业的术语来说，这台赚钱机器等于某种年金，即终生或在某个特定期限持续不断的现金流。这个类比对于回答这个问题至关重要，因为有很多方法可以计算年金的价值，其中一种方法甚至可以帮你把它心算出来。

购买赚钱机器或任何形式的年金是一场赌博。作为终身收入，年金继承了人类生命的不确定性。为了设定一个公平的价格，年龄和预期寿命都是年金的重要因素。这台机器对千禧一代的价值显然大于对婴儿潮一代的价值。假设你现在 30 岁，而且你的预期寿命还有 50 年。那么你可以算出你总共会因此得到大约 5 000 美元。

不过，这并不意味着你会愿意为这台机器支付 5 000 美元。精算师用现值（present value）来表示年金的价值。现值是当下支付的一次性付款，理论上与未来的现金流有相等的价值。

以彩票头奖为例，或者把它看成另一个贴切的类比。赢得 1 亿美元头奖的人并不会得到一张 1 亿美元的支票，相反，他可以选择立即一次性获得一笔钱，但它的金额总是比头奖要少得多，或者选择持续多年、总金额为 1 亿美元的多笔支付。彩票委员会通常希望通过鼓励中奖者接受分期连续付款的形式来避免一笔大额的现付。

为了计算现值，你先要了解贴现率（discount rate）这个概念。它类似于利率，反映了金钱对个人或企业的时间价值。对于一个企业来说，贴现率可以是这家公司为其债务支付的利率，或者它期望从其他风险项目中获得的回报。而对于个人来说，贴现率有可能代表着投资的预期回报。但是，如果你现在急需这笔钱，你的个人贴现率可能会高于任何现实的投资回报。

假设你可以在平均回报率为 5% 的共同基金中存入手头多余的现金。这意味着现在得到的 100 美元好过一年后才得到的 100 美元，因为你可以用这 100 美元投资，并期望在一年后得到大约 105 美元。事实上，如果你现在有比 95 美元略多一点的钱，你可以把它以 5% 的利率投资，一年后得到 100 美元。也就是说，95 美元可以被近似地看成一年后支付的 100 美元的现值。

电子试算表包含现值（PV）函数。你输入相关的信息，它就会为你计算出现值。如果一个人从现在开始每年收到 100 美元，总共收到 50 笔，以 5% 为贴现率，那么，赚钱机器的现值应该是 1 926 美元。这个数额，而不是 5 000 美元，才是赚钱机器的合理价格。

在面试时，你可能不会被允许使用试算表。有一个适合心算的快捷算法。长期年金的现值大致等于年支付额除以贴现率。在这种情况下，你会得到以下的等式：

$$现值 = 年支付额 / 贴现率 = 100 美元 / 5\% = 100 美元 \times 20 = 2\,000 美元$$

这个快捷公式适用于永续年金，即一种在生存期一直支付的年金。而长期年金的现值大部分来自最初的几十年的支付。因此，当未来会有许多期的付款时，比如一个年轻人将会在许多年里收到年金的这种情况，这个快捷公式只能给出一个比较接近的近似值。永续年金的实际价值通常总是小于用该公式算出的价值。在本例中，实际价值应该是 1 926 美元而不是 2 000 美元。

产品、研究项目和收购都需要前期投入。如果创新者足够幸运，它们就会成为摇钱树。一个好的回答应表明求职者意识到了风险与收益之间的权衡，能够正确地评估它们，或者至少表达出以这种方式思考的能力。需要指出的一点是，"赚钱机器"的现值对贴现率的选择非常敏感。贴现率的选择体现着人们对未来的期望和愿望。贴现率是金融领域最难以估量的要素之一，在评估一项商业提案时应予以谨慎关注。

你知道以下面试题的答案吗？

有许多人在排队等候购买一部卖座电影的入场券。电影院宣布队伍中第一个与其前方某个人生日相同的人，可以得到一张免费的电影票。假设你不知道队伍中任何一个人的生日，也不能让你的双胞胎兄弟排在你前面，但你可以选择站在队伍的任意位置。哪个位置最有可能让你赢得免费的电影票？

这个面试问题可能会让你想起著名的生日问题。后者是一道数学课练习题，学生们要轮流说出自己的生日，直到有两个人发现他们的生日相同。这里的要点是两个人在同一天过生日的现象，比大多数人想象的要普遍得多。在一个有 23 名学生的教室里，至少有一次匹配成功的概率刚好超过 50%。对于一个 50 人的小组来说，匹配成功的概率可以达到 97%。

生日问题可以类比求职者遇到的这个面试问题。但是面试官的问题与生日问题并不完全相同，他问的是哪个位置最有可能赢得免费电影票？你不会想排在队伍的第 1 名，因为没有人排在你前面，所以队伍中第 1 个人赢的机会是零。第 2 个人只有极其微小的机会。他必须和第 1 个人有相同的生日。这个概率大约是 1/365。这里的"大约"是指在遇到闰年的情况下。如果你坚持提出要考虑这类特殊情况，面试官有可能会向你确认不必担心闰年，也不必担心在某一年的特定时间里出生人数比较多的情况。

赢得免费电影票的概率随着你在队伍中排位序号的增加而增加。但在某一点，概率会达到最大值，然后下降。最后一个你可能获胜的位置是第 366 号。这时有 365 个人排在你前面，其中每个人的生日都不与其他人相同的概率是非常低的，而你的生日一定会和前面的某个人相同。此处同样忽略闰年的影响。

你需要做出权衡。你要站得足够靠后，这样你前面有足够多的人，其中某个人和你的生日相匹配的概率会比较大。但你又不能站得太靠后，否则第一对生日相同的人很可能会是排在你前面的两个人。

除非你是一个计算天才，不然你无法在头脑中算出精确答案。但是那些在课堂上接触过生日问题的人都能给出一个大概的答案。考虑到一个小教室中 23 名学生匹配成功的概率是 50%，你不会希望自己离第 23 号的位置太远。但位置对概率的影响并不是对称的，比第 23 号稍前一点的位置一般比往后一点的位置更好。

这是因为一旦你前面的两个人配对成功，游戏就结束了。你输掉了游戏。但如果你没有与你前面的人配对，你也不会立即受到处罚，你仍然和其他人一样有机会与你后面的人配对。所以，你应该在比第 23 号靠前的几个位置中选择一个，第 20 号左右的位置就挺合适。

如果面试官允许你使用电脑，你可以创建一个试算表来得到确切的答案。做一个共 4 列的表格。第 1 列表示你在队伍的位置，n。第 2 列表示前 n 个人中未出现生日配对的概率。第 3 列是前 n 个人中至少有一次配对的概率。最后，第 4 列是第 n 个人出现在第一次配对中的概率。理论上它应该如表 10-1 所示：

表 10-1　用电子试算表算出的各项概率

队伍中的位置	前 n 个人中未出现生日配对的概率	前 n 个人中至少有一次配对的概率	第 n 个人出现在第一次配对中的概率
1	100%	1 减去左侧单元格的数值（= 0）	0
2	364/365 乘以上方单元格的数值（= 99.73%）	1 减去左侧单元格的数值（= 0.27%）	左侧单元格的数值减去上方单元格的数值（= 0.27%）
3	363/365 乘以上方单元格的数值（=99.18%）	1 减去左侧单元格的数值（= 0.82%）	左侧单元格的数值减去上方单元格的数值（= 0.55%）
……			
n	［365−（n−1）］/365 乘以上方单元格的数值	1 减去左侧单元格的数值	左侧单元格的数值减去上方单元格的数值

查看试算表的第 3 列，你会发现当人数为 23 时，至少有一次配对的概率超过了 50%，确切地说是 50.73%。这就是标准的生日问题的答案。

为了回答面试问题，我们需要用到试算表的第 4 列。如图 10-1 所示，该曲线在排名为第 20 位时达到峰值。如果你选择站在这个位置，你赢得免费电影票的概率约为 3.23%。

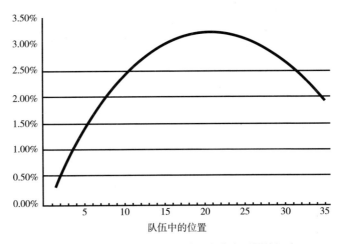

图 10-1 队伍中不同的位置赢得免费电影票的概率

🍃 面试技巧小贴士

1. 历史不会重演，但会惊人地相似，因此很少有面试问题对面试者来说是完全陌生的。
2. 当遇到一个陌生的问题时，我们应该问问自己："这是我以前遇到过的问题吗？"我们或许不会再一次遇到一模一样的问题，但只要二者足够相似，它们就可以为我们提供指引。

11　把问题分解为几个容易解决的部分，是解决
　　奇怪的估算问题的关键

　　一个近乎通用的解决问题的策略是把一个难题分解成更小、更容易解决的多个部分。在小学的算术课堂上会用到这种策略，在早期的人工智能探索中也可以见到它的身影。几乎每个人在处理大型项目时都会选择这样做，无论他是出于本能还是遵照项目管理软件的指示。

你知道以下面试题的答案吗？

　　想象一下，你变成了一只老鼠，被困在一个水瓶里。你要怎么逃命？

　　高盛公司的这道面试题没有提供太多细节，直接将求职者引入一个场

景。假如你是一只处于困境中的啮齿动物，那么你如何将逃生任务分解成多个部分呢？

这个问题难住人们的是未知变量。其中一个未知因素就是水瓶是否有盖子。有的成年老鼠可以钻过铅笔直径大小的洞，但它无法从内部打开封紧的水瓶。在没有空气的环境里，它也无法存活太久。

最有可能的逃生机会是，一个人将不得不打开瓶盖。作为一只有知觉的老鼠，你此刻最有利的条件可能是当人类看到饮料瓶里有一只啮齿动物时脑中响起的警报。因此，另一个重要的未知因素是这个水瓶是不是透明的。

你有理由就这两个问题向面试官发问。即使得不到进一步的指示，你也可以利用这两个未知因素建立一个 3 乘 3 的表格（如表 11-1 所示）分析可能性。你很可能会发现，为表格中每一种偶发事件制订策略要比解决原来那个不了解任何细节的问题更容易。

表 11-1　老鼠成功逃生的 4 种可能性

水瓶是否有盖子	水瓶是透明的	水瓶是不透明的
水瓶没有盖子	"天哪！"憎恨啮齿动物的人类会大声嚷道。人类看到了瓶子中的你，会立即把瓶子扔掉，或者把它举得远远的，试图找个合适的地方处理它。瓶子是开着的，所以你可以逃走	愚蠢的人类直到把你吞进嘴里才意识到你在瓶子里。人类不会想吃掉你，而是会以非常夸张的方式把你吐出来。你要赶快逃到安全的地方去
水瓶有盖子	这种情况只能凭你的运气。人类可能把你和未开封的瓶子一起扔掉。这很不妙。如果你发现自己困在一个有盖子的透明瓶子里，最好避开人们的视线。你或许可以藏在标签或商标下面，从而让自己不太引人注意。你也可以试着让自己看起来很可爱，用爪子抓瓶子来引起怜悯。也许你会幸运地遇到一个动物爱好者，而他会给你自由	口渴的人类会打开瓶盖，然后……就会发生上方单元格所描述的一切

一只聪明的老鼠在上述 4 种情况中的 3 种情况下都可以逃走，甚至在不确定性最高的第 4 种情况下也有一定机会逃生。

当求职者在面试中遇到一些古怪的估算题时，分解问题的策略特别有效。有多少辆汽车会在 7 月 4 日美国独立日这一天爆胎？有多少瑜伽教练的名字是"艾琳娜"？世界上有多少块士力架巧克力糖？这类问题被诺贝尔奖得主、物理学家恩里科·费米（Enrico Fermi）推广开来。费米曾要求芝加哥大学的物理系学生估算出芝加哥市钢琴调音师的数量。

今天，我们用几秒钟就能在网上搜索到所需的统计数据。然而，费米式的估算问题在招聘中依然颇受欢迎。面试官一如既往地表示他们对求职者的思考过程比对最终的数字更感兴趣，而这种思考过程通常包括分解问题的步骤。你应该用已知、可以查到或听上去似乎可以查到的变量来表达未知变量。

你知道以下面试题的答案吗？

我知道你来自丹佛。请问丹佛有多少枚一分硬币？

一个好的回答是自信地指出：

丹佛的一分硬币数 = 丹佛的人口 × 人均一分硬币数

人口普查局掌握着丹佛的人口，这很容易就能查到。不过如果你真的来自丹佛，你理应大致知道这个城市的人口。你也应该能大致估算出你的零钱罐里、沙发垫下乃至汽车里有多少一分硬币。这个等式用两个比较容易估计的数量替代了所需的未知数。

要解决这个问题，你还可以有其他的方法。你可能会说：

丹佛的一分硬币数 = 丹佛的硬币数量 × 一分硬币在其中所占的百分比

这个方法虽然不算错，但它并没有让我们更接近最终的目标。丹佛的硬币数量和一分硬币数量是一样难以估算的。因此，第一个方法更好一些。

再者，面试官很有可能不允许你上网查询丹佛的人口。回答费米式的估算问题的重点是你的语言表达和立即完成任何必要运算的能力。心算的第一原则是尽量使用整数。人口普查数据不可能是精确的。大都市地区的人口通常是一般城市人口的几倍。这就为使用整数提供了余地。对于一个像丹佛这样的中型城市来说，100 万人口是一个稳妥的估计。据 2010 年的美国人口普查数据显示，丹佛市的人口为 600 158 人，而大都市区的人口一般在 300 万左右。因此，对"丹佛的人口"来说，你可以认为 100 万是一个合理数字。

那么，每个丹佛居民平均有多少枚一分硬币？由于你来自丹佛，而面试官很可能并非来自那里，你的意见有一定的权威性。而且，为了得出一个整数，你的这个估计只能是粗略的。一分硬币可能出现在家里的零钱罐、银行、收银机以及丹佛的造币厂等地方。如果认为每个丹佛居民平均有 500 枚一分硬币，这基本上是合理的。

把丹佛的人口看作是 100 万，而人均拥有的一分硬币数为 500 枚，二者相乘，可以得出丹佛的一分硬币数量为 5 亿枚。

几乎所有的面试官都会为这样一个答案而给你一个 A。这一估计是否准确则是另一回事，毕竟你的重点是获得工作机会。我在网上搜索后发现，就连美国铸币局（US Mint）对美国各地一分币的数量也只有一个模糊的概念。铸币局知道它生产的硬币数量，即每年大约 130 亿枚，还会将流经银行系统的旧版和受损硬币熔掉，但大多数被铸造出来的硬币不会再回到铸币局。[1]人们把它们扔进抽屉，然后忘掉这回事，这些硬币在很长一段时间里都不会再进入流通。实际在美国流通的硬币数量估计有 1 300 亿枚。如果按共有 3.25 亿美国人计算，相当于每人约有 400 枚。不过，大部分硬币是不见踪影的。事实上，美国环卫官员曾抱怨人们经常往垃圾桶里扔硬币。

鉴于丹佛铸币厂的厂长其实也不知道丹佛有多少一分硬币，因此，只要你将上述思路清晰地表达出来，没有面试官会说你错了。

你知道以下面试题的答案吗？

得克萨斯州能容纳多少人？

在面试官的脑海中这些人是怎样排列的？是像人满为患的体育场那样挤在一起，还是像迪拜的摩天大楼那样一层接一层地叠上去？你应该问清楚。但是，不管面试官怎么回答，在合理的范围内，你会意识到你可以很容易地把世界上的每一个人都塞进得克萨斯州。

这个答案可以由以下两个数量的乘积替代：

得克萨斯州的面积 × 堆积密度

这些数量应该使用统一的单位。如果得克萨斯州的面积的计量单位是平方千米，那么堆积密度的单位就应该是每平方千米的人口数。

美国从东海岸到西海岸的距离大约是 4 000 千米。在脑海里勾勒出一幅美国地图，比较一下得克萨斯州与美国本土其他 48 个州的跨度。从西部的埃尔帕索到与路易斯安那州的边界，得克萨斯州的跨度大概是旧金山到东海岸距离的 1/4。这意味着得克萨斯州的跨度约为 1 000 千米。

从地图上看，得克萨斯州的高度与宽度差不多。围着得克萨斯州画一个边长为 1 000 千米的正方形。它的面积是 1 000 千米 ×1 000 千米，即 100 万平方千米。但是得克萨斯州的形状是不规则的，所以我们假设它只占据了这个正方形的一半面积，那将是 50 万平方千米。

接下来我们需要知道 1 平方千米的土地可以容纳多少人。让我们举一个最简单的例子，所有人肩并肩地站在平原上，面向同一个方向。你可以把一个中等身材的人安排在一块 0.6 米乘 0.3 米的长方形地块上。也就是说，以 0.6 米作为一个人肩膀的长度，再乘以人体的平均厚度 0.3 米。

1 平方千米的空间可以容纳 1 000/0.6，即约 1 600 列，以及 1 000/0.3，即 3 300 多排，也就是 528 多万人，大概算成 600 万吧。

用这个数字再乘以你对得克萨斯州面积的估算——50 万平方千米，得到的是 3 万亿。这远远超过了现在接近 80 亿的世界人口。得克萨斯州有足够的空间容纳世界上所有的人。事实上，这项工程在纽约市人口密度的条件下就可以实现。

最后，顺便提一下得克萨斯州的实际土地面积为 696 241 平方千米。

你知道以下面试题的答案吗？

你需要用桶舀多少次，才能使海平面下降 1 米？

这道题的答题过程可以说明回答估算问题的 3 个技巧。第一个技巧是利用题目措辞上的不精确来选择一个便于计算的整数。面试官没有说这个桶有多大，所以我认为它的体积是 1 立方米。

现在我们要算出海洋的面积。这个数字就是问题的答案。因为被舀出的水的体积等于海洋面积乘以海平面下降的高度。假设二者的乘积是 X 立方米，因为我们的桶的体积是 1 立方米，所以我们需要舀 X 次。你可能不知道海洋的面积，但大概知道地球的直径大约为 13 000 千米，而且约 70% 的地球表面被海洋覆盖。计算球体表面积的公式则为 $4\pi r^2$。

这时你要用到另一个技巧。在进行扩展心算时，你会用到一连串的约数。你不希望每一项因子都往上四舍五入，因为那样会导致乘积太大；你也不希望总是往下四舍五入，因为你会得到一个明显过小的答案。你要记住的技巧是，当某个因子向上或向下四舍五入之后，一定要用反向操作来处理下一项因子。做起来其实并不难，也很容易上手。

假设我们要来计算地球的面积，它等于 4 乘以 π 再乘以地球半径的平方。在这里将 π 向下四舍五入算作整数，因此，前两项的体积是 12。这个数字是不准确的，我们把它向下四舍五入为 10。你要记住它已经被向下四舍五入了。

　　地球的直径大约为 13 000 千米。它的半径在这里可以向上四舍五入，即大约是 7 000 千米。平方之后得到 4 900 万平方千米。将它乘以 4π，即 4 900 万乘以 10，也就是 4.9 亿平方千米，可以向上四舍五入为 5 亿平方千米。地球表面的 70% 是海洋，所以海洋覆盖了大约 3.5 亿平方千米的面积。下一步是将平方千米换算成平方米。1 平方千米等于 100 万平方米。现在用 3.5 亿乘以 100 万平方米，也就是 350 万亿平方米。最后，我们用这个数字乘以水面降低的高度 1 米，得到 350 万亿立方米。由于桶的体积是 1 立方米，所以要舀 350 万亿次。

　　第三个技巧是不要给出过多位数的有效数字[①]。千禧一代占美国总人口的 24.663%，这个说法听上去非常古怪。首先，"千禧一代"是一个非正式的用语，不同的人对它有不同的定义。其次，像"24.663%"这样的数字暗示了一个根本不存在的统计精度。一般来说，报告太多有效数字是有误导性的，有时甚至是不够诚实的。就一个古怪问题的心算结果来说，一位数的有效数字通常就足够了，有时这样的要求都有些过高。针对这道面试问题，我可能会将 350 这个数字四舍五入，回答大约需要舀 400 万亿次才能使海平面降低 1 米。

　　根据最新的科学研究估测，地球海洋面积约为 3.61 亿平方千米。这与我们的估算是非常接近的。

　　这个面试问题的不确定因素是桶。桶有各种尺寸。我们假设存在一个体积高达 1 立方米的大桶，在一定程度上大大地简化了面试问题。

---

① 有效数字是指在分析工作中实际能够测量到的数字。——编者注

你知道以下面试题的答案吗？

帝国大厦有多重？

帝国大厦是一座足以引发 1 000 个费米式估算问题的庞然大物。帝国大厦里有多少订书机？你能在帝国大厦里放多少个乒乓球？帝国大厦里有多少人在午餐时吃了牛油果吐司？

苹果公司面试官提出的这个问题，是最难回答的面试问题之一。它甚至难住了那些擅长回答这类问题的人。这座建于 20 世纪的摩天大楼包含钢梁、混凝土、平板玻璃、大理石地板、电梯、干板墙、管道、电线、水槽、厕所、暖气和空调设备等。这些构件有不同的密度，而且其中大部分对使用者来说是看不见的。

尽管如此，分解问题的技巧很好地解决了这个问题。现在，你可能需要使用一块白板。首先要写的是：

重量 = 体积 × 密度

你当然不知道帝国大厦的体积和密度，就像你不知道它的重量一样。但是它的体积比较容易计算，我们也不难对它的密度设定一些限制。

一个见多识广的人应该知道帝国大厦大约有 100 层，更准确地说，是 102 层。一幢典型的摩天大楼的层高约为 4.3 米，这是针对费米式估算问题的另一个有用的统计数据。我们假设帝国大厦高 430 米。

如果它是一个外形简单的立方体，它的体积就是高度乘以底面积。但是，帝国大厦的外形呈锥形，我们必须把这一点也考虑进去。先算出它的底面积。这座建筑占据了整个街区。根据曼哈顿区的路网规划，这个街区明显是矩形的。一个街区有多长？纽约人当然知道曼哈顿中城有短街区与长街区的分别，不过你也许从没去过纽约。然而，你可能听过这样一条著名的经验，即走过 16 个街区相当于走过 1.6 千米。当然，它也可能是一条错误的经验。在后一种情况下，你不得不大胆猜测街区长度，但你的猜测很可能与上述数据也不会偏离太多。

1.6 千米除以 16 个街区，相当于每个街区的长度为 100 米。对于正方形的街区，街区面积将是 100×100 = 10 000 平方米。

这包括街区分隔线之内的人行道和毗邻的街道。帝国大厦最底层的面积应该比它稍微小一些，而且帝国大厦的高层面积要比底层面积小。在脑海中勾勒出这座建筑的样子，你会看到它有一个子弹形状的立面，在垂直方向上的弯曲度并不是特别明显。你或许可以将它的平均楼面面积估算为街区面积的一半，也即 5 000 平方米。

因此，帝国大厦的体积大约是 430 米乘以 5 000 平方米，即 215 万立方米。

现在我们需要计算这座建筑物的密度。参观过帝国大厦的人一定会记得那些装饰艺术风格的大理石、硬木和镀金装饰。这些密度大、价格昂贵的材料都被制成了饰面，厚度实际并不大。显然，帝国大厦所占的空间里绝大部分都是空气，对建筑而言，它们几乎不会产生任何重量。

建筑材料的密度可以与密度为 1 的水相比较。大多数木材和干板墙的密度略小于 1。这是因为木头比水轻，能浮在水面上。混凝土、砖、玻璃、大理石和铝等常见建筑材料的密度介于 2～3 之间。铝在帝国大厦建造时，还是一种时髦的材料。钢的密度则要高得多，约为 7.8。正是在钢结构出现之后，现代摩天大楼的建造才成为可能。钢梁可以承受数倍于自身的重量，但钢在一座摩天大楼所需的建筑材料中只占很小的比例。

我们假设帝国大厦的建筑材料的平均密度为 2。这个数字与真实的数值不会有太大偏差。现在就只剩下了一个问题：大厦所占的空间中有多大比例的空气，多大比例的建筑材料。可以合理地猜测，按体积计算，空气占 90%，建筑材料占 10%。同理，这个数字说不上准确，但也不会太离谱。

整个建筑空间的平均密度大约是 0.1×2 =0.2。这意味着帝国大厦的重量大约是同等体积的水的 1/5。用 1/5 乘以估算出的 215 万立方米的体积，得出帝国大厦的重量相当于 43 万立方米的水的重量。1 立方米的水有多重？这是个高中生都可算出的数字，1 立方米的水重 1 000 千克。

因此，帝国大厦的重量是：

43 万 ×1 000 千克

答案是 4.3 亿千克或 43 万吨。

作为该建筑现在的所有者，帝国地产信托公司（Empire State Realty Trust）曾披露帝国大厦重达 36.5 万吨。

图 11-1 显示了这道面试问题是如何被分解的。题目中的每个未知数都被表示为另外两个要素的乘积。你可以一直这样分解下去，直到你找到那些已知或容易估算的数据。

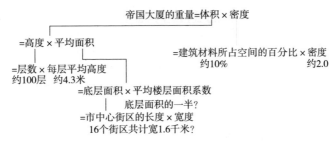

图 11-1 帝国大厦重量的计算方式

在回答估算问题时，我们的目标是将它简化到可以不费力气就能计算出来的程度。费米熟记科学领域的各项常数以及人口和经济数据，这有助于他进一步展示自己的智力。求职者也可以做到这一点。你最好了解一下以下的数据：

- 面试地点所在的城市、州和国家的人口数据的近似数值。比如，美国约有 3.3 亿人。

- 全世界人口约为 78 亿。

- 地球的直径约为 13 000 千米，赤道的周长约为 4 万千米。

- 单位转换：1 英里约等于 1.6 千米，一天共有 24×60×60 秒，绕圆心旋转一周等于转了 360°。

- 了解你参加面试的这家公司的财务数据，比如员工人数、年销售额、股价和每股收益等。

面试技巧小贴士

1. 像"丹佛有多少一分硬币"这样的奇怪的估算问题，一个近乎通用的解决问题的策略是把它分解成更小、更容易解决的多个部分。

2. 回答估算问题的三个技巧：一是利用题目措辞上的不精确来选择一个便于计算的整数；二是当某个因子向上或向下四舍五入之后，一定要用反向操作来处理下一项因子；三是不要给出过多位数的有效数字。

12 用画图的方式，让棘手问题的解决方案显而易见

面试室里通常摆放着一块白板，它的存在是有原因的。

你知道以下面试题的答案吗？

每天中午，有一艘东行的船离开纽约前往法国勒阿弗尔（Le Havre），一艘西行的船离开勒阿弗尔前往纽约。每次航行正好需要 7 天时间。如果你今天乘坐一艘东行的船离开纽约，在旅途中你会遇到多少艘西行的船？

如同许多面试过程中的脑筋急转弯一样，这道题有着悠久的历史。它是由 19 世纪因设计出河内塔游戏而闻名的法国数学家爱德华·卢卡斯提出的。它难倒了卢卡斯的许多同事。

离开纽约向东航行，你肯定会在大海中遇见在你出发前 7 天就已在海上航行的 7 艘西行的船。最常见的错误答案就是 7 艘。这是因为你一定还会遇到在你航行的 7 天里从勒阿弗尔出发的 7 艘西行船只。也就是说，一共是14 艘船。

绘制一张图或者一张表有助于厘清问题。 图 12-1 是一张标示进出港船只的图。你在第 0 天从纽约出发，不断地向东前进。你的旅程被标示为指向斜上方的一条粗线，它与代表西行船只的反向斜线相交，线上的黑点代表你的船和一艘西行的船相遇。虽然我只画出了海上航行图的一部分，但足以看出你的船在第一天就会遇到两艘西行船。在你离港半天时将有一次交叉，这表示你此时遇到了一艘西行的船，它将在你的船离港后一天抵达纽约。在你离港一整天时又出现了一次交叉，这表示你遇到了将在你离港两天后到达纽约的那艘船。

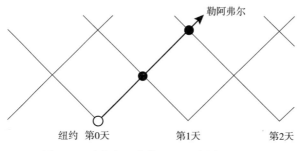

图 12-1　东行船只在第一天遇到的船只数量

图 12-1 表明你在海上的每一天都会遇到两艘船。7 乘以 2 等于 14，这与之前得出的答案相一致。如果有兴趣的话，你还可以查阅图 12-1 中东行

船只在整次航行中遇到的船只数量。但是，显然，你在面试中没有时间完成它。

所以，14 艘船会是你最终的答案吗？棘手的部分是处理"临界情况"。在图 12-1 中，空心圆点代表当你的船在第 0 天的中午离开纽约港的时候，一艘西行的船驶进了港口。这算不算是一次遇见呢？同理，一艘西行的船在你驶进勒阿弗尔港的时候也正从那里驶出。

14 艘这一答案只考虑了第一种临界情况，而没有考虑第二种。你可能认为这两种情况应该被同等对待。于是，你给出的答案是 13 艘，即排除临界情况，只计入在海上的相遇；或 15 艘，即同时计入两种临界情况。

这个问题的另一个影响因素，你可以提一下，以便给面试官留下更好的印象。勒阿弗尔时间比纽约时间早 6 个小时。虽然面试问题没有提到时区，但时区会对答案产生一些影响。

我们已知东向及西向的航船都在中午时离港。当然，这里的"中午"指的是当地时间。从勒阿弗尔出发的西行船只实际上比从纽约出发的东行船只早 6 个小时出发。假如如题所述两地之间的航行需要整整 7 天，那么向西航行的船只将提前 6 个小时到达纽约，也就是在纽约时间早上 6 点抵达。

如图 12-2 所示，假设现在是纽约的上午 11 点 45 分。你登上了一艘即将前往勒阿弗尔的船，附近停着一艘当天清晨从勒阿弗尔驶来的船，它已经在码头停泊了近 6 个小时。这艘船算不算你"在旅途中遇到的船"？我认为不算。因为当你登上你的船的时候，这艘船已经停在那里了，从那以后它就没有移动过。

在你中午即将出发的那一刻，离你最近的、正在移动中的西向船只距离纽约还有 18 个小时的航程。你将在 9 个小时后遇到这艘船，因为它和你乘坐的船正以相同的速度向对方移动。在那之后，每隔 12 个小时，你都会再次与一艘船相遇。最终，你的船会比中午时间"晚"6 个小时驶入勒阿弗尔港，即勒阿弗尔时间的下午 6 点。那天出发向西航行的船在 6 个小时前离开，你在距离勒阿弗尔还有 3 小时航程的海域遇到过它。

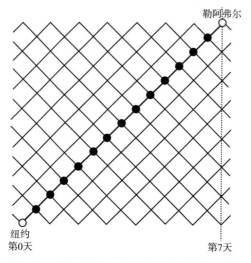

图 12-2　东行船只在整次航行中遇到的船只数量

将时区因素考虑在内之后，在港口相遇的情况就不存在了。所有在航行中的船只都是在远离港口的地方相遇的，在相遇之前、相遇期间和相遇之后，它们都处于移动当中。这样的相遇一共有 14 次。

经过综合考虑，14 艘是最佳答案。它是考虑了时差影响后唯一正确的答案。如果忽略时区因素的话，这个问题的答案则是模棱两可的。你可以把 13 艘、14 艘和 15 艘都当作有效答案。

几乎任何面试问题都可以用图表来阐述，但不是每张图表都有用。画

100 匹像鸭子一般大小的马可能不会对解题有什么帮助。当面试问题涉及几何知识时，如下文的"标准圆盘"，画一张图几乎是必需的。不过，最有帮助的图表大多是抽象的。要解决卢卡斯的问题，靠的不是画船，而是绘制示意图。当一个面试问题包含变量或多个选项时，你可以考虑求助于流程图或决策树。

你知道以下面试题的答案吗？

你要用一个标准的圆盘为桌面制成一张桌子。你可以将 3 条桌腿固定在圆盘上的任意 3 个点，每条腿都与圆盘垂直。当你把这张桌子翻过来立在地板上时，它能站住的概率是多少？

3 只脚的物体一般是稳定的。所以，首先要考虑的是 3 条腿的桌子为什么会不稳定。把这个桌面想象成一个沉重的大理石圆盘，由与之垂直的、牙签般粗细的钢条支撑着。如果 3 条桌腿处于一条直线上，那么它们就支撑不住桌子。桌面会以 3 条腿构成的直线为轴翻转。如果 3 条桌腿明显偏离桌面的圆心，桌子也是无法站立的。比如当所有桌腿都靠近桌面的一侧时，桌子就会倒下。

在白板上画一个圈，用 3 个随机的点来表示 3 条桌腿与桌面的连接点。如图 12-3 所示，尝试几种不同的排列方式来感受一下。请看标记着"失败"的左图。这张桌子是会倒的。3 个支撑点都位于用阴影标出的同一个半圆中，桌面的另一半完全没有支撑，桌子无法取得平衡。事实上，没有得到支撑的面积比桌面的一半还大，因为 3 个支撑点都位于阴影部分的内部。

为了撑住桌子，桌面的各个方向上都需要有支撑。请看标记着"成功"的右图。它不算是一个最佳设计，但却是有效的。假如桌面要以任何两点之间的直线为轴进行转动，它的绝大部分质量都会与之相抗衡。在这个桌面随意画一个半圆，其中必然包括一个连接点。

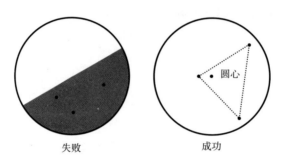

失败　　　　　　　　　　成功

图 12-3　连接点的不同排列方式

我们可以换一种表达方式。用直线把 3 个支撑点连成一个三角形。只要圆心位于三角形内部，桌子就能够站立。反之，它就会倒下。

物理学可以阐明其中的道理。物体在运动时似乎所有质量都集中在一个点上，即它的重心上。对于一个均匀的圆盘而言，它的重心落在圆心上，更准确地说，落在通过圆盘圆心、以圆盘厚度为其长度的轴线的中点。这个中点在各个方向上都必须获得支撑。如果所有的支撑都集中在某一侧，桌子就会倾倒。

下一个阶段的问题是计算出这 3 个随机从圆周内选择的点不处在同一个半圆内的概率，即它们有多大概率可以构成一个环绕圆心的三角形。

想象一下在圆盘的任意位置取第 1 个点。哪些选择会使桌子无法站立？

只要满足一个条件，就可以避免这种情况。不要把桌面的圆心选为第 1 个点。圆心与另外两个点总是会构成一个半圆，桌面将随时处于倾倒的边缘。但是，随机选择一个点恰好与桌面圆心重合的概率为无穷小。基本上，你可以随机选择一个点作为点 1。

接下来要选择第 2 个点。再问一次你自己，哪些选择会使桌子无法站立？如前所述，当第 2 个点与桌面的圆心重合时，我们还是会面临一个临界状态。不过，现在又出现了另一种要排除的情况。当第 1 个点、第 2 个点和桌面的圆心处于同一条直线上时，桌子是无法站立的。在这种情况下，第 3 个点无论落在哪里，都会与前两个点落在同一个半圆里。然而，同样地，一个随机选取的点落在圆心或穿越该圆心的直线上的概率实际上是零。所以，第 1 个点和第 2 个点其实可以随意地选取。

第 3 个点才是决定桌子是否能站立的关键。如图 12-4 所示，这时，我们需要再画一张图。

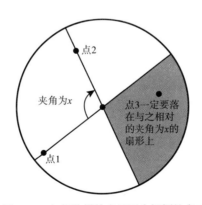

图 12-4　如何选择使桌子不会倾倒的点 3

点 3 不能落在包含点 1 和点 2 的任何半圆上。我们可以以桌面的圆心为基点来测量前两个点与圆心构成的夹角。如果点 1 与点 2 之间的夹角为 x，那么点 3 必须位于一个与之相对的夹角同为 x 的扇形上，这样桌子才能站立。

当 x 较小时，即点 1 和点 2 落在一个较窄的扇形区域时，那么点 3 就只能从位置与其相对的、一个同样窄的扇形区域内选择。当 x 较大时，即点 1 和点 2 定义了一个较大的扇形区域时，点 3 则可以落在一个面积相对大的扇形区域内的任何一个点上。

点 1 和点 2 之间的夹角可以介于 0 度到 180 度之间。对于随机选择的两个点来说，这个夹角取值的概率是均等的，所以我们可以合理地打个对折。平均而言，点 1 和点 2 之间的夹角是最大值 180 度的一半，即 90 度。这意味着一个桌子达成稳定的点 3 通常会落在整个 360 度桌面中的一个以 90 度为夹角的扇形里。这个概率是 90/360 = 1/4。因此，在随机选择 3 个点之后，桌子有 1/4 的概率会站住。

这个被高盛公司和其他公司采纳的面试题，是另外一道脑筋急转弯的升级版，而且难度被进一步提高。旧的版本要求桌腿只能被固定在桌面的最外缘。事实证明，这种限定是不必要的。省略它会使这个问题看上去更加扑朔迷离。

你知道以下面试题的答案吗？

你可以任意选择面前 3 道没有标记的门。其中一道门后有黄金，另一道门后什么都没有，还有一道门通往一条秘密通道，这条通道通向又一轮 3 道门的组合，游戏的规则依然不变。不过，奖品是随机设置的，所以你并不知道任何一道门的背后是什么。请问你找到黄金的概率是多少？

画一张流程图可以帮助你厘清思路。用 3 个箭头表示你第一轮的选择，如图 12-5 所示。其中一个指向黄金，另一个指向一无所获的结果，第三个则指向秘密通道。由于门上没有标记，所以你无法区分它们。每个结果出现的概率是均等的，都是 1/3。

找到黄金和一无所获这两个结果，是决定性的。当你选择其一，游戏就结束了。秘密通道的选项却不是这样。一旦选择了它，你等于重新开始新一轮游戏。不难想象，你一次又一次地选择了秘密通道，像是走进了电子游戏中没有尽头的地下城一样。这看起来很难找出头绪，但不妨这样看，秘密通道的选项只能推迟不可避免的事。你迟早要选择一扇产生决定性结果的门。当它最终发生时，你获得黄金和一无所获的概率是均等的。因此，你最终得到黄金的概率是 50%。

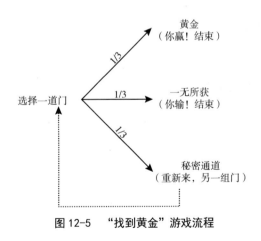

图 12-5　"找到黄金"游戏流程

你也可以用数学方法来支持以上论证。先给每一道门赋值。我会给背后有黄金的门赋值为 1，假设它代表着价值高达亿万美元的黄金。给一无所获的门赋值则为 0。

把经过任意选择组合最终得到黄金的概率称为 P。那么玩这个游戏的价值就是 P。它也是通往秘密通道的门的值，因为选择秘密通道等于重新开启游戏。

根据图 12-5，我们可以得出：

$$P = (1/3 \times 1) + (1/3 \times 0) + (1/3 \times P)$$

将其简化：

$$P = 1/3 + 1/3 \times P$$
$$3P = 1 + P$$
$$2P = 1$$
$$P = 1/2$$

于是，我们用数学方法再次证实，玩家有 50% 的概率会获得黄金。

面试技巧小贴士

1. 几乎任何面试问题都可以用图表来阐述，对于棘手的问题，绘制一张图或者一张表将有助于厘清问题。
2. 当面试问题涉及几何知识时，最有帮助的图表大多是抽象的，比如示意图；当面试问题包含变量或多个选项时，则可以考虑求助于流程图或决策树。

13 尝试问题的简单版本，从中找到原始问题的解决方案

估值问题通常非常具体。圣斯威逊节（St. Swithin's Day）那天有多少人订购了比萨？求职者在面试中遇到这个问题时，很容易因为不知道圣斯威逊节是什么节日而感到惊慌。

但你不需要事先知道这个节日！斯威逊是公元 9 世纪英国的一名主教，他与 21 世纪的比萨的消费数量毫无关系。这个面试题和有多少比萨被订购的问题没什么区别！后者之所以更容易回答，只是因为你不需要知道圣斯威逊节是哪一天。当然，如果你实在想知道，我可以告诉你圣斯威逊节是在 7 月 15 日。

这又告诉我们另一个解决问题的重要策略：从这个问题的简化版入手。幸运的话，简化版的解决方案就足以解决你的问题。即使不能最终解决问题，它也很可能会提示你如何来处理原始版的问题。

有几种方法可以建立简化版的问题。一种方法是删除一个条件，如"在

圣斯威逊节那天"，**从而得出一个更普遍化的问题，这个例子的问题变成"在任意一天订购比萨"。另一种方法是拿走问题中的一个数字，用一个较小的数代替它。举例如下。**

> **你知道以下面试题的答案吗？**

如果我写下从 1 到 100 万的所有数字，数字 2 要被写多少次？

试着用一个小一点的数字替换 100 万这个巨大的数字。问一问你自己："如果我把从 1 到 10 的数字都写下来，数字 2 要被写几次？"很明显，2 是唯一一个含有 2 的数。因此，答案是 1 次。

现在再把范围放大一点，"如果我写下从 1 到 100 的所有数字"，这时问题变得有点复杂，因为大多数数字是两位数。数字 2 既可能出现在个位，也可能出现在十位。

每隔 9 个数，就会有一个 2 出现在个位的数字，即 2、12、22、32……直到 92，这样的数字总共出现了 10 次。

数字 2 在十位上也出现了 10 次，这是因为从 20 到 29 有 10 个连续的数字。注意，数字 22 被计算了两次，但这没关系，因为它包含了两个 2。

百位不需要被考虑。唯一使用它的数是 100，其中没有 2。

这意味着在 1 到 100 之间数字 2 出现了 10+10 = 20 次。

内在的规律正变得清晰起来。想象一下，把从 1 到 1 000 000 的所有数字一个接一个地写在一个长卷上。用 0 来填充所有的空位，使每个数字都含有 7 个数位。

最左侧的数位没有 2。因为这一列除了 1 000 000 中的数字 1，其他的数字都是前导性的 0。因为我们只对 2 感兴趣，所以可以忽略最靠左的一列。剩下 6 列都包含数字 2。很容易看出，在这些列中，0 至 9 这 10 个数字出现的概率是一样的。这种情况与转动密码锁上的数字有些类似。如图 13-1 所示，这把"密码锁"共有 6 列，每列可以转动 100 万次，其中数字 2 出现的概率是 1/10。因此，答案是 6×1 000 000/10 = 600 000 次。

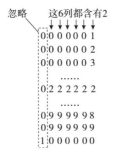

图 13-1　数字 2 在 1 至 100 万之间出现的次数

你知道以下面试题的答案吗？

今天是周二。请问 10 年后的今天是星期几？你对自己给出的答案有多大信心？

先从较简单的问题入手，"一年后的今天是星期几？"我们知道今年的生日、美国独立纪念日和圣诞节的星期几通常会比去年提前一天。这是因为365 不能被 7 整除。一年包括 52 个星期和多余的一天。因此，你今年生日是星期二，到了明年就会被顺延到星期三。当然，闰年的情况是个例外。能被 4 整除的年份会比正常年份多出一天，即 2 月 29 日。闰年有 366 天，因此它被 7 整除后的余数是 2。每当遇到 2 月 29 日，特殊纪念日到了第二年就会延后两天。

这里还有一个容易被大多数人忽略的因素。每当遇到以 00 结束的年份时，闰年会被跳过，除非这一年能被 400 整除。下一个符合上述条件的年份是 2100 年，但求职者不太可能会参加 2 100 年的面试。也就是说，如果某个特殊纪念日在今年是星期二，那么它在明年就会是星期三；如果明年有 2月 29 日这一天，它就会顺延到星期四。

在一个给定的 10 年周期里，可能出现 2 至 3 个闰年。这意味着会将这个特殊纪念日推后 12 天或 13 天。我们可以从中减去 7 天，而不改变这一天在一周内的位次，所以它实际上是被推后了 5 天或 6 天。假如今天是星期二，那么 10 年后的今天应该是星期天或星期一。

为了确认具体是两天中的哪一天，我们需要先弄清楚在 10 年之内会遇到多少个闰年，还要考虑面试这一天与 2 月 29 日孰先孰后：

- 如果今年是闰年，而 2 月 29 日还没有到，那么未来 10 年将遇到 3 个闰年日。因此，要在常规的延后日期的基础上再增加 3 天。答案应该是星期一。

- 如果今年是闰年，而 2 月 29 日已经过去，那么在接下来的 10 年里将会遇到 2 个闰年日，因此在常规延后的基础上再增加 2 天。答案是星期日。

问题到这里还没结束，因为今年也有可能不是闰年：

- 如果明年是闰年，那么未来 10 年将会有 3 个闰年。答案是星期一。

- 如果后年是闰年，那么 10 年后的那一年也是一个闰年。假设你的面试日期是 3 月 1 日或更晚，那么在下一个 10 年里将会遇到 3 个闰年日，所以答案是星期一。

- 如果后年是闰年，而你面试的日期是 2 月 28 日或更早，那么我们就不需要计入第 10 年的那个闰年日，所以只有两个闰年日。答案是星期日。

- 如果今年之后的第 3 年才是闰年，在下一个 10 年里将会有 2 个闰年。答案是星期日。

- 还有一种临界情况，即你面试的这一天刚好是闰日，即 2 月 29 日。那么，10 年后的那一年不再是闰年，也就不会再有 2 月 29 日。一个不存在的日期当然也就无法判定它是"星期几"！

举一个具体的例子。假设你面试的那一天是 2022 年 7 月 12 日，星期二。2022 年不是闰年。在接下来的 10 年里将有 3 个闰年，即 2024 年、2028 年、2032 年。2032 年要被算进去，因为 7 月 12 日在 2 月 29 日之后。这些闰年的存在意味着要在 10 年中每年延迟 1 天的基础上再后延 3 天，共计延迟 13 天。用它减去 7，得到净延迟为 6 天。因此，在 10 年后的 2032 年，7 月 12 日将由星期二向后推 6 天，它将是星期一。

别忘了面试问题的第二个部分，"你对自己给出的答案有多大信心？"有研究表明，人们往往对自己掌握知识、技能的精确度过于自信。在这方面，最经典的一个案例是，1981 年的一项研究发现，高达 93% 的司机认为他们的驾驶技术高于司机群体的人均水平。[1]

预测模型是保险业、金融业和咨询业的基石。预测模型不仅追求精确，而且人们必须对它们的精度范围有所认知。任何一个预测模型都有可能在某些时刻给出失败的预测。无数公司走向倒闭，正是由于一些非常聪明的人过于相信自己的预测。

即使你对自己的答案非常确定，你犯错的概率仍然不是零。在回答这个问题时，你应该承认这一点。在面试的压力下，依旧表示对心算结果有 99% 的信心，这会在面试官心中留下深刻印象。但声称对自己有百分之百的信心，则会显得你认不清现实。

你知道以下面试题的答案吗？

你面前有两副彻底洗过的牌。其中一副是普通的扑克牌，有 52 张牌。另一副是只有 26 张牌的半副牌，只有红心和黑桃两个花色。你要选一副牌，然后从中抽出两张牌。如果这两张牌是相同的颜色，你就赢了。请问你会选择哪一副牌？

此外，假设还有第三副牌，它由 26 张随机抽取的牌组成，那么你又会选择哪一副牌？

玩过 21 点的玩家都知道牌的数量是有限的，而且这一点会对牌局产生影响。抽到一张 A 意味着减少了一副牌中剩余的 A 的数量，抽到另一张 A 的概率会相应降低。

同样的经验也适用于这道面试题。假设你从常规的那副牌中抽一张牌，而它是红色的。现在那副牌只剩下 51 张牌，其中有 25 张红色的牌。此时，你抽到第二张红色牌的概率是 25/51，约为 49%，略低于抽第一张牌时的 50%。

至于有 26 张牌的半副牌，由于牌的数量较少，你每抽一张牌，就会造成更大的影响。在你选择了第一张牌后，剩下的 25 张牌中只有 12 张颜色相同的牌。因此，抽到另一张相同颜色的牌的概率是 12/25，即 48%。因此，你应该选择从整副牌而不是半副牌中抽牌。二者的区别并不是很大，但差距毕竟是存在的。

接下来，我们再来看从 52 张牌中随机抽取 26 张牌组成的半副牌。因为它是随机抽取的，所以不能保证两种花色是平均分布的。这是个有利条件。为什么呢？让我们先设想一个最简单的情况。假设其中 26 张随机抽取的牌都是红色的。那么，你肯定会连续抽到两张红色的牌，然后获胜。

这个随机组合肯定不会有如此严重的偏向，但任何不平衡的情况都对你更有利。如果其中黑牌更多，那么你有更大的概率在第一次抽到一张黑牌，然后在第二次也抽到一张黑牌。事实上，对于这个花色匹配的游戏来说，牌的花色的均匀分布是最糟糕的一种可能性。这意味着第三副牌明显比第二副牌更值得选择。最坏的情况就是第三副牌的花色分布也是均匀的，但它也可能并不均匀，而后一种情况将增加你的获胜概率。

这个问题的棘手之处在于，第三副牌是否比有着 52 张牌的第一副牌更值得选择。计算第 3 副牌的概率既缓慢又麻烦，不但耗费精力，而且很容易出错。我们可以用一个简便得多的方法来看待它，即把第三副牌看成第一副牌的上半部分。请记住第一副牌是"彻底洗过"的。它的上半部分的花色分布不一定是均匀的。如果你只是从一副牌的上方抽两张牌,那么,从第一副牌和第三副牌抽并没有什么区别。

如果你觉得仍然分不清楚,可以想象一个更简单的情况:只有两张牌的"一副牌"。这两张牌是从一副彻底洗过的、有52张牌的扑克牌中随机抽取的。现在,如果你选择第一副牌,你将从中随机抽取两张牌——这恰好就是只有两张牌的那副牌的创建过程。二者获胜的概率一定是相同的。

因此,这道题的答案是,你应该选择有着同样胜率的第一副或第三副牌,而避免选择第二副牌。

你知道以下面试题的答案吗?

4条腿的椅子和5条腿的椅子,哪一个更稳定?

试着问问自己,2条腿的椅子和3条腿的椅子,哪个更稳定?2条腿的椅子根本不存在。如果你勉强制造出一个,它也一定会翻倒。但3条腿的椅子或凳子是合理的,它的腿落在3个点上,不会导致摇晃。无论地板是否平整,这3条腿的长度是否一致,它都不会翻倒。三脚架展示出简单的设计就是好的设计。相比之下,4条腿的椅子在不平整的地板上会晃动,而5条腿的椅子甚至有更多晃动的方式。

那么我们为什么没有制造更多3条腿的椅子呢?这是因为任何一个经常坐

在 3 条腿的矮凳或椅子上的人都知道它们很容易翻倒。当坐在椅子上的人向后靠时，它只靠两条相邻的凳腿保持平衡。这两条腿与地板的接触点定义了一条直线。一旦椅子的重心越过这条直线，椅子就会翻倒，无法重新恢复稳定。

图 13-2 中的重心高度是被低估的，因为椅子及坐在上面的人应该被看成一个系统。坐在椅子上的人的体重和身高使重心进一步升高，整个系统因而变得更加头重脚轻。

图 13-2　稳定的椅子和容易翻倒的椅子

如图 13-3 所示，当椅子只有 3 条腿时，它的重心相对靠近由 3 个支撑点定义的三角形的外缘，而当它有 4 条或 5 条腿时，它的重心逐渐远离了由支撑点定义的多边形的外缘。这意味着 5 条腿的椅子在出现倾斜时能够更好地控制自己。这个原理不仅仅存在于理论上。在现实中，一些转椅出于稳定的考虑，配备了 5 个脚轮，而不是 4 个。

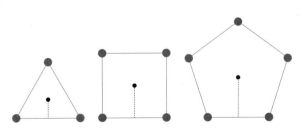

图 13-3　脚轮数量影响转椅的稳定性

所以，对椅子来说至少存在两种稳定性。腿越少，越不容易摇晃，而多条对称设置的腿则有利于防止翻倒。

先来看摇晃的问题。马丁·加德纳在 1973 年《科学美国人》(*Scientific American*) 的专栏中，提出了地面不平整的问题。[2] 一张 4 条腿的桌子放在略微不平的地面上会摇晃。"如果一个人不介意桌面倾斜，"加德纳问，"他是否总能找到一个地方，让 4 条腿牢牢地贴紧地面？"[3] 答案是肯定的。加德纳撰写了一篇简明易懂的论文，成为一系列关于摇晃的数学问题的学术文献的滥觞。[4]

当一张 4 条腿呈对称分布的桌子或椅子摇晃时，它会在两个准稳定状态的位置之间交替转换。两条位于对角线两端的桌腿，被称为 A 和 C，与不平坦的地面相接触，起到转轴的作用。当向下压桌腿 B 时，它也接触到地面，A、B、C 构成一个支撑桌子的三脚架。而剩下的桌腿 D，则悬在了空中。如果你向下压它，那么，A、D、C 三点将形成一个新的三脚架，把腿 B 抬离地面。乡村咖啡馆或许由于桌面的摇晃而浪费过不少饮料。加德纳指出，只要使一张四脚桌围绕它的重心旋转，就有可能找到一个让所有桌腿都与地面稳定接触的位置。4 条腿的桌子可以像一个三脚架一样稳定。

加德纳的论文指出，桌子的 4 条腿必须呈正方形分布，桌面的形状则无关紧要。想象地面有一处凸起，你就可以很容易地视觉化这个过程。桌腿 A 和桌腿 C 位于这处凸起上，而桌腿 B 和桌腿 D 位于凸起两侧的"洼地"中。后两条桌腿不能同时接触地面。

现在向下按压桌腿 B，如图 13-4 所示，使其接触地面，并与 A 和 C 形成一个三脚架。这就使剩下的桌腿 D 悬在空中。将桌子围绕其重心旋转 90 度，保持桌腿 A、B 和 C 始终与地面接触。桌腿 A 将从凸起处滑至右上方的洼地，即桌腿 B 原先占据的位置。与此同时，桌腿 B 将从它的洼地位置移动到右下方的凸起处，而桌腿 C 将从凸起处滑到左下方的洼地。

　　桌腿 D 最后将移动到左上方的凸起处。由于位于对角线另一端的桌腿 B 现在转到了凸起处，而桌腿 A 与 C 的连线位于洼地的较低的水平面上，因此桌腿 D 的接触点只能像跷跷板低下去的那一侧一样下沉。它会陷入地表，所以你必须想象地面上有一层柔软的黏土。如图 13-5 所示，如果桌腿 D 的下端最初高于地面 1 厘米，最终它就将陷入地面 1 厘米。这是保持桌腿 A、B 和 C 在新位置上仍然与地面相接触的唯一方法。

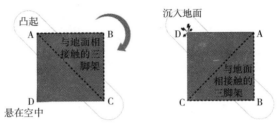

图 13-4　四脚桌在旋转前后

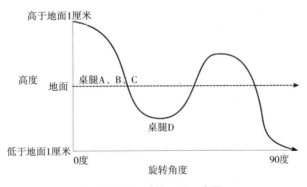

图 13-5　三种情况的示意图

　　再结合前言中提到的介值定理来看。我们如同处理登山和下山的逻辑题一样，画出一个图表，在上面标出与桌子旋转角度相对应的桌腿高于地面或低于地面的距离。桌腿 A、B 和 C 在整个旋转过程中一直保持与地面的接触，高度为零。桌腿 D 最初比地面高出 1 厘米，而最终会比地面低 1 厘米。只要地表是连续的，代表桌腿 D 高度变化的这条线就必须穿过 A—B—C 线。如果实际地形有不止一个凸起，那么代表桌腿 D 的这条线可能会不止一次地穿过另一条线。在交叉点处，所有 4 条桌腿都将稳定地立在地面上。

"这个定理实际上很有用，"加德纳写道，"如果你不介意桌子表面有略微的倾斜，你就不用去找什么东西塞到桌子腿下面了，只要把桌子旋转到一个可以使它稳定的位置。如果你必须站到一个 4 条腿的凳子或椅子上更换灯泡，而地面又不平坦，你可以旋转凳子或椅子，使其站稳。"[5]

这个结论对于桌子而言更加实用。在户外咖啡馆，桌子往往是圆形的，转动很方便。相比之下，椅子通常要按照特定的方位摆放，它们必须朝向桌子、写字台或柜台。假如你的桌子或椅子是长方形的，而不是正方形的，那么，为了使其稳定，你可能需要将其旋转 180 度。而且，加德纳的论文不适用于 5 条腿或更多条腿的物品，无论你打算如何摆放它们。加德纳的论文的前提是只有一条不稳定的对角线，而一张五脚桌可以有几条这样的对角线。

总而言之，4 条腿的椅子比 5 条腿的椅子更不易产生摇晃。二者的区别在于，4 条腿的椅子仅仅通过旋转就可以在不平的地面上变得稳定。不过，5 条腿呈对称排列的椅子相对而言更不容易翻倒。

SpaceX 的工程师们在面试时也被问过这个问题。需要补充的是，稳定性不能决定一切。显然，方形的椅子更符合人体和建筑功能的需要。家具制造商如果要制作五边形的椅子，将会浪费大量木材。与正方形或长方形不同，板材在被切割成五边形时，必然会造成对材料的浪费。

面试技巧小贴士

1. "圣斯威逊节那天有多少人订购了比萨"之类的估值问题通常非常具体。

2. 应对这类问题，我们通常需要采取的策略是：从问题的简化版入手。如果顺利的话，简化版的解决方案就足以帮你解决问题；即使不能最终解决问题，它也很可能会提示你如何来处理原始版的问题。

14 提出一个好问题，用问问题的方式填补信息空白

企业经常要面对的一个协调问题是每个员工独立完成一个项目中被分配给他的部分，然后在几乎没有沟通的情况下将其移交给其他员工。很多时候，这类工作不得不被发回重做，因为完成该任务的员工对需要达成的目标有错误的理解。所以，聪明的做法是先提出问题。

有一类面试问题着重考察这方面的能力。你需要回答将如何执行一项任务或设计一款产品。与逻辑题不同，这类问题不会提供所有解题需要的信息。你要通过向面试官提问来填补信息上的空白。这类面试问题是互动型的，而你的分数取决于提问和答题的水平。

你知道以下面试题的答案吗？

如果你来自火星，你会如何解决问题？

这道题已经成为亚马逊公司的经典面试问题。据我所知，它出现的时间并不长，很可能受到了 2015 年上映的电影《火星救援》(*The Martian*)的启发。马特·达蒙 (Matt Damon) 在电影中饰演一名被困在火星上的宇航员。为了回到地球，他必须解决一系列的技术和人员问题。[1] 当在亚马逊公司的面试中出现时，这个问题可以有多种解释。你要做的第一件事是消除歧义。请面试官确认这个问题是否代表以下某种含义：

(a) 我是一种以目前的科学水平尚不能发现的火星生命体。这意味着我可能是某种地下微生物，不具备解决问题的能力。

(b) 我是一个业已过时的、流行文化意义上的火星人，即被虚构出来的、在这颗红色星球上的智慧外星生物。

(c) 我是火星未来的人类定居者。

(d) 我来自宾夕法尼亚州的火星市。

你会被告知它可能代表着 (b) 或 (c)，因为它们可以为你的回答提供最丰富的空间。一个同等重要且有待确认的细节是你要解决什么样的问题。所以，面试问题是在问：

(a) 我作为一名火星人通常如何解决问题？

(b) 以火星人的视角来看，我要如何解决地球上的问题？

(b) 选项更具挑战性。求职者的回答可以采用任何关于火星的事实，不过这个问题主要是想考察你如何以一个明智的局外人的立场去解决问题。它实质上是在问，如果你可以不被世俗的思维方式所束缚，你将如何解决人类世界的问题？

你可以有很多种思路，但你应该把注意力放在你的目标上。关键不是你作为火星人会做什么，而是你要在地球上获得一份工作。为此，亚马逊公司的"发展理念"是一个很有价值的参考。你在第一次面试前应该到该公司的网站上查询它。你认为"发展理念"是一堆没人阅读的说教吗？我理解你的想法，但至少杰夫·贝佐斯读过这些文字，还在相关文件上签了字。你要相信你的面试官对其中的要点很熟悉。

亚马逊公司在它的招聘网站上列出了一组"领导力原则"。我浏览了一下，从中寻找与火星人解决问题方案有关的表述。我仅列出以下几条：

● 领导人……应着眼长远，不会为了短期结果而牺牲长期价值。

● 在商业领域，速度非常重要。许多决策和行动是可逆的，不需要进行广泛的研究。我们珍视经过权衡的冒险。

● 做事半功倍的事。限制催生了灵活、自足和创造。

它可以成为你回答面试问题的模板。你甚至可以强调你借鉴了亚马逊的"发展理念"。你的额外用心会给面试官留下深刻印象。你可以这样对面试官说：

火星上的一年几乎等于地球上的两年，所以我会将眼光放得更长远。我对地球的一个看法是，地球上的每个人都过于关注下一个季度将发生什么，但解决大问题的过程像是一场马拉松，而非一次短跑，一天之内的起起落落通常只是一些干扰。一定不要被分散注意力，而要专注于长期目标。

这并不意味着时间不宝贵。在试图解决问题时，为了一些微不足道的决定，地球人浪费了大量的时间。我会告诉他们要留意弗雷德金悖论（Fredkin's paradox），即两个选择越相似，就越难在二者之间做出选择，尽管这个选择本身并不重要。[2] 火星人解决问题的方式是动态的，愿意承担一些风险，也愿意在数据发生变化时迅速做出改变。

火星很小，所以我们重视经济效率。最好的解决方案就是以最聪明的方式利用现有资源。也许地球人也能从这些方法中学到一些东西。

无论你要去哪个公司面试，事先都要查阅一下该公司的发展理念。你会发现它们经常能派上用场。

互动问题在面试中经常以模拟设计练习的形式出现。微软公司曾经向求职者提出下面这个问题。

你知道以下面试题的答案吗？

你怎么确保冰箱里总是有牛奶？

不要以异想天开的假设作为答案。有的面试官曾听过求职者这样回答："我要把奶牛放进冰箱！"正如前微软面试官周思博（Joel Spolsky）所说："聪明的求职者懂得设计是一系列艰难的取舍。"[3] 一个好的答案应该阐明为什么要做这些取舍。你首先要问的是这个牛奶运送系统的目标是什么：

- 它的目标是顾客不用再去市场买牛奶吗？好吧，但他们得去市场买花椰菜、格兰诺拉麦片和意式番茄罗勒酱。当真正的问题是节约到百货商店购物的时间时，只关注牛奶就没有多大意义了。有很多线上的日常用品配送服务，它们比城市规模的冷冻牛奶输送系统要实用得多。

- 是为了防止顾客忘记购买牛奶吗？一个解决办法是在冰箱的置物架上安装一台电子秤。顾客可以把牛奶盒放在这台秤上，而它会测量剩余牛奶的重量。将其与之前的饮用量进行比较，顾客因此会注意到何时需要再次购买牛奶。

- 是为了避免顾客在紧急情况下没有牛奶可用吗？在这种情况下，有一个低技术含量的解决方案：在冰箱里放几罐炼乳。另一个更加有效的做法是储存一些经过超高温处理（UHT）的牛奶。它们的味道更好，而且在不开封的前提下可以保存 6 个月左右。在牛奶被用光时，二者都是低成本的补救方法。

如果要获得高分，求职者可以描述这样一台"智能冰箱"，它会扫描冰箱内的存货，利用机器学习技术来识别食品以及阅读标签和商品统一代码（UPC）。它的扫描仪会识别到一瓶容量为 4 000 毫升的低脂无乳糖牛奶，其奶量只剩下 37%。当需要添购牛奶时，它会通知顾客，甚至可以协助发出送货上门的订单。这款智能冰箱可以用这种方法处理每一种顾客会定期购买的食物。

智能冰箱可能需要开发新的硬件，而一种仅使用软件的解决方案几乎可以达到同样理想的效果。客户只需要下载一款应用程序，允许其访问专门购买日常用品的信用卡上的花费。该程序会分析客户的消费模式，并根据它们来发送提示信息。当全球定位系统（GPS）检测到客户在商场里时，这款应用程序会向他发送一份完整的购物清单。所有这些对消费者来说都是免费的，消费者甚至还可以享受有偿的送货上门服务。

在现实生活中，求职者经常会遇到一个没有把项目想透的客户或老板。提问的过程可以同时帮助你们双方发现真正的目标。正如史蒂夫·乔布斯所说："人们不知道自己想要什么，除非你能拿给他们看。"[4] 你的工作就是与客户一起完善一个可能不成熟甚至有些自相矛盾的概念。

有必要对互动问题和逻辑题进行区分。逻辑题看似没有提供足够的信息，但事实并非如此。所以，求职者如果为了得到提示而纠缠面试官，可能是不明智的。"如何"一词是互动问题的一个线索。当面试官用一个简短的问题询问你将如何处理复杂的事情时，你应该把它看成是要追问面试官一些问题的提示。一般来说，互动问题都涉及优化环节。你必须找到一项最符合人类价值观的设计或计划。因此，你要向面试官提出的问题通常是，要优化哪个因素？

你知道以下面试题的答案吗？

你怎么清空一架装满彩虹糖的飞机？ [5]

彩虹糖是一种水果口味的糖果，看起来像 M&M 巧克力豆，而且裹着一层坚硬的糖衣。如果你在一架莫名其妙地装满了彩虹糖的飞机上打开门，倾泻而出的糖果就会汇成一道"彩虹"。

提出这个问题的面试官想要考察你如何组织一个劳动密集型的大项目。一个好的答案应该从经济、实用乃至法律的角度入手。许多求职者的回答是用起重机或某种机械发明来前后摇晃飞机，从而使糖果掉出来。但大多数面试官认为这不是一个具有现实意义的答案。除非你刚好是一名机械工程师，而且能够令人信服地解释起重机的工作细节。

　　一个更可笑的想法是邀请孩子们进入飞机，并拿走他们想要的所有"免费糖果"。很抱歉，但哪一家航空公司的律师也不会愿意代理这一即将发生的过失诉讼。

　　你应该首先问面试官几个问题，而不是急着陈述一些不成熟的计划。例如：

　　　在这道题里，飞机与彩虹糖中哪一项价值更高？我们需要保护
　　好这些彩虹糖吗？

　　面试官的答复很可能是"飞机的价值更高"和"不用太在乎彩虹糖"。一架新的波音 737 飞机大约值 1 亿美元。从飞机上卸下来的糖果的转售价值只是它的零头。被卸下来的彩虹糖会出现破损，而且客机内部可谓世界上病原体的持续更新地。如果将糖果捐赠给食品银行，它们还是会引发法律和营养问题，因为彩虹糖除了热量几乎不提供其他东西。

　　　那么，目标是移除所有的彩虹糖，还是只移除 99% 以上的彩
　　虹糖？

　　飞机上的乘客可不想听到彩虹糖在他们脚下嘎吱作响，也不想看到彩虹糖从头顶的行李架上像雨点般落下。一架正常工作的客机应该没有彩虹糖，或者非常接近那样的状态。

目标是尽可能快地清空飞机，还是尽可能用廉价的方式做到这一点？

时间就是金钱，因此，这两个目标并不互相排斥。假设这架飞机的成本为 1 亿美元，航空公司的年投资回报率为 3.65%。我想你一定明白我为什么会选择这个数字。可以快速算出，这架飞机每年能赚 365 万美元，即每天赚 1 万美元。如果飞机不能尽快被重新投入使用，每延迟一天，就会损失 1 万美元。

一个训练有素的清理队每人每小时的成本大约为 100 美元。如果一个 100 人的团队能在 1 小时内清理这架飞机，费用将是 1 万美元，一个非常划算的价格。延误成本如此昂贵，所以大量雇人是值得的，只要他们能迅速地清理飞机。

现实可行的计划应该是首先打开飞机舱门，让尽可能多的彩虹糖在重力的作用下掉出来。然后派一队人带着雪铲和扫帚，把余下的彩虹糖扫到门口。他们应该轻手轻脚地穿过机舱，以免踩到或压碎彩虹糖。接下来，这个团队要用工业或手持吸尘器将完好或被压碎的糖果捡起来。飞机的内饰和地毯也需要进行彻底的清洁。

与 M&M 巧克力豆不同，彩虹糖可以溶解在水中。许多孩子都知道这一点。它的主要成分是糖、玉米糖浆和氢化棕榈仁油。一个标准的地毯清洗机应该能有效地溶解被压碎的彩虹糖。你的计划可能还应包括用蒸汽或压力清洗法对货舱和客舱的内部进行彻底清洁。

你知道以下面试题的答案吗？

你走进办公室，发现桌子上有个定时炸弹。距离它爆炸还有 90

秒。你现在身处 100 层高的大厦的第 60 层。你会怎么做？

————————————————— ▋

Dropbox 公司用这个问题来考察求职者的推理能力和组织能力。面试官特别指定了 3 个数字：90 秒、第 60 层、100 层。这些可以让你得出一些初步的结论，但在制订计划之前，你应该和面试官确认更多细节。

纽约和芝加哥是美国仅有的两座拥有百层摩天大楼的城市。这样的一座建筑不太可能会出现在偏僻的地方，而多半位于大都市区人口最稠密的地方。请与面试官确认这一点。

你还可以得出另一个推论，即这座巨型摩天大楼第 60 层的窗户是不能打开的。当然，你也需要确认这一点。如果你的计划是把炸弹扔出去，你就得先把窗户砸碎。这听上去似乎不太实际。你能想象一颗定时炸弹就在几米之外滴答作响，而你在用一把椅子撞着厚厚的玻璃，等着它被砸成碎片吗？

假使你成功地打破窗户，扔出了定时炸弹，它将会在拥挤的街道上爆炸或炸到另一座建筑。即使你认为自己可以把控投掷时间，让炸弹在半空中引爆，它的碎片还会是散落到城市各个角落。而且，你只有 90 秒的时间采取行动。面试官也许最近看了许多动作电影。在这类题材的影片中，定时炸弹是一种创造紧张感的装置。炸弹上通常绑着一只报时的闹钟，有时手表、数字读数器或笔记本电脑也被用来从视觉上呈现倒计时的过程。

在现实世界中，坏人不会把炸弹制造得看起来像炸弹。他们也不会把炸弹放在可能被发现的地方。但是，你不妨暂时接受面试官给出的这个假设。你的 B 计划是疏散大楼内的人员。100 个楼层意味着大楼内可能有数千人。

你得在不引起恐慌的前提下，说服他们你不是个疯子，大楼里确实出现了炸弹。显然，你无法在 90 秒内完成这一切。

最理想的情况是，你也许可以把处于炸弹所在楼层的人员经楼梯疏散到相邻的楼层。这是一个比较可行的方法，也不需要你具备控制人群的超能力。你需要问面试官：仅仅疏散一层楼，也就是有炸弹的那一层，就足以防止人员伤亡吗？如果你得到的回答是肯定的，那这可能就是最佳方案。

不然的话，你就只剩下拆除炸弹这一个办法了。不过，这个办法可能比你想象的更容易。爆破专家和恐怖分子都喜欢使用抗冲击的塑胶炸药。在美国陆军的演习中，塑胶炸药 C4 在被投掷、用锤子敲打、点燃、在微波炉中加热及子弹击中等情况下都不会爆炸。它需要用一个雷管才能被引爆。雷管要由引信或电路引爆，也可被视为一种小型炸药。

面试官提到了"滴答声"。这意味着这个闹钟可能是电子雷管的电路的一部分。记得与面试官确认一下。你在任何办公室都找得到剪刀，而且你应该有办法识别雷管上的电线并切断它们。

我知道，在电影里这类事情好像没那么容易。经典的情节是如果主人公剪断电线，炸弹就会爆炸，或者主人公必须选择并切断红色和蓝色两根电线中正确的那一根，否则就会被炸成碎片。

不要认为这些曲折的情节会发生，它们只是编剧们虚构出的故事情节。所以你要剪断电线，疏散人员，报警，然后将一切交由拆弹小组接手。假设你成功拆除了炸弹的引信，这将成为你帮助抓捕罪犯的一项证据。

你知道以下面试题的答案吗？

在温度为 50 摄氏度的小房间里，木桌上放着一块边长为 1 米的立方形冰块。冰块的一个立面距离墙面 30 厘米，而其他立面与最近的墙的距离为 1 米。你手上有 2 条一米见方的绝缘毯。你要把毯子放在哪里，才能尽可能地延缓冰块的融化？

美国作家亨利·戴维·梭罗（Henry David Thoreau）在《瓦尔登湖》一书中谈到波士顿企业家、"冰王"弗雷德里克·都铎（Frederic Tudor）所做的尝试。都铎在冬季从瓦尔登湖采集成吨的冰，然后将它们运往从新奥尔良到加尔各答等一系列世界上以高温著称的地方。在经历了一连串的失败之后，都铎发现只要用锯末隔热，大块的冰就可以顺利地通过海上运输运往那些遥远的城市。[6]

要回答这个苹果公司的面试问题，你需要了解一点物理学知识，且熟悉公制单位。另外，要向不熟悉公制单位的读者说明，50 摄氏度相当于 122 华氏度。1 米大约等于 40 英寸，而 30 厘米大约是 12 英寸。现在，想象把一个大冰块放在一个炙热的、桑拿室大小的盒子里。

热通过传导、对流和辐射 3 种方式传递。当两个温度不同的物体直接接触时，传导就会发生。在这种情况下，桌子的热量可以被传导到冰块上。你可以先问面试官一个问题：桌子的温度是等于室温 50 摄氏度，还是与冰的温度相同？

　　既然桌子能够支撑起一大块冰，它显然不是那种在宜家售卖的、随便拼凑起来的简易桌子。它应该是一件致密的实木家具。假设桌子最初的温度与室温相同，它可以通过直接接触将大量热量传导给冰块。这意味着你可能需要在冰块和桌子之间铺一条毯子，甚至可以把两条毯子都放在那里。传导通常是最有效率的热量传输方式。荒野求生的技巧是把毯子铺在身下，而不是盖在身上。未获得保温的人体向寒冷的地面比向空气散发了更多的热量。

　　冰块会压出大部分毯子空隙中的空气，降低其隔热效率。因此，在冰块和桌子之间放两条毯子或许会带来更好的效果。

　　麻烦的是，体积为 1 立方米的冰块重达 1 吨。一个边长为 10 厘米的立方体中的水的质量是 1 千克。当边长变为 1 米时，这个立方体中的水的质量则是 1 000 千克，也即 1 吨。冰的密度略小于液态水，所以你面前的是一块重达 1 吨的冰。

　　这可不是你有能力移动的重量。移动这样的冰块是一项大工程，需要用到工业设备。但是等一下，面试官提到冰与房间的墙壁之间最多只有 1 米的距离。你是无法把叉车开进去的。

　　因此，你应该向面试官询问："我有没有办法把冰块抬高，然后在冰块下铺上毯子呢？因为我肯定抬不动重达 1 吨的冰块。"如果面试官赋予你移动冰块的神奇之力，并且指出桌子的温度要比冰块要高，那么，你应该在冰块和桌子之间至少放一条毯子。

　　假如面试官排除了移动冰块的可能性，那么你就无法减少来自桌面的传导，只能专注于另外 5 个暴露在空气中的立面。它们受到对流和辐射这两种传热方式的影响。

气体或液体在与物体接触时通过流动将热量带离物体，这种现象被称为对流。冰块周围的暖空气冷却下来，密度增大。它向下流动，形成对流，使更多的空气经过冰块表面，加速其融化。普通毯子中的纤维可以吸附空气，从而减少对流。这正是毯子和衣服有保暖作用的原因。

第 3 种热量传输方式——辐射，甚至能在真空中实现。所有物体都以红外粒子的形式向外辐射热量。热量像铅弹一样被发射到四面八方。冰块也会辐射热量，但它所在的房间温度更高，辐射也更大。用可折叠的聚酯薄膜制成的太空毯可以反射热辐射，因此被它覆盖的表面实际上可以杜绝这种热量传输。在普通毯子上粘一层这种聚酯薄膜而形成的救生毯也有类似的功效，这种方式提供了隔绝上述 3 种传热方式的手段。

所以，请问一下面试官，你手上拿着哪一种绝缘毯？我已经提示过要留意出乎意料的细节。在这里，我们很自然地会注意到其中一个立面距离墙壁只有 30 厘米的表述。如果这个细节不重要，为什么面试官要提供它？

学过物理学的人应该记得，辐射的强度随距离的平方减小。我们可以借助壁炉来体验这一平方反比定律（inverse square law）。辐射的热量随着离壁炉的距离增加而急剧减少。把椅子放到火边，然后坐下，你的双腿可能会热得发烫，但身体的其他部分仍然很冷。

人们通常会把平方反比定律和离墙最近的冰块的立面联系起来。这个立面是不是会受到更多辐射呢？但在这个问题中，提到 30 厘米只是为了转移求职者的注意力，为了考察你对物理学的理解是否到位。平方反比定律适用于点状的辐射源。在一个大而寒冷的房间里，一个相对较小的壁炉会产生类似的效果。它也适用于处在浩瀚太空中的太阳。离辐射源越远，你接收的热辐射就越少。太阳的红外辐射绝大部分被消耗在空旷的太空中。

这个面试问题的情况却与之相反。冰块处在一个中空的辐射源里。这个温度为 50 摄氏度的房间的每一面内墙都在向外辐射红外线。这些热辐射被墙壁不断地反射、吸收和再传输。但是，红外线中的光子最终会被房间里任何温度较低的物体所吸收，具体就这个问题来说，也就是被冰块吸收。

假设我们给冰块的两个侧面铺上聚酯薄膜毯子。从任何方向击中毯子的光子，都会被立即反弹。它们可能会撞到墙上，然后再次被释放，这样来回许多次。最终，被反射的光子将撞上一个未受保护的冰面，完成其量子比特级别的、融化冰块的能量传输。当然，光子以光速传播，因此实际上被反射的光子会立即撞向未受保护的冰面。

如果可以用太空毯覆盖冰块的所有 5 个露在空气中的立面，我们就能将冰块与热辐射隔离开来。但你手上只有 2 条毯子，这就像一艘船上出现了 5 个洞，而你只能堵住其中 2 个一样。

看来，你对热量的辐射和传导都无能为力，除非你能找到一种提起冰块的方法。仅剩的热量传输方式只有对流。覆盖任何露在空气中的冰块表面都有助于减少对流。

大多数求职者都可能忽略一个实际的问题。你要怎么把毯子固定在正在融化的冰面上？你显然不能用钉子、胶水或魔术贴来实现这一点。你可以将一条毯子放在冰块的顶平面上。当冰融化时，重力会使它维持在原地。但另一条毯子必须放在一个立面上。这时，面试官可能会允许你用魔法把这张毯子粘在一个立面上。这样的话，你的问题就迎刃而解了。如果面试官说不能使用魔法，那么你还有一个办法。用胶带将两条毯子连接起来，形成一个 1 米 ×2 米的长方形毯子。将其铺在冰块的顶平面上，垂落的两个半米长的襟翼会覆盖住两个相对的立面的一半面积。这样的话，当冰块融化时，毯子应该不会滑落。

面试技巧小贴士

1. "如何"一词是互动问题的一个线索，你需要回答你将如何执行一项任务或设计一项产品。与逻辑题不同，这类问题不会提供所有解题需要的信息，因而它着重考察的是你提出问题的能力。

2. 面对这类问题，你要通过向面试官提问来填补信息上的空白。互动问题一般来说都涉及优化环节，你必须找到一项最符合人类价值观的设计或计划。因此，你要向面试官提出的问题通常是，要优化哪个因素？

15　使用排除法，只保留一种可能性

　　神探福尔摩斯曾说："当你排除了所有的不可能，剩下的选项无论多么不可能，也一定就是真相。"推理、逻辑和排除法等术语经常与逻辑题联系在一起。线索 A 导致推测 B，从而得出结论 C。解题的过程是曲折的，但其中的分支可以一个接一个地被排除掉。

　　在求解所谓的逻辑题时，演绎的作用可能被夸大了。正如认知心理学先驱纽厄尔和西蒙所指出的，当潜在解决方案的数量极其庞大，以至于无法进行全面的尝试时，问题是很难解决的。幸好，大多数面试中提出的逻辑题在这个意义上并不算难。它们通常可以通过排除法来解决。也就是说，**你可以列出所有可能的解决方案或方法，并从中寻找出符合题目要求的那一个。**

> ### 你知道以下面试题的答案吗？

　　麦乐鸡提供了可装 6 块、9 块和 20 块的包装盒。找出麦当劳无法用这些包装盒卖给你的最大数量。

你只有面值为 5 美分和 11 美分的邮票。你不能用这些邮票支付的

最大邮资是多少？

麦乐鸡问题代表脑筋急转弯和计算机课程练习中的一个大类。它可以以快餐、邮票、硬币、纸币等形式呈现。你在网上至少可以找到这样一段视频，有一名男子走到麦当劳的外卖窗口点了 43 块麦乐鸡。继续阅读，你就会了解到原因。

以 5 美分和 11 美分邮票的题目为例。很容易看出，你无法支付 4 美分、7 美分或 13 美分的邮资。你可能不会意识到，当邮资的数目非常大时，你其实可以凑出任何你需要的数字。例如，你可以用邮票凑出 2 590.97 美元。你可以使用 11 美分面值的邮票来实现奇数值。2 590.97 美元以 7 结尾，所以请数出 7 张 11 美分面值的邮票，一共 77 美分。你还需要凑 2 590.20 美元。这个数字可以被 10 美分整除，所以也可以被 5 美分整除。因此，你可以用 51 804 枚 5 美分面值的邮票加上 7 枚 11 美分面值的邮票凑成 2 590.97 美元。这只是一个例子，你有很多方法可以凑出这个数目。

考虑到一些小的数值是不能分解的，而所有足够大的数值都可以分解，因此必然存在一个你不能分解的最高值。这个数值又被称为弗罗贝尼乌斯数（Frobenius Number），以德国数学家费迪南德·格奥尔格·弗罗贝尼乌斯（Ferdinand Georg Frobenius）的名字命名。

面试官不一定会期望你知道弗罗贝尼乌斯数是什么。当你在面试中遇到一个麦乐鸡问题时，这通常意味着这些数字经过精心挑选，以便于问题最终得到解答。

　　麦乐鸡过去只提供可装 9 块和 20 块的包装盒。9 与 20 的弗罗贝尼乌斯数是 151，仅凭心算很难算得出来。麦当劳又增加了一种 6 块装的小包装盒。基于 6、9、20 这 3 个数字，这道面试题就提出了上述疑问，即麦当劳无法基于这些包装盒售出的最大数量的麦乐鸡块是多少。

　　请注意，6 和 9 共用因子 3。因此，你可以订购从 6 开始任何可以被 3 整除的数量。也就是说，你不能购买任何不能被 3 整除的数量。

- 6：订购 1 盒 6 块装麦乐鸡

- 9：订购 1 盒 9 块装麦乐鸡

- 12：订购 2 盒 6 块装麦乐鸡

- 15：订购 1 盒 6 块装和 1 盒 9 块装麦乐鸡

- 18：订购 3 盒 6 块装或两盒 9 块装麦乐鸡

- …………

　　这意味着我们只需要考虑那些不能被 3 整除的数。我们可以把它们分成两类：被 3 整除后余数为 1 的数，比如 1、4、7、10……以及余数是 2 的数，比如 2、5、8、11……

　　当 20 除以 3 时，余数为 2。这意味着一盒 20 块装的麦乐鸡加上一定数量的 6 块装和 9 块装的麦乐鸡就可以覆盖所有余数为 2 的大数。20 块装的包装盒改变了当只有 6 块装和 9 块装包装盒时每次订购数量增长只能加 3 或 3 的倍数的模式。当然，这也意味着顾客至少要订购 20 块以上的麦乐鸡。

● 20：订购 1 盒 20 块装麦乐鸡

● 23：无法提供！

● 26：订购 1 盒 20 块装和 1 盒 6 块装麦乐鸡

● 29：订购 1 盒 20 块装和 1 盒 9 块装麦乐鸡

● 32：订购 1 盒 20 块装和 2 盒 6 块装麦乐鸡

● …………

正如你所看到的，麦当劳无法出售 23 块麦乐鸡，但可以满足所有更大的余数为 2 的数量。

为了满足余数为 1 的那些数字，我们需要两盒 20 块装的麦乐鸡。40 在被 3 整除之后的余数是 1。

● 40：订购 2 盒 20 块装麦乐鸡

● 43：无法提供！

● 46：订购 2 盒 20 块装和 1 盒 6 块装麦乐鸡

● 49：订购 2 盒 20 块装和 1 盒 9 块装麦乐鸡

● 52：订购 2 盒 20 块装和 2 盒 6 块装麦乐鸡

● …………

43 是我们不能用这种方法得出的最大数值。如图 15-1 所示，它是所有不能满足的订购数量中最高的，也就是这道题的答案。[1]

被3整除	0	3	6	9	12	15	18	21	24	27	30	33	36	39	42	45	48
余数为1	1	4	7	10	13	16	19	22	25	28	31	34	37	40	43	46	49
余数为2	2	5	8	11	14	17	20	23	26	29	32	35	38	41	44	47	50

图 15-1　3 种包装盒能够或无法满足的订购数量

邮票问题遵循同样的思路。有了 5 美分面值的邮票，我们就可以凑出任何能被 5 整除的数目，5 美分、10 美分、15 美分、20 美分……即所有最后一位数是 0 或 5 的数。

接下来，我们来看除以 5 之后余数为 1、2、3 或 4 的数。我们要用 11 美分面值的邮票来调节个位数只能是 0 或 5 的模式。

用 1 张 11 美分面值的邮票和不限量的 5 美分面值的邮票，我们可以得到 11、16、21、26……它们都是除以 5 余数为 1 的数字，以 1 或 6 结尾。我们无法凑出的余数为 1 的最大数是 6。

用 2 张 11 美分面值的邮票和 5 美分面值的邮票，可以得到几乎所有从 22 开始的、除以 5 余数为 2 的数，它们的最后一位数分别是 2 或 7。最大的不可能数是 17。

用 3 张 11 美分面值的邮票和 5 美分面值的邮票，可以得到几乎所有以 3 或 8 结尾的、除以 5 余数为 3 的数，最大的不可能数是 28。

用 4 张 11 美分面值的邮票和 5 美分面值的邮票，可以得到几乎所有以 4 或 9 结尾的、除以 5 余数为 4 的数，最大的不可能数是 39。因此，答案是，39 美分是不能用 5 美分面值和 11 美分面值邮票支付的最大邮资。

这里，要介绍一下针对两种变量（n，m）的弗罗贝尼乌斯数的计算公式，即：

$$nm-(n+m)$$

以 5 美分面值和 11 美分面值邮票为例，得到：

$$5 \times 11-(5+11)=55-16=39。$$

这个公式只适用于两个变量，所以不能被用来解决麦乐鸡的问题。该公式的另一个重要前提是 n 和 m 不能有公因数。如果两者都是偶数，共享因子 2，显然你就无法得到任何奇数的数值。

此外，营销活动还在继续。麦当劳作为快餐巨头注意到麦乐鸡是最受儿童欢迎的食物。于是，麦当劳在菜单上加设了含有 4 块麦乐鸡的儿童"快乐套餐"。基于这 4 个选项（4、6、9、20），不可能订购的麦乐鸡的最大数量应是 11。

经营者在实践中发现，订购 9 块装麦乐鸡的顾客并不多。一些外卖窗口放弃了这个选项，改成仅提供 4 块、6 块和 20 块装。这个组合没有对应的弗罗贝尼乌斯数，因为 3 个数字都是偶数，所有奇数数量的麦乐鸡块都无法被订购。

我们要面对的大多数问题并不像麦乐鸡问题这么明确。但即使在处理模糊性问题时，列出各种可能性并试图排除其中一些选项的做法也是有用的。

你知道以下面试题的答案吗？

我手里有 50 枚硬币，它们加起来正好是 1 美元。然后，我弄丢了其中一枚硬币。这枚硬币的面值正好是 1 美分的概率有多大？

面试官没有说他手里拿着哪些面值的硬币，只是问了掉落的硬币刚好是 1 美分的概率。这说明 50 枚硬币加起来是 1 美元这一事实足以回答这个问题。

在美国，有面值为 1 美分、5 美分、10 美分、25 美分、50 美分和 100 美分的硬币。有非常多用 50 枚硬币凑成 1 美元的组合。让我们基于硬币的数量，仔细研究一下这些可能性。

它们会是 50 枚 1 美分的硬币吗？不会。这些硬币加起来只有 50 美分，而我们被告知总价值应该是 1 美元。这个组合里一定有一些面额更高的硬币。其中有 49 枚 1 美分的硬币？不会。很明显，当总价值是偶数时，你不可能有 49 枚 1 美分的硬币。除了面值 1 美分的硬币，其他硬币的面值都可以被 5 美分整除，因此，1 美分的硬币的数量也必须能被 5 整除。如此一来，我们可以排除 48 枚、47 枚和 46 枚。

45 枚呢？假设组合中有 45 枚 1 美分的硬币。由于共有 50 枚硬币，我们需要另外 5 枚硬币，而且它们的价值加起来应为 55 美分。这 5 个非 1 美分的硬币不可能都是 5 美分或 10 美分，因为 5 个这样的硬币加起来最多只有 50 美分。因此，这里必须有 25 美分或 50 美分的硬币。

可以划掉 50 美分这个选项。用 50 美分且不用 1 美分硬币凑出 55 美分的唯一方法是用它和 1 枚 5 美分的硬币配对。然而，这就只需要 2 枚非 1 美分的硬币，而不是题目要求的 5 枚硬币。

2 枚 25 美分的硬币需要再加上一个 5 美分的硬币才能凑出 55 美分，但此时用到硬币数量只有 3 枚。也就是说，根据给出的条件，要想凑出 55 美分，只能用 1 枚 25 美分的硬币。用 55 美分减去 25 美分，还剩下 30 美分。我们必须用 4 枚 5 美分或 10 美分的硬币来凑齐这个数。

这并不难算。2 枚 5 美分硬币和 2 枚 10 美分硬币可以符合 4 枚硬币总价值 30 美分的条件。其他的组合都行不通。得出的解决方案是：45 枚 1 美分硬币、2 枚 5 美分硬币、2 枚 10 美分硬币和 1 枚 25 美分硬币。这 50 枚硬币的总价值是 1 美元。

演绎法的缺点之一是过早退出。找到了一种解决方法并不意味着不存在其他的解决方法。就这个面试问题而言，重要的是要知道是否还有其他的解决方法，所以我们继续分析下去。首先，1 美分硬币的数量必须能被 5 整除，我们刚才已经处理过 45 枚 1 美分硬币的情况。现在试试 40 枚 1 美分硬币。根据这一条件，我们要用 10 枚非 1 美分的硬币凑出 60 美分。同理可证，1 枚 50 美分或 2 枚 25 美分硬币的情况是行不通的。

1 枚 25 美分的硬币怎么样？这就意味着剩下的 9 个非 1 美分的硬币加起来要等于 60−25 = 35 美分。但是 9 枚 5 美分硬币的价值就已达到 45 美分，远远超出了 35 美分。所以，1 枚 25 美分硬币的情况也行不通。如果存在一个包含 40 枚 1 美分硬币的满足题目要求的组合，它将会需要很多枚 5 美分硬币。因为 10 枚 5 美分硬币的价值是 50 美分，接近于条件限定的 60 美分，只要再把 10 枚 5 美分硬币中的 2 枚换成 10 美分，我们就得到了所需要的 60 美分。于是，我们得到了另一个解决方案：40 枚 1 美分硬币、8 枚 5 美分硬币、2 枚 10 美分硬币。

接下来，我们再看包含 35 枚 1 美分硬币的情况。在这种情况下，15 枚非 1 美分的硬币加起来必须等于 65 美分。这是一个无法达成的条件。即使这 15 个非 1 美分硬币都是面值最小的 5 美分硬币，它们的总价值也达到了 75 美分，大于 65 美分，若增加其中 10 美分或 25 美分的硬币的数量只会令情况更糟。所以当 50 枚硬币中有 35 枚是 1 美分硬币时，这 50 枚硬币的总价值不可能是 1 美元。显然，这个结论也适用于有 30 枚、25 枚、20 枚……一直到 0 枚 1 美分硬币的情况。

一共有两种组合可以满足 50 枚硬币加起来等于 1 美元的条件。注意，这是另一个容易出现思路混乱的节点。两套硬币组合并不是最终答案。面试官问的是掉落的硬币是 1 美分的概率。

我们既不知道面试官在题目中提到的硬币是哪一种组合，也不知道是否所有硬币都有相同的掉落概率。你应该向面试官确认这些信息。除非你得到了某些指示，否则你就有理由认为这两套硬币组合方式出现的概率均等，并且假设每一枚硬币掉落的概率也是相等的。在第一种组合中，50 枚硬币中有 45 枚是 1 美分硬币，占总数的 90%。在第二种组合中，50 枚硬币中有 40 枚是 1 美分硬币，占总数的 80%。这两个数字的平均数是 85%。它就是正确的答案。

你知道以下面试题的答案吗？

给你 3 个连续的数，每个数都大于 6。其中最小的和最大的数都是质数。请证明中间的数能被 6 整除。

质数必须是一个大于 1 的整数且不能是两个更小整数的乘积。质数包括

2、3、5、7、11、13、17 等。自古以来，质数一直显得很神秘。尽管它的数量是无穷无尽的，而且有许多被证明的归纳原理，但哪些数字算是质数并没有简单的模式可以遵循。

一个数要成为质数，首先不能被其他质数整除。由于 2 是一个质数，所以除了 2 之外，其他质数都是奇数。这道面试问题提到 3 个连续数中的最大的数和最小的数都是质数，所以它们一定是奇数。这意味着中间的数必定是偶数，而且不是质数。

题目要求证明位于中间的数能被 6 整除。6 等于 2×3。我们已经知道这个数能被 2 整除，所以我们需要确定它也能被 3 整除。

每数出 3 个整数，其中就有一个能被 3 整除。因此，在 3 个连续数中有一个可以被 3 整除。鉴于它不能是任何一个大于 6 的质数，所以它只能是位于中间的那个数。这个中间的数可以同时被 2 和 3 整除，因此能被 6 整除。例如 17、18 和 19。这 3 个数中的第一个和最后一个都是质数，中间的 18 可以被 6 整除。

你知道以下面试题的答案吗？

你和另外 5 个人一起进了一栋 20 层楼高的建筑物的电梯。你讨厌碰到电梯按钮，因为上面有许多细菌！其他人有多大概率会按到你要去的楼层的按钮？

这是彭博社提出的面试问题，它似乎会让求职者忘记所有有关电梯的常识。他们在回答时会说"假设这 5 个人去 20 层楼中的任何一层的可能性是相等的……"之类的表述。为什么要这么假设呢？电梯不是这样工作的。

除了蜘蛛侠，大多数人都是从大厦的第一层进入到它的内部。他们乘坐电梯的目的是到达更高的楼层，然后他们还会回到第一层，并离开大楼。你还应该记住的是，电梯停靠处有一个上楼的按钮和一个下楼的按钮。你按下适当的按钮，等待一台电梯沿着正确的方向向你运行。你一般不会选择乘坐反方向的电梯。

大多数大厦的电梯以第一层为起点，有些大厦的电梯也通到地下停车场，不过你可以先忽略这个细节。我们把这个问题分解为以下两种可能性：

（1）你在第一层，想要上行到某个更高的楼层；

（2）你在某个较高的楼层，想要下行到第一层；

此外，还有一种可能性较低的情况：

（3）你要从某个较高的楼层去除第一层之外的另一层。

你可以向面试官询问以上哪种情况更适用，也可以合理地忽略情况 3，只考虑前两种情况。

在情况 1 中，当人们进入从第一层向上走的电梯时，他们有 19 个可能的目的楼层，从 2 到 20。假设这座大厦没有回避设置在西方人眼中不吉利的第 13 层。其他乘客前往你所在楼层的概率是 1/19。相应地，任何一位特定的乘客不去你那一层的概率是 18/19。

5 个人都不去你那一层楼的概率是 18/19 的 5 次方，即（18/19）^{5}。你可以不用到计算器就估算出它的值。18/19 接近 19/20，也就是 95%。每次你用 95% 乘以 95%，乘积就会减少大约 5%，所以 5 次方之后的结果大约是比 100% 减少了 5%×5% ＝ 25%，也就是 75%。这个数字代表着你将必须自己按电梯按钮的概率。100% 减去这个比例，得到至少还有一个人去你那一层楼的概率，大约是 25%。最后补充一下，（18/19）^{5} 的值经计算约为 76.31%，因此至少有一个人帮你按电梯按钮的概率为 23.69%。

情况 2 比较简单。你要乘电梯下行到第一层，和你一起进来的 5 个人中的大多数可能也要去第一层。在这种情况下，这 5 个人中有一个人会按到你楼层按钮的概率接近 100%。

情况 1 和情况 2 出现的概率是相等的，因为它们分别是大厦电梯的标准运行环路的一半。所以，总的概率为 25% 和 100% 的平均值，即约 63%。如果考虑到情况 3 的话，这个数值还应该再低一点。

上述推论可以被组织成一个不错的答案。但它包含了几个不确定的假设。其中一个是第一层以外的每个楼层成为目标楼层的概率是相等的。这一般来说是不成立的。大厦的顶层可能有一家受欢迎的餐厅，有源源不断的食客，而某个楼层可能被设置成设备间，几乎不会有任何访客。你的目的地很有可能是一个受欢迎的楼层，和你一同乘坐电梯的 5 个人也都要去那里。这就显著性地增加了其他人与你去往同一楼层的概率。

另一个不确定的假设是，每位乘客都是独自行动的。可是，公司职员一般会一起出去吃午饭或拼车回家，营销团队会一起到大厦内的办公间推销某些项目，到某位专家的办公室拜访的人往往有家人陪同。由于这些群体以同一个楼层为目标楼层，这就减少了有人与你去往同一楼层的概率。

不过，这些不确定性不会使之前答案中的概率减少得太多。举个极端的例子，与你同乘的 5 个人都是来自一个不和谐家庭的成员，他们到 15 楼寻求心理咨询。你不一定要去那一层。当电梯上行时，这个家庭与你去往同一楼层的概率是 1/19，而当电梯下行时，这个概率接近 100%。1/19 和 100% 的平均值略低于 53%。

总而言之，不需要按电梯按钮的概率主要取决于你要上楼还是下楼。如果把上行和下行的情况加总后再平均，这个概率大约为 60%。

🗨 面试技巧小贴士

1. 大多数面试中提出的逻辑题，潜在解决方案的数量并非极其庞大，因此要完全列举这类问题的可能性并不算难。
2. 我们通常可以通过排除法来解决这类问题。也就是说，我们可以列出所有可能的解决方案或方法，并从中寻找出符合题目要求的那一个。即使在处理模糊性时，列出各种可能性并试图排除其中一些选项的做法也是有用的。

16 使用逆向工作法，从终点开始往回走更容易找到入口

下面这个在华尔街流行的面试问题经常令刚毕业的研究生们无言以对。但这只是一道不需要特别的数学技巧、只会算术就能解出来的应用题。

你知道以下面试题的答案吗？

公共汽车上有 3/4 的乘客在某一车站下车，同时又有 10 人上车。同样的情况又发生在下一站、再下一站。请问在到达第一站之前，公共汽车上至少有多少名乘客？

你可能会立即意识到一个重要的信息，即乘客人数不可能是分数。当面

试官提到有 3/4 的乘客下车时，你仍然不会忘记这些数字必然都是整数。这一点对解题而言至关重要，但你还需要了解更多的信息。

你可以试试排除法，核对每一个可能成为答案的乘客人数。但这种做法十分枯燥乏味，而面试的要诀之一是不要令面试官对你感到厌烦。应用题的形式暗示着它需要一个系统性的解决方案，也许你可以试一下方程式？

走到白板前，画一个表格。如表 16-1 所示，表格的左栏从上到下以时间为序：

表 16-1　公共汽车上的乘客人数

时间	公共汽车上的乘客人数
第 1 站前	X
第 1 站后	X/4 + 10
第 2 站后	（X/4 + 10）/4 + 10
第 3 站后	[（X/4 + 10）/4 + 10] /4 + 10

这里 X 代表最初的乘客人数，也即我们想要求得的未知数。题目指出，同样的现象反复发生在连续 3 个公交车站。我们最好将它描述成在到达每一站之后，乘客的人数都会被除以 4，然后加上 10。这比有"3/4 的乘客下车"的叙述更清楚，因为它将重点放在留在车上的乘客人数上。

现在你有了一张能给面试官留下深刻印象的、精致的表格，不至于站在原地说不出话来。但下一步要做些什么？

面试官不会告诉你在第 3 站后还有多少乘客留在车上。那样的话，你就可以算出 X。他也不会要求你解出这 4 个具有同一个未知数的方程。它们甚至并不是方程。那么，它们是什么呢？它们是只能得出整数的表达式。再次强调，乘客人数不可能是一个分数。面试官要问的是使这个答案成立的最小数值。有很多个可以满足条件的 X，实际上这道题的答案的个数是无限的，但我们要找的是最小的那一个。

如果一个数除以 4 之后得出一个整数，那么这个数本身一定也是整数。为了使表中的每个后续的表达式是整数，它之前的所有表达式就必须是整数。这意味着最后一个表达式才是有着最严格的约束条件且我们唯一需要担心的，它描述的是第 3 站后车上的乘客人数。我们的目标是找到满足这个条件的 X 的最小值：

$$[(X/4+10)/4+10]/4+10 \text{ 是个整数}$$

这不是一时之间可以得出答案的。

把白板擦干净，我们重新开始。这一次遵从亚历山大的帕普斯的指示，开始逆向工作。假设 Z 是经过第 3 个车站之后，公交车上剩下的人数。如表 16-2 所示，新的表格将以相反的顺序列出每个步骤。因为在时间上是逆向的，在每个车站的乘客人数应是上一站的乘客人数减去 10 再乘以 4。如果在抵达第 3 个车站之后公交车上有 Z 名乘客，那么在前一个车站应有 4（Z-10）或 4Z-40 个乘客。

表 16-2　用逆向法表示公共汽车上的乘客人数

时间	公共汽车上的乘客人数
第 3 站后	Z
第 3 站前	4（Z-10）=4Z-40
第 2 站前	4（4Z-40-10）=16Z-200
第 1 站前	4（16Z-200-10）=64Z-840

这张表格的最后一行应该等于最初的乘客人数 X，它的值是 64Z-840。

这比我们在第一个表格中得到的结果要容易处理得多。如同前面提到的一样，约束条件是这个表达式必须得出一个整数。而且，正如乘客人数不可能是一个分数那样，它也不可能是一个负数。所以，64Z-840 必须是一个正数。用840 除以 64，得到 13.125。将其四舍五入得到 Z 的最小值，即 14。

把它代入表达式，我们得到最初的乘客人数 X：

$$64 \times 14 - 840 = 56$$

试着检验一下。这辆公共汽车载着 56 名乘客出发。3/4 的乘客，即 56 人中的 42 人，在第一站下车，剩下 14 人。然后 10 个人上了车，汽车开走了，车上有 24 名乘客。在第二站，3/4 的乘客，即 24 人中的 18 人下车后，车上剩下 6 人。又有 10 人上车，车上乘客现有 16 人。在第三站，3/4 的乘客，即 16 人中的 12 人下车后，又有 10 人上车。公共汽车最后载有 14 名乘客。

有些逻辑题就像花园里的迷宫一样设有起点和终点。我们很自然地会先从起点开始，探索与之相连的一些岔路，其中大部分是死胡同。但如果你从终点倒着往回走，你可能会觉得找到起点的过程要容易得多。

你知道以下面试题的答案吗？

你在赛道上开着一辆超级跑车。在第 1 圈时，你的平均时速是 60千米。你在第 2 圈要开多快才能达到每小时 120 千米的平均速度？

英伟达、摩根士丹利和其他公司都曾采用过这个面试问题。一个常见的错误答案是："我们看一下，60 + X，再除以 2，等于 120。那么，X 就等于 180。我需要在第 2 圈以每小时 180 千米的速度行驶，才能达到平均每小时 120 千米的速度。"

试一下逆向工作的方法。你刚刚跑完第 2 圈，并且先后两圈的平均时速达到了 120 千米。你能从中得出什么结论？驾驶距离除以所花费的时间必须等于 120 千米 / 小时。我们不知道赛道的一圈有多少千米，所以将其定义为 d 千米。第 1 圈和第 2 圈所花费的时间 t_1 和 t_2 则以小时为单位。因此：

$$2d/(t_1 + t_2) = 120$$

两边除以 2：

$$d/(t_1 + t_2) = 60$$

嗯……这很有趣，因为我们第一圈的平均时速是 60 千米，也就是说：

$$d/t_1 = 60$$

这两个方程式看起来很相似。让 d/t_1 和 $d/(t_1 + t_2)$ 都等于 60 的唯一方法是让 t_1 等于 $t_1 + t_2$。这意味着：

$$t_2 = 0$$

为了让平均时速达到 120 千米，赛车手必须以无限快的速度行驶，在 0 时间内完成第 2 圈。因为赛车不可能在 0 时间内跑完一圈，所以它的平均时速也不可能达到 120 千米。

许多人可能还是会感到困惑。这里再举一个比较容易理解的例子。我正在执行为期一周的节食。我宣布昨天是"放松日"，然后吃了 7 个甜甜圈。我在这一周里还可以吃多少个甜甜圈，才能保证平均每天吃不超过 1 个甜甜圈？

显然，我的 7 个甜甜圈大餐已经使我的甜甜圈摄入量提高到了每天 1 个。我再吃任何数量的甜甜圈，都不能改变我已经突破了这个标准的事实。就赛车而言，我用在第一圈的时间已经排除了在两圈内平均时速达到 120 千米的可能性。

你知道以下面试题的答案吗？

你投掷一个骰子，然后按掷出的数字获得美元。你可以选择不接受这笔钱，而是按照相同的支付规则再掷一次骰子。如果你不喜欢第 2 次投掷的结果，你还可以掷第 3 次，但你的选择权就到此为止，你必须接受第 3 次掷骰子的结果。请问你如何从这个游戏中获得最大的回报？你可以期望的最佳回报是多少？

先陈述最显而易见的判断：如果你掷出了 6，你应该接受这笔钱，因为你不可能获得比这更好的结果。但如果你掷出了 1，如果可以的话，你应该再掷一次，因为你只能获得 1 美元，而你不可能做得比这更差。但是，一个完整的策略应该考虑到所有中间的情况。比如说，你是不是应该接受第二次掷出来的 4 这个结果？

具化一项策略的最好方法是逆向工作。想象一下，你刚刚掷过了第 3 次骰子。你已经没有了选择，必须接受这一掷的结果。在第 3 次投掷时，你的预期奖金是概率相等的 6 个结果的平均值，即（1 美元 +2 美元 +3 美元 +4 美元 +5 美元 +6 美元）/6 或 21 美元 /6。经计算，结果为 3.5 美元。

现在后退一步，想象你正在进行第 2 次投掷。你要根据结果做出选择。如果骰子显示的是 4、5 或 6，你应该接受它。这当然比你冒险投掷第 3 次获得平均 3.5 美元要好。但是如果你掷出了 1、2 或 3，那么进入第 3 局对你更有利。

如果采用这种优化的第 2 次投掷策略，你的预期收益是以下 6 种收益或预期的平均值：（3.5 美元 +3.5 美元 +3.5 美元 +4 美元 +5 美元 +6 美元）/6。你只要将每一项都除以 6 就可以了。这道数学应用题是不是变得简单多了？我们可以在白板上展示这个过程：

（3.5 美元 +3.5 美元 +3.5 美元 +4 美元 + 5 美元 +6 美元）/6

=（10.5 美元 + 15 美元）/6

= 25.5 美元 /6

=（24 美元 +1.5 美元）/6

=4.25 美元

这是你应该预期从第 2 次投掷中获得的价值。

现在再退回到第 1 次投掷。你应该接受的结果是 5 或 6，因为它们比选择第 2 次投掷时预期的 4.25 美元要好。如果第一次投掷的结果是 1、2、3 或 4，你应该拒绝接受，然后选择第 2 次投掷。

总而言之，总的策略是一旦出现 5 或 6，你就可以选择停止，而且自第

2 次投掷起选择接受 4。否则，只要可以的话，你应选择再投掷。

　　这道面试问题还询问了游戏的预期回报。建立了相应策略的玩家在第 1 次投掷之前就可以给出答案。它应该是第 1 次投掷后 6 种收益或预期的平均值，即

$$（4.25 \text{ 美元} + 4.25 \text{ 美元} + 4.25 \text{ 美元} + 4.25 \text{ 美元} + 5 \text{ 美元} + 6 \text{ 美元}）/6$$
$$= （17 \text{ 美元} + 11 \text{ 美元}）/6$$
$$= 28 \text{ 美元} /6$$
$$= 24 \text{ 美元} /6 + 4 \text{ 美元} /6$$
$$\approx 4.67 \text{ 美元}$$

面试技巧小贴士

1. 有些逻辑题就像花园里的迷宫一样设有起点和终点。遇到这类问题，我们很自然地会先从起点开始，探索与之相连的一些岔路，但其中大部分是死胡同。

2. 在这种情况下，我们应该使用逆向工作法，从终点倒着往回走，这样或许更容易找到起点。

17 小心陷阱问题，在找到简单的解决方案前不要投入过多时间

"抬杆者"（bar-raiser）[1]一词被用来指代经验丰富的面试官，他们负责对值得考虑的求职者提供独立意见。他们会提出一些特别棘手且通常在求职者的专业领域之外的问题。据说微软公司是"抬杆者"的创造者，但杰夫·贝佐斯将它运用于亚马逊公司，并使之成为该企业文化的一部分。以下是求职者在亚马逊被问到的一个棘手问题。

你知道以下面试题的答案吗？

在两根 50 米高的杆子之间，悬挂着一根 80 米长的电缆。如果电

---

[1] 跳高比赛中负责一次次将杆调高的人，现一般特指在亚马逊公司面试中对求职者提出犀利刁钻问题的面试官。——译者注

缆的中心点离地面 10 米，那么两根杆子之间的距离是多少？请精确
到小数点后一位。

受过良好教育的求职者可能知道，悬挂的链条或重型电缆所形成的曲
线被称为"悬链线"（catenary）。美国第 3 任总统托马斯·杰斐逊（Thomas
Jefferson）创造了这个词，其源头是拉丁语的"链条"。最简单的悬索桥
都是以悬链线为造型的，而位于美国密苏里州的圣路易斯拱门（St. Louis'
Gateway）则呈倒置的悬链线形。从数学上讲，悬链线是双曲余弦函数的图
形。现在，准备好在你脑海中做一些几何学研究吗？

你最好问一下自己，图 17-1 有什么问题吗？你可能已经画出了一幅草
图，或者在脑海里大致想象了一下。但在这里，你要注意的是出乎意料的词
语。精确到小数点后一位？！除非是在一种特殊且简单的情况下，这几乎是
不可能做到的。你要解决的这道题面对的正是这一种情况。

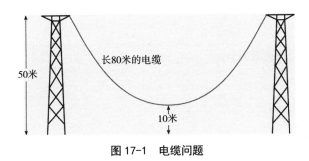

图 17-1　电缆问题

忘掉你脑海中的想象，画一张准确的图表。

这条电缆长 80 米，这意味着半条电缆的长度是 40 米。如果两根杆子紧
挨在一起，电缆在其中点处对折，它的最低点应该像题目所述的那样在离地

面 10 米的地方。因此，这两根杆子是紧挨着的。如果要精确到小数点后 1 位，两者之间的距离是 0.0 米。

这个面试问题是一个陷阱问题。我用这个术语来描述一些让求解者陷入耗时的计算或推理过程但其实相对简单的问题。**关于陷阱问题，最重要的是要知道它们的存在。如果一个面试问题看上去需要超乎寻常的计算或努力，那你就应该要提高警惕。在你找到一个简单的解决方案或一个证明该题目无解的简便方法之前，不要投入太多的时间。**

幸运的是，在招聘面试中，陷阱问题很少出现。但是，它们可以演化成一种危害较小的形式，比如包括一个相对简单的解决办法和一个相对耗时、更令人烦闷的解决办法。在这种情况下，面试官会对那些找到简单的解决办法的人有更深刻的印象。

你知道以下面试题的答案吗？

俄罗斯离美国有多远？

爱迪生著名的问卷调查曾要求求职者回答从纽约到布法罗、旧金山和利物浦等地的距离。[1] 而眼前这道面试问题其实是一个陷阱问题。位于俄罗斯境内的大代奥米德岛（Big Diomede Island）距离美国境内的小代奥米德岛（Little Diomede Island）约 4 千米。在晴朗的日子里，站在这两座岛上的人可以轻易地互相遥望。1987 年，美国运动员林恩·考克斯（Lynne Cox）在这两座岛屿之间游过泳。在白令海峡冬季结冰的时候，有一些人在两座岛之间步行往来。然而，随着气候变暖，北极地区升温，这种情况越来越罕见。

　　求职者最常给出的答案是 4 千米。不过，有关代奥米德群岛的知识在益智问答游戏之外并无太大意义，所以我们也可以将这道面试问题视为一个标准的估算问题。俄罗斯和美国位于北极的两侧，各自的领土都仅限于北半球。美国的大部分领土位于北纬 45 度以南，而俄罗斯的大部分领土位于北纬 45 度以北。称这两个国家在地球的球面上相距 90 度的说法并不过分。90 度是一个圆周的四分之一。幸运的话，你大概会想起地球的周长约为 40 000 千米。这意味着美国和俄罗斯之间的一般距离超过 10 000 千米。实际上，莫斯科距离华盛顿 7 821 千米，距离洛杉矶 9 769 千米。

你知道以下面试题的答案吗？

　　想象一个由 10×10×10 个小立方体组成的大立方体。有多少个小立方体没有出现在大立方体的外表面？

　　切掉构成大立方体外表面的小立方体，就像切掉面包发硬的外皮那样。这样就剩下一个 8×8×8 的立方体。它包含 512 个小立方体。这就是答案。

你知道以下面试题的答案吗？

　　你在玩一场俄罗斯轮盘赌的游戏。3 颗子弹被放置在六膛左轮手枪相邻的膛室内。每次扣动扳机，枪管只旋转一次。第 1 位玩家先用枪指着自己的头，扣动扳机。如果他活下来了，他会把枪交给第 2 位玩家，第 2 位玩家也要这么做。枪在两名玩家之间来回传递，直到有人中弹。如果你是其中一位玩家，你倾向先开枪还是后开枪？

令人不安的是，俄罗斯轮盘赌问题在招聘面试中越来越流行。可以认为，它们暗示着所申请的工作需要在压力下清晰思考的能力。就这道题而言，6 个弹腔中有 3 颗子弹，第一个人有 1/2 的概率被当场射杀。你不想第一个先来还不清楚吗？游戏有一半的概率是在第 2 位玩家拿到枪之前结束的。你肯定想要第 2 个开枪。

有时面试官会要求算出确切的生存概率。这也很简单，只要你意识到"枪管只旋转一次"，即游戏后续的一切都是由枪管的单次旋转决定的。把装弹的弹腔编号为 1、2、3，空弹腔则编号为 4、5、6，如图 17-2 所示。

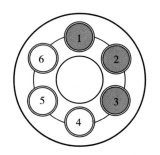

图 17-2　编号后的弹腔及子弹位置

当枪管与装弹的腔室 1、2 或 3 相通时，第 1 位玩家在第 1 个回合中死亡，游戏结束。

当枪管在第 1 次开枪前与空弹腔 4 相通，第 1 位玩家活了下来。他把枪给了第 2 位玩家，这时枪管与空弹腔 5 相连，第 2 位玩家也活了下来。第 1 位玩家继续这个游戏，这次他遇到的是空弹腔 6。3 个空弹腔都已经转过，枪管又一次与装弹的腔室 1 相连。第 2 位玩家的命运已经被决定了，他拿起枪指着自己的头。这是游戏回合最多的一种可能性，以第 2 位玩家的死亡告终。

当枪管在开枪前与腔室 5 相通时，第 1 位玩家在第 1 轮活了下来。第 2 位玩家接着遇到腔室 6，也活了下来。然后，第 1 位玩家会遇到装有子弹的腔室 1。

当枪管在开枪前与腔室 6 相通时，第 1 位玩家得以幸存，但第 2 位玩家接着便遇到腔室 1，中弹而亡。

在枪管的 6 个可能的位置上有 4 个位置会导致第 1 位玩家死亡，另外 2 个位置则会使第 2 位玩家死亡。有策略的玩家应选择第二个开枪，这样他就有 2/3 的概率活下来。

面试技巧小贴士

1. 陷阱问题指的是这样一些问题，它们会让求解者陷入耗时的计算或推理过程，但其实它们的答案相对简单。

2. 对于这类问题，最重要的是要知道它们的存在。如果一个面试问题看上去需要超乎寻常的计算或努力，那你就应该要提高警惕。在你找到一个简单的解决方案或一个证明该题目无解的简便方法之前，不要投入太多的时间。

18　估计与完善，更准确的答案往往接近估算值

在面试中，沉默不语是不合时宜的举动。你最好一边解决问题，一边自言自语地说出你的思路。面试的压力要求你不断取得进展，而这会对你的解题策略造成影响。

你知道以下面试题的答案吗？

一只青蛙坐在 3 米深的井底。每天它都可以向上跳 0.3 米。然后，它筋疲力尽，一整天趴在墙壁上。到了晚上，它在睡着后会往下滑 0.2 米。请问它要花多少天才能从井里爬出？

这道彭博社的面试问题不是特别难。但是，如果你一开始就想要得出确

切的答案，你很可能会卡住或找不到头绪。一个更明智的面试策略是先做一个快速的大致估算："青蛙每天上升的净高是 0.1 米。这口井有 3 米深，所以它大概需要 30 天才能爬出。"

这个快速的估算并不是凭空捏造出一个数字。它使用了题目中给出的数字和一些简单的数学计算。30 天这个答案不一定很准确，你还需要做更多的工作。不过，快速的估算会让你马上获得一些进展，从而增强你的信心。在面试中，如同在体育比赛中一样，这种心理变化带来的影响不容低估。

下一步是根据需要修正你的估算，从而得到确切的答案。在这道题中，青蛙先跳上一个高度，然后下滑，这意味着青蛙在真正超过一个高度前可能会先后几次通过它。而且，一旦青蛙达到 3 米的高度，它就能立即跳出井外。也就是说，青蛙可以在不到 30 天的时间里爬出井外。

现在来看看最终的准确答案。从第 0 天开始时，青蛙距地面的高度为 0 米。它在白天跳到高 0.3 米的地方。晚上，它又回落到 0.1 米的高度。在之后的每一天，这只青蛙的起始高度都比前一天高出 0.1 米。因此，青蛙在第 27 天跳到了 2.7 米的高度。只要再跳 0.3 米，它就脱困了。因此，这只青蛙要花 28 天的时间从井里爬出。

涉及时间控制的数学题最近由于一些面试官的喜爱而变得很流行，但其他人几乎都很讨厌这类问题。

你知道以下面试题的答案吗？

1 个苹果的售价是 27 美分。10 美元能买多少个苹果？你有 1 分钟的时间给出准确的答案。

你在学校一定学过乘法和除法。当你的手机关机时，它们是不错的解题工具。但对于求职面试中的心算来说，它们并不适合。我们很容易忘记 1 个数字，最终得到一个出现很大偏差的答案。估算和修正的技巧可以帮助你将推理过程分解为一系列专注于找出答案的步骤。你可以这样陈述：

> 27 美分接近于 25 美分，也就是约等于 1 美元的 1/4。也就是说，1 美元买 4 个苹果，10 美元则可以买 40 个苹果。准确的答案应该比这个数字少……

对只有 1 位非零有效数字的整数做乘法，是最简单的计算。这里我们可以测试一个比 40 小的答案，比如 38。我们要用 38 个苹果乘以 27 美分，看这个结果是否符合 10 美元的预算。38 和 27 都有两个有效数字。不过，38 可以表示为 40-2，27 则可以表示为 25 + 2。该乘积近似于 40×25 美分，即 10 美元，而且它可以通过添加或减去额外项而被修正。你可以继续向面试官陈述：

> 试一试 38。38 乘以 25 美分比 10 美元少了 2 个 25 美分，也就是等于 9.5 美元。而 38 乘 2 美分等于 76 美分。76 美分加上 9.5 美元，就是 10.26 美元。它超出了预算……
>
> 答案一定是 37。这将比 10.26 美元少用 27 美分，所以我还可以得到 1 美分的找零。

不要太担心规定的时间限制。以上回答虽然略显啰唆，但大约只需要 40 秒。即使一位铁面无私的面试官在你得到最终答案前打断了你，只要你将答案确定在 38 或 37 之间，你就能得到不错的分数。

心算最好通过实践来学习。这里还有一道难度较高的计算题。

你知道以下面试题的答案吗?

计算 155 的 15%。你有 10 秒钟的时间。

15 有 2 位有效数字，而 155 有 3 位。这意味着你要用在学校学过的技巧做 6 次乘法、3 次加法和 3 次进位。先假设题目是"计算 200 的 10%"。结果是 20。初见成效！

正确答案应该就在 20 左右。我们要计算一个比 200 小的数与一个比 10% 大的百分比的乘积。然而，我们通常可以将不太好计算的数字转换为只有一个有效数字的数，例如你可以将 15 翻倍变成 30。接着，你可以计算 155 的 30%，由于你把一个因子翻了 1 倍，所以得到的结果还要除以 2。

我们再来处理 155 这个数字。将它再翻一倍，得到 310，它的有效数字少了一位。所以，假设你在计算 310 的 30%，并且不要忘记你曾经两次把这个算式翻了 1 倍。不难算出 310 的 30% 等于 93。这只需要两次逐位乘法，而且不需要进位。由于其中有 2 个因子被翻了 1 倍，所以 93 要除以 4。这里可以用到另一个技巧。我们可以把 93 拆分成能被 4 整除的组合，即 93 = 80 + 12 + 1。将每一项除以 4，得到 20 + 3 + 1/4，即 23.25。

为了清楚起见，我对整个过程进行了详细的解释，这不是在规定的 10 秒内能够完成的。你在面试中可以这样陈述：

155 的 15% 等于 310 的 30% 除以 4，也就是 93 除以 4。它等于 20 加 3 加 1/4，即 23.25。

让你的嘴巴跟上你的思维，这个过程大约只需要 10 秒。祝你好运！

你知道以下面试题的答案吗？

请问时钟的时针和分针在 3 点 15 分时的夹角是多少？

就像心算一样，时钟类的问题也快要被淘汰了——求职面试除外。StockX 公司的首席执行官斯科特·卡特勒（Scott Cutler）提出了这个问题，认为它考验了"人们如何在艰难的处境中思考一个新问题，以及如何在压力下对此做出回应"。[1]

要回答这样的问题，你必须首先知道角度是如何测量的。时针在 12 小时内可以走过完整的一圈，它走过的角度是 360 度。任意两个相邻的整时标记之间的夹角是 360/12，即 30 度。

在 3 点 15 分时，分针和时针几乎重合。分针正对着表盘上的数字 3，时针也大致指向同一位置。但是，时针的指向并不正对着数字 3，因为它在数字 3 到数字 4 之间已经走过了 1/4 的路程。用相邻的整时标记之间的夹角

30 度除以 4，得出 7.5 度。这即是 3 点 15 分时时针和分针之间的夹角。

你知道以下面试题的答案吗？

一天中，时钟的时针和分针有多少次构成了直角？

分针比时针快 12 倍，所以要把关注点放在前者。只要分针与时针之间构成 90 度，无论它在时针之前还是之后，两者之间的夹角都呈现为直角。每小时之内，这样的直角会出现 2 次，也就是说，一天 24 小时以内会出现 48 次。

现在我们来修正这个值。问题的关键在于分针相对于时针的速度。分针每小时转 360 度，而时针只能转 30 度。因此分针每小时比时针多转 330 度，也就是每小时多转了 11/12 圈。因此，在 24 小时中，相对于时针来说，分针将多转出 24×11/12 个圈，即 2×11 = 22 圈。每多转一圈时，时针和分针就会有 2 次呈现为直角，所以答案应该是 44 次。

在写下 44 这个答案之前，我们再快速检查一下临界情况。二者第 1 次呈直角状是在半夜 12 点 15 分之后不久，最后一次则是在晚上 11 点 45 分之前。只要"这一天"是从零点开始，那么 44 就是正确的答案。

面试技巧小贴士

1. 在面试中，沉默不语是不合时宜的举动。所以你最好一边解决问题，一边自言自语地说出你的思路。面试的压力要求你不断取得进展，而这会对你的解题策略造成影响。

2. 一个明智的面试策略是先做一个快速的大致估算，这会让你马上获得一些进展，从而增强你的信心。在面试中如同在体育比赛中一样，这种心理变化带来的影响不容低估。

19　建立方程式，用数学方法解决应用题

有些面试问题最好是用方程式来解决。但是哪些问题适合这样做，这还需要你用心地区分一下。

你知道以下面试题的答案吗？

你正在抛硬币。假设将硬币正面朝上的结果用 H 表示，反面朝上则用 T 表示。你要一直抛到出现 HHT 或 HTT 的结果，才能停下来。在这两种序列中，哪一种更有可能先出现？它先出现的概率是多少？

研究过概率的人都知道，对于一枚均匀的硬币来说，它在被多次抛掷时正面和反面朝上的概率仍是相等的。抛出 HHT 的概率与抛出 HTT 的概率并

没有什么不同。因此，两种序列都有可能先出现，除非……

到这个时候，细心的读者就会明白第一反应可能是错误的，你应该留意那些意料之外的词语。面试官问的是哪个序列更有可能先出现，以及出现的概率是多少。他在强烈暗示有一个序列更有可能先出现。

这怎么可能呢？如果我将一枚均匀的硬币投掷 3 次，出现 HHT 的概率与 HTT 的概率是相同的，都等于 1/8。但这并不是这个面试问题要问的，细节开始发挥影响。现在，我要开始掷一枚硬币，直到上述一个序列出现。我就像在图 19-1 所示的投掷结果上滑动一个想象中的移动窗口，寻找第一次出现的 HHT 或 HTT。

在这个示意图中，HTT 的序列率先出现，它的起始位置是第 2 次抛掷。在这里需要一种不同类型的分析。HHT 和 HTT 都是从正面朝上的结果开始的，但前几次投掷也有可能出现反面朝上的结果。然而，在掷出第一个正面朝上的结果之前，几次投掷的结果不会产生决定性的影响。我可以放心地忽略在整个序列开始时出现的反面向上的结果，而不必担心有任何重要的遗漏，专注于先抛出正面的情况。

$$\boxed{\text{THTT}}\text{HHTHTTT}\ldots$$

图 19-1　在硬币抛掷出的结果序列中搜寻目标

接下来的两次投掷有同样的概率出现正面朝上或反面朝上的结果，之后的每次投掷也是如此。图 19-2 展示了直至"第 3 次投掷"的概率树。每个实线箭头都指向抛硬币时二选一的一个结果。最右侧展示的是从第 1 次出现正面朝上的结果时开始计算、投掷 3 次后的 4 种可能情况：HHH、HHT、HTH 和 HTT。

其中两个标有对号的是我们正在寻找的序列结果。另外两个是有待下一步判断的 3 项序列，即 HHH 和 HTH。如果我得到后两种结果，我就得继续抛硬币，直到 HHT 或 HTT 的出现。

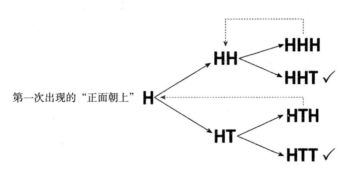

图 19-2　第一次抛出正面向上的结果后的概率树

举个例子，当我掷出了 HHH 时，如果下次抛出的是 T，我就抛出了 HHHT。于是，我得到了一个 HHT 序列。但如果下一次抛出的是 H，那我得到的序列就又多了一个 H，变成 HHHH。我只能再扔一次。最终，这种连续出现 H 的现象一定会结束，而唯一能结束这一切的方法就是抛出 T，比如说，HHHHHT。这也会产生 HHT 的序列。因此，一旦我得到 HHH，就可以确定 HHT 会出现，而且它必然是在 HTT 之前出现的，因为一个 T 必定出现在两个连续的 T 之前。

这个过程也可以解释为，当我得到一个 HHH 的序列时，我忽略最左边的 H，再次投掷，然后在最右侧的位置插入新的 H 或 T。这就相当于退回到上一步刚投掷出 HH 的时候，如图 19-2 中指向 HH 的虚线箭头所示。一旦我得到了 HH，HHT 必定在 HTT 之前出现。

现在假设我得到的是一个 HTH 序列。我至少需要再投掷两次。在接下来的抛投中，我将丢弃第一个 H，并在右侧添加新的投掷结果——TH？。但不管怎样，这个 3 项序列都是以 T 开头的，所以先把它丢到一边。我只有通过再抛掷，才能去掉 T，得到一个可能使游戏结束的序列——H？？。这等于是从头开始，又回到掷出第一个 H 的时刻。图 19-2 表用指向 H 的虚线箭头呈现了这个过程。

现在建立方程式。假设 P 为 HHT 先于 HTT 出现的概率。有两种方法可以使 HHT 在 HTT 之前出现。一种方法是抛出 HH，这保证了 HHT 将先出现。这种情况的概率是 1/2。

另一种方法是先获得 HTH，并以与之相同的概率"从头开始"。它的概率是 1 除以 4，或者 1/4。在这种情况下，在 HTT 之前得到 HHT 的概率仍然是 P。

$$P=1/2+（1/4 \times P）$$

两边同时减去 1/4×P。

$$3/4 \times P=1/2$$
$$P=4/3 \times 1/2=4/6=2/3$$

因此，这个问题的答案是，HHT 更有可能出现在 HTT 之前，这种情况的概率是 2/3。

回头再看一下图 19-2，我们可以从中得到印证。在每一轮投掷 3 次的完整流程中，HHT 在 HTT 之前实现的概率都是 2 : 1。第二次、第三次乃至更多次"从头开始"的概率是递减的，而且最终我一定会掷出 HHT 或 HTT，前者出现的可能性是后者的两倍。

你知道以下面试题的答案吗？

你有两个骰子，可以反复投掷。请问你在摇到 7 点之前摇到 3 点的概率是多少？

为了避免歧义，再次说明这个问题要问的是第一次摇出 3 点在第一次摇出 7 点之前出现的概率。当然，这两个数字都应该是两个骰子的点数之和，而不是单个骰子的点数，玩过骰子的人都知道 7 点是两个骰子最常见掷出的点数，而 3 点则是一个不太常见的点数。因此，在 7 点之前掷出 3 点的概率大大低于 50%。

画一个流程图，如图 19-3 所示。将在 7 点之前掷出 3 点称为"获胜"，并将其值设为 1。如果你的第一次投掷出来的是 3 点，你就赢了，游戏结束。如果第一次掷到 7 点，你就输了，游戏也宣告结束。其他点数的结果则会触发下一步的行动，你得按照同样的规则继续投掷骰子。

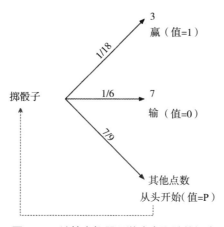

图 19-3　计算在掷骰子游戏中取胜的概率

一个正常的骰子可以等概率地摇出 6 种点数。我们在这道题目中使用两个骰子，而它们掷出的点数是完全独立的。这意味着有 6 × 6 = 36 种可能的投掷结果，每一种结果出现的概率都是均等的。我在此提到的"结果"是指"骰子 A 掷出了 3 点，骰子 B 掷出了 5 点"的这一类结果。

我们要关注的只是两个骰子点数的总和。例如，只有一种方式可以得到 2 这个点数，即两个骰子都摇出 1，美国人又称这种情况为"蛇眼"。

有 2 种方式可以得到点数 3：1 和 2，2 和 1。

但是掷出点数 7 却有 6 种方式：1 和 6，2 和 5，3 和 4，4 和 3，5 和 2，6 和 1。

因为 36 种结果出现的概率是均等的，任何给定总点数的概率与掷出它的方式的数量成正比。这意味着掷出 3 点的概率是 2/36，即 1/18；掷出 7 点的概率是 6/36，即 1/6。

我们还需要知道掷出 3 点或 7 点以外的总点数的概率。它出现的方式有 36－（2 + 6）=28 种。用这个数除以 36，就得到总点数既不是 3 也不是 7 的概率，它是 28/36，即 7/9。

假设 P 为在 7 点之前掷出 3 点从而赢得游戏的概率。它等于 3 种可能结果的值与其概率乘积之后的和。这里，我用 1 代表赢得游戏，0 代表输掉游戏，而在触发下一步行动的结果中，获胜的概率仍然是 P。

$$P=（1/18×1）+（1/6×0）+（7/9×P）$$
$$P=1/18+7/9×P$$

两边同时减去 7/9 × P：

2/9 × P=1/18

P=9/36=1/4

答案就是在 7 点之前掷出 3 点的概率是 1/4。

这道面试问题与上一道硬币序列问题以及第 12 章中哪道门通往黄金的问题有些相似之处。这也正是熟悉一些逻辑题会对求职者有帮助的原因之一。在面试中，许多脑筋急转弯都是这一类问题的升级版。

你知道以下面试题的答案吗?

你面前有一碗面条。你随机地把碗中面条的端点粘在一起，直到没有空余的端点为止。你最后会得到多少个圈?

高盛公司的这个面试问题根本没有提到任何数字。但是在解决这个问题时，你肯定会在白板上写下许多数字。

先从最简单的情况入手。假设碗里只有一根面条。它有两个端点。把它们连在一起，你的工作就完成了。现在，你把意大利面条变成了意大利面圈，没有多余的可供粘在一起的端点了。这时，你的答案是 1 个圈。

当碗中有两根面条时，你可以做成 1 个或 2 个圈。你可以先将两根面条连在一起，将它变成一根双倍长度的面条。接下来，再将它的两个端点连在一起，形成一个大圈。你也可以先连接一根面条的两端，使之形成一个圈，然后，将第二根面条的端点也连接在一起，使之形成另一个圈。

我们再来看 n 根面条的一般情况。圈的最终数量可以是从 1 到 n 的任何值。只有当每根面条的一端都与另一根面条的一端相连时，才有可能只形成 1 个圈。这种情况的概率极低，因为它要求每根面条恰好与另外一根面条相连接。同理，n 个圈的情况也很罕见，因为这需要每一根面条的一端都连接到它的另一端。因此，你会预计圈的数量是在 1 到 n 之间。

你的碗里有几根面条？50 根？我将采用这个数，我想面试官也不会比我知道得更多。50 根面条有 100 个端点。在这 100 个端点中任意选择一个连接到从剩下的 99 个端点中随机选择的一个端点上。这会产生以下两种结果：

(1) 两个端点恰好属于同一根面条，它现在形成了 1 个圈。这个概率只有 1/99。最终结果是线状面条的数量减少了 1 根，空余的端点减少了 2 个，而圈的个数增加了 1 个。

(2) 两个端点来自不同的面条，因而形成了一根双倍长度的面条。这种情况的概率是 99/100。最终结果是线状面条的数量减少了 1 根，空余的端点减少了 2 个，而圈数保持不变，仍然为 0 个。

情况 1 的结果是出现了 1 个圈，情况 2 则没有新的圈出现。但不管哪种情况，面条和空余的端点都会减少，分别减少了 1 根和 2 个。

碗中有 50 根面条，每次连接都会减少一根，我们将要连接 50 次，不多也不少。每次连接都有机会形成 1 个圈，但这并不是必然的。

随着连接次数的增加，形成新的圈的概率也在增加。在第 2 次连接时，有 49 根线状面条和 98 个端点，形成新的圈的概率是 1/97。而在第 3 次连接时，相应的数字已减少为 48 根线状面条和 96 个端点，有 1/95 的概率形成新的圈。面条数量的减少和新圈形成概率的增加一直持续到最后一次连接，那时将只剩 1 根长度非常可观的面条和它的 2 个空余的端点。最后这一次连接必然会产生 1 个新的圈。

因为一次连接最多只能产生 1 个新的圈，所以圈的预期数量应该是 50 个概率的总和。它是：

$$1/99 + 1/97 + 1/95 + 1/93 \cdots\cdots + 1/5 + 1/3 + 1$$

以上是面条数量为 50 根时的概率序列。就面条数量为 n 根的一般情况而言，在第一次连接中形成圈的概率是 $1/(2n-1)$，预期可形成的圈数则可用下方的表达式表示。我按从大到小的次序重新排列了每一项：

$$1 + 1/3 + 1/5 + 1/7 + 1/9 \cdots\cdots + 1/(2n-1)$$

这是一个准确且普遍适用的答案。一般的求职者可以止步于此。拥有强大数学背景的求职者则应该更进一步。他们有能力证明这个问题的答案是接近于 3 个圈。要做到这一点，你需要知道一些关于无穷级数的知识。有些级数在加总之后无限趋近于一个极限值，即具有收敛性。在课堂上常用的一个例子是，从 1 开始，然后持续地加上它的半值：

$$1 + 1/2 + 1/4 + 1/8 + 1/16 + \cdots\cdots \approx 2$$

不管你加多少项，这个级数的总和总是小于 2。它的前 5 项加起来等于

1.9375。追加的新增项会使这个和越来越接近 2，但无论再加入多少项，它们的和也不会超过 2。

另一些级数则不具备向极值收敛的特征。调和级数（harmonic series）就是一个典型案例。它的每一项由 1 除以逐项递增的自然数构成：

$$1+1/2+1/3+1/4+1/5+1/6+1/7+\cdots\cdots=\ ?$$

调和级数的名字源自乐理知识中的泛音。就弦乐器而言，泛音的波长恰好是一根振动的弦的基本波长的调和级数。看一下上文提到的调和级数，你也许认为它的各项加起来也趋向于一个极限。但当你加入更多项时，它的和只会变得越来越大。不过，这个值增长得相当缓慢。前 100 项的和略大于 5.187。

调和级数与面条问题中的级数具有家族相似性（family resemblance），只不过后者仅由奇数的倒数构成。你可以认为，调和级数是以奇数倒数构成的面条级数与以偶数倒数构成的面条级数之和：

$$1+1/3+1/5+1/7\ +1/9\cdots\cdots$$
$$+1/2+1/4+1/6+1/8+1/10\cdots\cdots$$
$$1+1/2+1/3+1/4+1/5+1/6+1/7+1/8+1/9+1/10\cdots\cdots$$

由此可知，面条级数一定也是增长缓慢的级数。而且由于面条级数的每一项都比以偶数倒数构成的级数中的对应项略大，我们可以认为面条级数的总和略大于调和级数总和的一半。

如前所述，调和级数前 100 项的总和略大于 5。取其一半，四舍五入后得到 3。这就是对面条级数前 50 项之和的粗略估计，也就是你对 50 根面条进行连接之后可以预期得到的圈数。

　　图 19-4 由电子数据表创建，它可以求出面条级数的精确值。一般而言，8 根面条对应的值是 2 个圈，3 个圈对应的则是大约 57 根面条。就现实中的一碗面条来说，你的操作过程很有可能会形成 3 个圈。

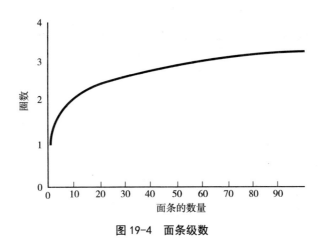

图 19-4　面条级数

🍜 面试技巧小贴士

1. 有些面试问题最好是用方程式来解决，但是哪些问题适合用方程式来解决，这需要用心区分。

2. 面对需要用方程式来解决的问题时，我们要注意第一反应可能是错误的，我们应该留意那些意料之外的词语。

20 不要陷入思维惯性，创造新的思维方式

华盛顿大学的物理学家亚历山大·卡兰德拉（Alexander Calandra）有一次被请去为一场评分争议做仲裁人。他的一位同事认为一个学生的考试成绩是不及格，但这个学生认为他的答案应该得满分。[1]

引起争议的问题是如何用气压计测量一幢大厦的高度。标准答案是使用气压计来测量建筑物屋顶和最底层之间的气压差。从理论上讲，答题者可以从这个微小的差异中估算出建筑物的高度。此处的重点在于"理论上"。一幢 30 米高的建筑物顶部的气压仅比地面低 0.36% 左右。如果你能用家用气压计检测到二者的差异，那你的运气真是再好不过了！

学生给出的回答则是：在气压计上系一根长绳，然后将气压计从楼顶下垂到地面。再把绳子拉上来，并测量其长度。显然，这个学生的做法有藐视权威的意味，但卡兰德拉不得不承认他的答案有可取之处。不过，这个答案不能展示任何物理知识，而这名学生毕竟在参加一场物理考试。因此，卡兰德拉要求这名学生再提供一个答案，以证明他具备了相应的物理知识。这名

学生回答说，他会把气压计从楼顶扔下，然后用秒表计时，并使用自由落体运动公式 $d = 1/2gt^2$ 计算大厦的高度。

这个学生很清楚标准答案是什么。他向卡兰德拉抱怨称，他厌倦了由老师们教他如何思考。他还给出了更多的解题方法，比如把气压计系在一根绳子上，把它当作摆锤，再分别测量它在建筑物顶部和最底层时受到的重力；先测量出气压计的高度和它的影子的长度，再根据建筑物的影子的长度计算出建筑物的实际高度；还可以向大厦管理员询问大厦的高度，并以一个全新的气压计作为报酬。

卡兰德拉最终做出了有利于学生的仲裁。1968 年，有关这一事件的报道引起了广泛的关注。它表达的是这样一种观点，即卡兰德拉口中的"被斯普特尼克卫星 ① 吓坏了的美国课堂"[2] 正在用死记硬背替代批判性和创造性的思维。

这个事件同时也是功能固着（functional fixedness）理论的一个实证。根据心理学家卡尔·登克尔（Karl Duncker）在 1945 年给出的定义，功能固着是一种"抑制人们以新的方式使用一个物体的心理障碍"。[3]

气压计的用途是测量气压。一些人因此在心理上拒绝接受它可能存在其他用途的想法。据称，幼儿并没有功能固着。然而，当长到要进幼儿园的年纪时，孩子们渐渐开始理解成人世界的规则，并产生了这种心理。用天普大学（Temple University）的心理学家伊万杰莉亚·G . 克莱斯库（Evangelia G. Chrysikou）和罗伯特·W. 韦斯伯格（Robert W. Weisberg）的话来说，他们可能会"跟随错误的路线"[4]，而不是走自己的路。他们陷入了思维惯性。

---

① 斯普特尼克卫星是苏联研制并发射的第一颗人造地球卫星，它的成功发射对美国社会产生了极大震撼。——译者注

有些面试问题着重测试求职者克服功能固着的能力。

你知道以下面试题的答案吗？

请说明牛奶盒与飞机座椅有何相似之处。

这个问题很容易引出一些不着边际的答案。但是，你也可以给出很多切题的回答，而且正如另外一些古怪的面试问题一样，你应该抓住这个机会展示自身与该职位相关的技能。这个问题可以被引申至商业、工程或设计方向。以下给出了一个备选的答案：

牛奶盒和飞机座椅都代表着利用小空间为易损物品打包的最佳解决方案。牛奶盒被设计成方形，是因为在超市上架时这样的盒子比圆形的瓶子更能有效地利用空间。我们也知道，飞机座椅设计的目标旨在最小的空间内容纳最多的乘客。就这一点来说，它比被它替代了的舒适型座椅效率更高。

牛奶盒和飞机座椅从工程学上说都很轻巧。二者都要经历长途运输，而运输成本取决于重量。在设计上，用塑料而不是玻璃来制作牛奶盒以及为喷气客机座椅选择铝制框架和泡沫坐垫，都是为了实现重量的最小化。

两者都需要对温度进行控制。牛奶有可能变质或结冰，而乘客在室温太热或太冷时则会抱怨个不停。能够满足要求的温度控制系统有很大的自重，因此又对载重制造了新的限制。

两者都有可能对人类的生命造成威胁，因此必须从设计的角度考虑其安全性，牛奶盒的设计要保证它的开口在被破坏后会留下明显的痕迹，飞机座椅则要在出现颠簸和硬着陆时对乘客起到保护作用，并为紧急疏散提供便利。

牛奶和机票的消费者都对价格极其敏感。牛奶是一种常见商品，也是一种超市为招揽顾客而甘愿亏本出售的商品。超市投放低价销售牛奶的广告，因为这种做法可以吸引同时想采购其他商品的顾客。牛奶被放在超市里距入口最远的位置，顾客在购买牛奶前必须走过摆放着会带来更高利润的产品的通道。同理，人们会根据旅游网站上的低价折扣选择航空公司。然而，在购买廉价机票的过程中，他们也不得不浏览一些更高利润的升级产品的广告。就牛奶和机票而言，这里存在着诱饵和交换。顾客只关注低廉的价格，而市场营销策略旨在诱使他们在其他东西上花更多的钱。

典型的功能固定性测试会问这一类的问题："一块砖可以有多少种用途？"一位心理学家将会数一数求职者具体给出了多少种用途。就下面这道苹果公司的面试问题来说，面试官一定也希望听到大量既有创意又具备一定实用性的答案。

你知道以下面试题的答案吗？

如果你是一个送比萨的外卖员，你如何能从一把剪刀中受益？[5]

以下是一些加分的回答：

- 用它给比萨切片，如果比萨店的人忘记了切开比萨，或挑剔的顾客坚持想要更薄的切片的话。请注意，意大利街头的小贩经常像小心翼翼、不愿意破坏摆盘的高级主厨那样，用剪刀剪开比萨。

- 为顾客剪下折扣券。

- 为顾客剪开那些徒手很难打开的酱料包、碎奶酪包或胡椒包。

- 把剪刀的刀片当作平头螺丝刀，用它来固定比萨送餐车的牌照。

- 在遇到飞车党或偷比萨的人时，用它进行自卫。

- 用它在自己的比萨店的开幕典礼上剪彩。

不要忘了，送比萨外卖的人在工作之外也有自己的私人生活。所以，他们也会像其他人那样用剪刀来剪断纸、线、织物，等等。

你知道以下面试题的答案吗？

你的计算器坏了。现在唯一能用的数字键是 0，所有的运算符号键也还可以工作。请问你怎么才能输入 24 这个数？

对零进行加、减、乘的运算，结果仍然是零。得到不同结果的唯一方法就是冒一下险，用零除以零。你将得到一个"请输入正确的数字"之类的错误提示。你还是得不到 24 这个数字。

在这里，24 是一个误导。它使你错误地认为这个 24 比较特别，解决方案需要跳过其他数字，直接生成 24。

设想一下你可以输入 1，然后就可以由它得到任何你想要的整数。

$$1+1+1+1+1+1+1+1+1+1+1+1+1+1+1+1+1+1+1+1+1+1+1+1=24$$

好啦！如果你使用的是科学型计算器，从 0 得到 1 很容易。

输入 0，然后按 e^x 键，就会得到 1。点击 + 键，然后再一次按 0 和 e^x，这一次你将得到 2。不断重复这个过程，直到你得到 24 这个数字为止。

如果你的计算器上没有 e^x 键，10^x、2^x、x!、cos 和 cosh 键也有同样的效果。

你知道以下面试题的答案吗？

你怎么才能从干草堆中找到一根针呢？你的预算为 3 美元。

如果这是在漫画里，一块巨大的红色马蹄形磁铁可以轻易地把针从干草堆中吸出来。但现实世界完全不同于漫画世界。你当然可以想象出一块巨大的电磁铁，它的功率可以被调大到将针吸引出来的程度，但是面试官已经限定了你的预算。你觉得 3 美元能买到什么？也许只是一个马蹄形玩具磁铁。

谷歌公司用这个问题考察求职者跳出思维惯性的能力。磁铁是几乎每个人都会想到的答案。最好回忆一下认知心理学的先驱艾伦·纽厄尔和赫伯特·西蒙关于在干草堆中找一根针的建议："（我）会在其中确认一个我们一定能从中找到一根针的相对小的区域。"[6] 那么，你现在要怎么做？很简单，你可以使用金属探测器。

于是，面试问题就被简化为一个如何用 3 美元获得金属探测器的问题。与超大功率的磁铁不同，金属探测器的价格相对合理，有从 20 美元左右的手持式"定位指示器"到价值几百美元、适合地毯式搜索的专业级探测器。

你也可以从网上以低至每天 5 美元的价格租用手持式探测器。所以，你肯定可以说服一些商铺让你以 3 美元的价格租几个小时。也许你可以向他们承诺你会在社交媒体上以"我如何在干草堆中找到一根针"为题发表一篇文章，推广它们的业务。

美国阿贡国家实验室（Argonne National Laboratory）的资深科学家乔治·克拉布特里（George Crabtree）给出了以下的解决方案："把这堆体积为 50 立方米的干草运到机场安检处，然后把它铲到金属探测仪上。这一堆宽 0.6 米、高 0.6 米、长约 137 米的待检物在传送带上将以每秒 1.5 厘米的速度移动，大约需要 15 分钟才能被检测完毕。你会找到那根针，然后等着接受审讯。"[7]

你知道以下面试题的答案吗？

如图 20-1 所示，两个球在不同的轨道上滚动。球 A 位于一条向下倾斜的、笔直的轨道上。球 B 的轨道与球 A 的轨道只有一处不同，即它的轨道正中有一处凹陷。假如不考虑摩擦力，哪个球会先到达轨道的终点？

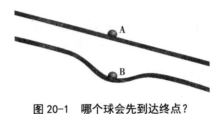

图 20-1　哪个球会先到达终点？

有两种常见的答案。其中一种认为球 A 将率先到达终点，"因为直线是两点之间最短的距离"。另一种则认为结果是一个平局，"因为能量是守恒的"。

两个答案都引用了美国 STEM 素质教育[1] 毕业生熟知的定理。但它们都错了。经过凹陷处的球 B 会先到达终点。图 20-1 中的设计有时会被当作课堂实验，YouTube 上也有视频显示经过凹陷处的那个球最终会获胜。

被引用的两条定理并没有错，直线的确是两点之间最短的距离，能量也始终遵循守恒定律。求职者的错误在于认为脑海中闪现的第一个念头就足以解决眼前的问题。

两个球在轨道的顶部由于受到重力作用开始加速，快速地从两条相互平行的轨道上滚下。然后球 B 掉入了轨道上的凹陷处。由于它的轨道在此处变得更陡峭，它的加速也就变得更快。球 B 的速度很快就超过了球 A。这其实很好理解，你可以认为球 B 将更多的势能转化成了动能。

① STEM 素质教育是美国的一项政策，旨在为提升其竞争力而加强学生在科学（Science）、技术（Technology）、工程（Engineering）和数学（Mathematics）4 个方面的教育。——编者注

然后球 B 会触底反弹。在这一阶段，球 B 的轨道不及球 A 的轨道那样陡峭，因此球 B 的加速比球 A 慢。事实上，当这个凹陷足够大时，球 B 可能需要向上爬坡并减速。

球 B 最终离开了凹陷处。此时它已经失去了因经过凹陷而获得的所有加速度。在余下的轨道上，球 B 将以与球 A 相同的速度在各自的轨道上移动。球 B 在抵达终点时将获得以与球 A 相同的动能，但它将首先结束这个过程。球 B 之所以会先到达终点，是因为它在下降时的速度比球 A 快，而且它的速度在整个过程中从来没有比球 A 慢过。

不妨比照一下以下这个类比。两个徒步爱好者一起去徒步。其中一个人在中途跑了 5 分钟，然后步行走完了剩下的路程。与走路完成全程的朋友相比，她一定会更早完成这段路程。事情就是这么简单！

面试技巧小贴士

1. 功能固着是一种"抑制人们以新的方式使用一个物体的心理障碍"，有些面试题着重测试求职者克服功能固着的能力，这类问题可能是这样的："一块砖可以有多少种用途？"
2. 面对这类问题，我们应该抓住这个机会，展示自身与该职位相关的技能。

21 不要被麦高芬误导，找出问题的关键

麦高芬指电影中看似至关重要而实际上并不重要的人物、物件或目标。好人和坏人都在追寻麦高芬，并竭尽全力地想要得到它。但它其实不产生任何影响。西方经典电影中广为人知的麦高芬包括圣杯（Holy Grail）、马耳他之鹰（the Maltese Falcon）、"玫瑰花蕾"（Rosebud）和失落的方舟（Lost Ark）。美国导演希区柯克（Hitchcock）在与法国演员、导演弗朗索瓦·特吕弗（François Truffaut）的对话中称，最好的麦高芬应该是"空无一物、没有存在感且荒诞不经的"[1]。

有些逻辑题使用了类似的手法。这类问题营造出一种氛围，令求职者误以为某个未知因素——麦高芬是重要的。然而，任何推断这个未知因素的尝试都会归于失败，问题因而无法获得解决。但事实上，**问题中的麦高芬是某种误导，你其实可以另辟蹊径，找到答案。**

你知道以下面试题的答案吗？

杰克看着安，安看着乔治。杰克结婚了，但乔治没有。请问现在的情况是，一个已婚的人正看着一个未婚的人吗？

安的婚姻状况是这个面试问题的麦高芬。求职者似乎必须先确定安是否已婚，然后才能得出答案。但请注意，这个问题要求回答"是"或"否"，而不是计算出概率。如果没有明确的答案，面试官不会用这种方式来提问。而且，仔细想想，它的答案不可能是"否"。假设杰克、安和乔治是跨年夜在时代广场上聚集的人群中的 3 个人，正看着身边无数已婚和单身的人。已婚的杰克肯定会看到某个未婚的人。因此，答案一定是"是"。

我们还可以用更严谨的方法得出答案。已婚的杰克，正在看着安。一方面，如果安是单身状态，那么已婚的杰克正看着单身的安，答案是"是"。另一方面，如果安是已婚状态，我们知道她正在看着乔治，而乔治是未婚的，我们就可以得到同样肯定的答案。因此，尽管我们永远不会知道安的婚姻状况，但我们仍然可以得到面试问题的答案。

你知道以下面试题的答案吗？

3 个人每人付了 100 美元，以 300 美元一晚的价格租下酒店的一个房间。之后，经理发现前台接待员多收了钱：这个房间的价格本应该是 250 美元。他让接待员把多出的 50 美元退回去。接待员决定自己留下 20 美元，只退回 30 美元，并告诉客人房间的价格是 270 美元。3 位客人并不知道这个插曲，因而很高兴能以每人 90 美元的价格租到房间。他们付了 270 美元，接待员留下 20 美元，共计 290 美元。请问为什么会有 10 美元不见了？

这个经典脑筋急转弯的历史至少可以追溯到 20 世纪 30 年代。它又被称为"丢失的美元"之谜，在美国经济大萧条时期，人们将这一版本中的数字降到原来的 1/10。时间的流逝和物价的上涨都没能影响它的持续流行，因为它还是一如既往地令人们感到困惑。[2]

你可以简单地回答，其实不存在丢失的 10 美元。客人们净付了 270 美元的房费，其中酒店收到了 250 美元，而接待员得到 20 美元。来龙去脉就是如此。

当一个谎言被政客多次重复之后，选民们不免会对其深信不疑。这道脑筋急转弯体现的就是这个道理。一旦你开始谈论"丢失的 10 美元"，它就获得了生命。产生误导的主要是这句话，"他们付了 270 美元，接待员留下 20 美元，共计 290 美元"。面试官将两个不相关的数字加在了一起。一项应从客人的账户中扣除，另一项则应被记入接待员的账户。这两个数字不应该被加在一起，也没有理由认为其总和有任何意义。这就像把酒店房间的编号加到酒吧的地址标签上，然后问为什么它和街道地址不一致一样。

根据会计学原理，现金流必须按照一方向另一方支付的模式来归类。这个面试问题的情况略微有些复杂，因为这里出现了 3 个参与方。要说明的是，3 位客人可以被算作一方，因为他们的利益是一致的。现金流的变化如下所示：

● 客人：-300 美元 + 30 美元 = -270 美元

● 酒店：300 美元 -50 美元 = 250 美元

● 接待员：20 美元 = 20 美元

其中等号右侧的 -270 美元、250 美元和 20 美元是净现金流，总和为零。当钱在一个固定组合中不断流动时，净现金流必然为零，因为钱不可能会突然地出现或消失。

这个脑筋急转弯通过将客人的 270 美元和店员的 20 美元相加来制造了一个烟幕弹。如果你执意要合并这两个数字，你应该站在酒店的角度进行计算，因为它才是这两笔交易的对手方。对于酒店来说，净支付的 270 美元是正现金流，而被截留的 20 美元是负现金流。

270 美元 +（-20 美元）=250 美元

二者相加之后得出酒店获得了 250 美元的净收益，这个结果显然是正确的。酒店本应收到 270 美元的房费，但接待员的挪用使它损失了 20 美元。

这个面试问题表明人们多么容易轻易相信权威人士或专家的话！接受了错误前提的人会为此浪费大量时间和精力。面试官希望通过这个问题找出罕见的具有独立思考能力的求职者。

你知道以下面试题的答案吗？

你由于治疗需要每天服用两粒很贵的药。有一天，你拿起一瓶处方药 A，往手里倒了一粒药丸。然后你拿起处方药 B 的瓶子，意外地往手里倒了两粒药丸。你现在手里有一粒 A 和两粒 B。这时麻烦来了，因为你完全无法区分两种药丸。你每天需要服用一粒 A 和一粒 B。如果你遗漏了其中一种，你就会发病身亡；如果你在同一天服用了两粒 B，服药过量也会死亡。但是，你并不想扔掉手中这些昂贵的药丸，重新再倒出两粒。你如何确保自己刚好服用了一粒 A 和一粒 B，而且不产生任何浪费？

大多数求职者似乎理所应当地认为，解决方案需要对两种药丸做出区分。然而，它是一个无法求解的未知数。因此，我们要找到一种不对药丸进行区分也能解决问题的策略。

先来看看你确切知道的信息。你现在有一粒 A 和两粒 B 的不均衡组合。现在，拿起瓶子，倒出一个相反的组合，即两粒 A 和一粒 B，并把它加入原来你手上的一粒 A 和两粒 B 的组合中。这时你一共有了 6 粒药丸，而且知道它们是 3 粒 A 和 3 粒 B 的等比例组合。它可以提供正确的剂量比例，只是药量变成了 3 天份。

用研钵和杵把 6 粒药都磨碎，再将药粉充分地搅拌混合，然后用量匙或天平小心地将药分成 3 等份，这就是你接下来 3 天服用的正确剂量。你也可以将这 6 粒药丸中的每一粒切成 3 等份，然后每天从每一粒药中取出 1/3 来服用。但你有没有试过把药丸平均地切成 3 份？你在比较后还是会倾向于选择研磨的方法！

你知道以下面试题的答案吗？

你遇到 3 个陌生人。其中一个人总是说真话，另一个人总是说谎话，而第 3 个人则随机地说真话或谎话——但你无法分辨他们。你只能通过问 3 个答案是"是或不是"的问题来进行判断，而且每个陌生人只能接受一次提问。你要怎样问这 3 个问题？

有一类经典的逻辑题是以诚实者和说谎者的国度为背景的。这个国家的人会始终如一地说真话或说谎话。当你遇到其中一个人时，你不知道他是诚实者还是说谎者，只能向他提出一个问题，并通过答案获得你想要的信息。有一个聪明的办法可以解决这类逻辑题，如果你感兴趣的话，请耐心地继续阅读。

现在摆在我们面前的这个 3 个陌生人的逻辑题则要难得多。它是由逻辑学家乔治·布洛斯（George Boolos）所谓的"史上最难的逻辑题"[3] 变化而来。布洛斯认为这类逻辑题是由他的同行、逻辑学家、逻辑题设计大师和作家雷蒙德·斯马利安（Raymond Smullyan）设计的。

先从始终讲真话或谎话的人的逻辑题开始。假设你来到一个岔路口，想要知道该走哪一条岔路。有一个认识路的当地人站在一旁，但你不知道他是诚实者还是说谎者。标准的技巧是单刀直入，问一个与你的问题有关的问题："如果我问你左边的那条岔路是不是通往机场，你会怎么回答？"

如果当地人是一个诚实者，他的回答可以直接从字面上被解读。如果他回答"是"，这意味着："是的，我会告诉你这条路通往机场，因为它确实是去机场的路，而且我是个诚实的人。"同理，"不是"的意思是"不，我不会告诉你它是去机场的路，因为它通往别的地方，而且我不能说谎"。

再来假设这个人是个说谎者。如果你直接丢出问题，"这是去机场的路吗"，无论这条路是不是通往机场，他都会给出错误的指示。但是，由于你问了一个套着问题的问题，他就不得不对他本来要说的谎再次撒谎。双重否定等于肯定。如果这条路是正确的路，说谎者被迫给出"是"的答案；如果它通往别处，他也只能够回答"不是"。这样一来，他的回答就与说真话的人的回答是一样的。也就是说，信息提供者是哪一类人并不重要，你提出的问题足以让你获得正确的答案。

这一版本假定了一个现实中不存在的、不懂变通的说谎者。他只会为了撒谎而撒谎，而不懂得以最符合其利益的方式将真理和谎言混合在一起来骗人。不过，我们可以借此了解这类逻辑题的解题思路，并且将它应用于我们要回答的面试问题。

现在，把面试问题中的 3 个陌生人命名为"真"、"假"和"随机表现"。"随机表现"是一个更有现实感的说谎者，所以你不能认为他一定会撒谎。经典的咒语"如果我问你某某……"失去了魔力。"随机表现"既可能说真话，也可能说谎话，所以他是最不可靠的信息提供者。这说明你应该尽快找出"随机表现"，然后你就可以忽略他所说的话了。

给 3 个陌生人贴上 #1、#2 和 #3 的标签。走到 #1 面前，向他提问：

"如果我问你 #2 是不是'随机表现'，你会说是吗？"

#1 给出的答案并不能揭示 #2 的身份，但它会识别出除"随机表现"之

外的一个人的身份。假设 #1 是"真"或"假"。如上所述，套着问题的问题会引出一个可以直接从字面上理解的答案。"是"意味着 #2 就是"随机表现"；"不是"则意味着他并非那个人。然而，我们并不知道 #1 是"真"还是"假"，他也有可能是"随机表现"。

现在集中你的思绪来推理：#1 有可能是"随机表现"，如果他不是的话，当你从 #1 得到的答案是"是"时，#2 一定就是"随机表现"；当你从 #1 得到的答案是"不是"时，#2 就一定不是"随机表现"。

这些逻辑推理的片段可以帮助我们识别出谁不是"随机表现"。举个例子，假设 #1 的答案是"是"，那么"随机表现"一定是 #2 或 #1。#3 可以洗脱所有关于"随机表现"的嫌疑。如果 #1 的答案是"不是"，那么 #2 就一定不是"随机表现"，否则 #1 就应该是"随机表现"。因此，这排除了 #2 是"随机表现"的可能性。

在这两种情况下，我们知道 #2 或 #3 中至少有一个人不是"随机表现"，他必定是"真"或"假"。我们可以向这个人提出第 2 个问题。第 2 个问题也应该使用嵌套问题的技巧。

"如果我问你，你是不是'真'，你会说'是'吗？"

如果这个人是"真"，他的答案是"是"；如果他是"假"，他的答案就是"不是"。很简单吧，你已经确认了其中的一个人。

你还可以问一个问题，然后就可以得到全部答案。你最好还是接着问这个人。如果他是"真"，你可以问他一个不套用其他问题的问题。但是考虑到通用性，我们还是接着用套着问题的问题来提问：

　　　　"如果我问 #1 是不是'随机表现'，你会说'是'吗？"

　　"是"的答案意味着 #1 是"随机表现"，"不是"的答案意味着他不是"随机表现"。鉴于 #1 与你已经确定身份的那个人不是同一种身份，所以你可以很容易地推断出他的真实身份。这样的话，第 3 个陌生人就应该是被你确定的两个身份以外的那个身份。

　　这一类逻辑题还有一个难度更高的版本，即被布鲁斯评为"史上最难的逻辑题"的那个版本。在难度最高的版本中，其他条件不变，唯一的变化是陌生人虽然听得懂你的语言，但会用他们自己的语言回答你。你听不懂他们的语言，只知道表示"是"和"不是"的两个词是 Ja 和 Da，但无法把它们一一对应起来。

　　这一变化最初是由人工智能领域的先驱约翰·麦卡锡（John McCarthy）提议增设的。令人难以置信的是，你不需要知道 Ja 和 Da 的意义就能识别出 3 个陌生人的身份。

　　假设你提出这样一个问题："如果我问你，'明天太阳会升起吗？'，你会说'Ja'吗？"只要这个问题是向"真"或"假"提出的，你得到的答案一定是"Ja"。这并不意味着 Ja 就是"是"的意思。每个人都知道太阳明天会照常升起，当 Ja 在"真"的语言里代表"是"时，"真"的回答将会是 Ja。然而，如果 Ja 代表"不是"，那么"真"也必须对你套着问题的问题说 Ja。实际上，他要表达的是"不，我不会对你的问题回答'不是'，也即 Ja，因为正确的答案是'是'"。"假"也会对这个套着问题的问题回答 Ja。在此，我不打算再一一赘述。如果你觉得有疑问，可以亲自演算一下。

　　在这种情况下，你注定会得到 Ja 的答案，因为明天太阳一定会照常升起。套着问题的问题的设计正是为了让答复者在内嵌问题为真时说 Ja，在内嵌问题为假时说 Da。这里的关键是，你的问题中提到的词 Ja，如果内嵌问题为真，就会引出与之相同的答案，如果内嵌问题为假，则会引出与之不同的答案——Da。

这个更高难度的版本的解决方案几乎与原版的解决方案相同。唯一不同的是，你要在 3 个套着问题的问题中用 Ja 代替"是"。首先，向 #1 提问：

"如果我问你 #2 是不是'随机表现'，你会说 Ja 吗？"

把 Ja 当作"是"，把 Da 当作"不是"。接下去的流程与原版是一样的，不要忘记继续做替换。然后，你将推断出所有 3 个人的身份，而无须了解 Ja 和 Da 的意思。

🗨️ 面试技巧小贴士

1. 麦高芬是电影中看似至关重要而实际上并不重要的人物、物件或目标，好人和坏人都在追寻麦高芬，并竭尽全力地想要得到它，但它其实不产生任何影响。有些逻辑题会营造出一种氛围，令求职者误以为某个未知因素——麦高芬是重要的。
2. 面对这类问题，任何推断这个未知因素的尝试都会归于失败。因而，我们应该认识到，问题中的麦高芬是某种误导，我们可以另辟蹊径，找到答案。

22　利用贝叶斯定理，列表、计算、除以总数

计算概率是经营任何生意的诀窍。华尔街的雇主们一直喜欢问与概率有关的逻辑题。这些雇主知道这是一个经常让受过良好教育的人感到困惑的、反直觉的话题。人们很容易过度信任直觉、估值和模型，而这正是引发金融行业走向崩溃的根源。面试官很可能会问一些概率方面的问题，以确保求职者不会触碰这些"地雷"。

解答这类问题通常不需要求职者对概率或统计学有深刻的理解。一个简单的三步法就足以应对大多数此类的问题：

（1）列出一组有相等概率的结果或场景；

（2）计算出相关的各项结果；

（3）将两项计数相除，得到答案。

有些人会意识到三步法其实是贝叶斯定理（Bayes' theorem）的精髓。贝叶斯定理以 18 世纪英国乡村传教士、数学家托马斯·贝叶斯（Thomas Bayes）的名字命名，描述了如何使用间接证据或情况证据来调节概率。它不但是大数据的基础，也是任何从事金融业或技术行业的人应该熟知的心理模型。现在，我们借助麦迪逊 – 泰勒控股公司（Madison Tyler Holdings）的一个面试问题来介绍这个三步法。

你知道以下面试题的答案吗？

桌子上有 5 枚正面朝上的硬币。其中有一枚是两面都铸有正面图案的魔术硬币。你拿起一枚硬币，投掷 5 次，每次的结果都是正面朝上。请问你拿到的硬币是那枚魔术硬币的概率是多少？

考虑到你投掷的这枚硬币连续 5 次在落地时都是正面朝上，并且你知道桌子上有一枚硬币是魔术硬币，所以你有充分的理由怀疑你投掷的硬币就是魔术硬币。这个面试问题考察的是你对此有多大把握。

对于普通硬币来说，连续抛出 5 个正面朝上的结果是不太可能的，你得到 HHHHH 的概率只有 1/2×1/2×1/2×1/2×1/2，即 1/32。但是，对于魔术硬币来说，抛出 5 个正面朝上的结果则是确定的。这个结果虽然不能证明你投掷的硬币就是魔术硬币，但却是它的情况证据或所谓"贝叶斯"证据。

在使用列表、计算和除以总数的方法时，第 1 步是确定一组有相等概率的结果。桌子上有 5 枚硬币，每一枚都有同样的概率被选中。每一枚硬币都有两面，在落地时，朝上的概率也是相等的。唯一复杂的地方在于，对于魔术硬币来说，它的两面都铸有正面图案，即一位已故美国总统的浅浮雕。

不要因此而气馁。魔术硬币的两面在原则上也可以做出区分。你可以想象自己用记号笔在魔术硬币的两面分别写上"A"和"B"。那么我们可以说，不管你投掷的是哪种硬币，你的每次投掷都会有两个不同但有相等概率的结果。在 5 次投掷后，基于你所选硬币哪一面朝上的你会得到 $2^5 = 32$ 种可能的组合。

总的来说，你从桌子上选择一枚硬币，然后抛出 5 次，一共会产生 5×32=160 种组合。举例来说，你可能会选择硬币 4 并投掷它，得到 THHTH 的结果。显然，这个结果可以证明硬币 4 不是那枚魔术硬币。另一种可能的场景是，你选择了魔术硬币并抛掷它，得到了 AAABA 的结果，这个结果也可以被看作 HHHHH。

在第 2 步，我们只需要关心那些得出 HHHHH 的情况。4 枚普通硬币中的每一枚都可以得到一次这样的结果，加上魔术硬币一共投掷出的 32 次 HHHHH，共获得 36 个 HHHHH 的结果。

最后一步是除以总数。36 个 HHHHH 结果中有 32 个是由投掷魔术硬币造成的。因为每个结果出现的概率是相等的，所以你选到魔术硬币的概率是 32/36，即大约 89%。这就是正确的答案。

概率问题并不总是以硬币、骰子或纸牌的形式出现。试一试在下面这道面试问题中运用列表、计算和除以总数的策略。

你知道以下面试题的答案吗？

10 个人坐在餐台前。他们恰好按照年龄增长的顺序就座的概率有
多大？

计算 10 个人坐在餐台前所有可能的序列组合。10 个人中的任何
一个人都可能坐在第一张凳子上。一旦这个人的位置被确定下来，第
二张凳子只能由剩下的 9 个人来占据。同理可证，下一张凳子只有 8
个候选人；再下一张凳子上只有 7 个候选人……他们的座位次序共有
10×9×8×7×6×5×4×3×2×1 种可能。在数学领域，这个表达式又被称为"10
的阶乘"，即 10!。只要你提到了"阶乘"这个神奇的词，面试官很可能不
会勉强你把它心算出来。借助手机中的科学计算器，你可以算出它的总数是
3 628 800。

据我们所知，这 3 628 800 个序列组合的概率都是相等的。其中只有一
种组合符合每个人的座位恰好是年龄增长的顺序。因此，出现这个次序的概
率是 1 / 10!，即 1/3 628 800。这是大多数求职者给出的答案。

有时候，我们有必要追问一下所谓的正确答案是否符合实际。刚才给出
的答案假设我们不是按照人们的年纪在排序。就任意两个人来说，其中一个
人哪怕早出生几天、几分钟甚至几秒，他就被视为年纪较大那个人。但是，
如果我们采用按当年是否过了生日的简化算法，那么在这 10 个人里显然可
能有一些年龄相同的人。

假设奥利维亚和卢卡斯都是 26 岁。我们可以让奥利维亚坐在卢卡斯前

面，反之亦然，二者都是按"年龄增长的顺序"就座。于是，我们一共得到两种按年龄排序的组合，相应的概率是 2 / 3 628 800。如果有 3 个人年龄相等，那么该概率会增加至 6/3 628 800，因为有 3×2×1=6 种方式安排 3 个相同年龄的人的座次。但是，除非这群人是正参加田野考察的同一个班级的学生，否则刚好按年龄顺序排列座次的概率仍然小得可怜。

在这里，我们还应考虑一个实际因素。人们经常成群结队地去吃饭，而这些群体的成员通常是年龄相仿的人。无人陪伴的单身人士也倾向于坐在与自己年龄相仿的人旁边。这种按年龄自行分类的现象可以大大增加座次按年龄递增顺序排列的概率。因此，1/3 628 800 的答案最好被视为一个基数。你要向面试官说明，尽管 10 个人刚好按年龄增长的顺序就座的概率很低，但在现实世界中，这个概率一定会比标准情况下高得多。

你知道以下面试题的答案吗？

你打电话到同事家里。一个叫比利的男孩接了电话。这个同事有两个孩子。请问两个孩子都是男孩的概率是多少？

这道逻辑题是马丁·加德纳在 1959 年的《科学美国人》杂志上发表的。从那以后，它一直在引起人们对它的讨论，而且多次出现在高盛等公司的招聘面试中。考虑到这个问题的问世是在艾森豪威尔政府执政期间，你应该假定当时的人对性别有比较明确的定义。你也有足够的理由认为男孩和女孩的出生率大致相等，在兄弟姐妹的性别之间不存在相关性。

第一反应告诉我们这道题的答案应该是 1/2。鉴于我们对比利之外的那个孩子一无所知，他是个男孩的概率应该与一直以来男孩的出生率一样，50 ∶ 50。但这个答案太过简单，所以你应该怀疑还有比这更合理的答案。

用 B 表示男孩，G 表示女孩，因此两个孩子的性别有以下 4 种可能性：BB、BG、GB 和 GG。每种可能性都有相等的概率……直到比利接了电话。现在，我们就可以把 GG 从名单上划掉。我们面前还剩下 3 种可行的组合——BB、BG 和 GB。三种组合中只有一个，即 BB，代表两个男孩。因此，比利有兄弟的概率是 1/3。

这会是正确的答案吗？在列出 4 种可能性时，我们对 BG 和 GB 做了区分，这意味着顺序是要被考虑的因素。接触过概率论的人都知道我们在计算抛硬币或掷骰子的结果时会这么做。同样地，我们也可以按年龄或名字的首字母列出孩子的性别身份。假设我们决定把比利的性别身份排在前面。于是，我们可以像排除 GG 一样排除 GB。这时我们只剩下 BB 和 BG 两种组合。其中只有一种情况是两个孩子都是男孩，所以比利有兄弟的概率是 1 / 2。

哪个答案才是正确的？这取决于你是如何根据已得到的信息推导出你的答案。加德纳曾经提出下文中看似矛盾的逻辑题[1]：

（1）史密斯先生有两个孩子。其中至少有一个是男孩。两个孩子都是男孩的概率是多少？

（2）琼斯先生有两个孩子。较大的那个孩子是女孩。两个孩子都是女孩的概率是多少？

加德纳认为两个问题有不同的答案：史密斯先生有两个男孩的概率是

1/3，而琼斯先生有两个女孩的概率是 1/2。一些《科学美国人》的读者提出异议。加德纳最终让步，称"这个问题的表述比较含糊，如果没有额外的数据，它是无法得出正确答案的"。[2]

概率最终取决于叙述者内心的逻辑。为什么叙述者要告诉我们他知道哪些信息？是否有一些信息被隐藏了？

幸福满满的准父母们经常举办性别揭秘派对，在家中挂满闪闪发光的皮纳塔 ①。很难想象哪一对父母会说："我的孩子中至少有一个是男孩。"这是逻辑题才会采用的晦涩措辞。你可以认为题目中代表史密斯先生的叙述者似乎更倾向于迷惑听众而不是提供信息。

有一种可能性是，这个叙述者已经知道了史密斯先生的孩子的性别，然后为了提出一个难题，他宣布，"至少有一个孩子是男孩"。这会产生 BB、BG 和 GB 3 种组合，因此另一个孩子是男孩的概率是 1/3。相比之下，代表琼斯先生的叙述者更健谈一些。你不妨想象以一位父亲的身份说，"我最大的孩子是个女孩"。如果这一理解是正确的，那么年长的孩子是女孩这一事实是随机的。它对另一个年纪较小的孩子没有影响。因此，年纪较小的孩子是女孩的概率就是通常情况下的概率，即 1/2。

在加德纳的两道逻辑题中，有一些叙事的空白需要填补。你需要判定哪些信息是随机获得的，哪些是经过精心挑选的。这一类判断适用于许多有关概率的悖论和逻辑题。

比利接电话的面试问题的措辞尤其具有欺骗性。你被要求把它想象成你的亲身经历：你打电话给一个虚构出来的同事，并和比利对话。尽管如此，

---

① 皮纳塔是源自墨西哥的一种纸糊的容器，它里面装有玩具和糖果。在皮纳塔被打破之后，它们就会掉出来。——译者注

你所知道的信息仅仅是面试官在选择后告诉你的。你被引导着去相信和比利通话是个意外事件。你打电话的时候正好有一个随机出现的孩子来接电话。你唯一知道的是，你跟一个孩子通过话，跟另一个孩子没通过话，而且前者是个男孩。这使得 BB 和 BG 成为仅剩的可行组合。因此，1/2 是更好的、更容易讲得通的答案。

不过，一个全面的答案应该接受这种模糊性。关于比利的那部分文字有可能只是在戏剧化地表达"至少有一个孩子是男孩"。在这种情况下，概率为 1/3 的答案也是站得住脚的。

两个孩子的逻辑题引起了行为主义经济学家的注意。他们发现，措辞上的微小变化就可以改变人们对概率的判断。这一发现应该被视为一种警告，人们要对量化专家和其他专家对金融市场做出的任何预测乃至其他类型的预测保持警惕。概率论客观、善于分析的一面不能彻底脱离直觉的、经常在无意识中进行的评估相关因素的过程。人们常常基于谬误的直觉来构建"严密"的模型。

你知道以下面试题的答案吗？

在登上飞往西雅图的飞机之前，你给西雅图的 3 位朋友打电话询问天气情况。3 个人都说那里在下雨。然而，这些朋友不太可靠，他们只有 2/3 的时间会说真话。请问西雅图真在下雨的可能性有多大？

社交网络上充斥着不可靠的言论。Facebook 的这道面试问题考察的是你将会信任谁以及你对此有多大把握。

这里先提出一些假设。一是西雅图的天气不是罗生门。它要么在下雨，要么不下雨，这是可以达成共识的。二是你在很短的时间里连续给 3 位朋友打电话，在此期间天气没有出现新的变化，而且这些朋友住得很近，所报告的是同一个地方的天气。

常见的一个错误答案是，当地在下雨的概率是 2/3。如果你只联系了一位朋友，而且他只在 2/3 的时间里说真话，这个答案是可以接受的。但它没有考虑到你联系了 3 个独立的证人。这一点显然增加了当地正在下雨的可能性。另一个错误的答案是下雨的概率是 3/3，即 100%! 虽然由你的电话调查可以推出这样的结果，但我们都知道这类调查有可能产生误导。

我们换一个角度来看。3 位朋友都说了同样的话。因此，这 3 个人说的都是真话或者都在撒谎。只存在这两种可能性。这 3 位朋友关于天气或其他问题都说真话的概率是 2/3×2/3×2/3，即 8/27，约为 29.6%。而这 3 位朋友都说谎的概率是 1/3×1/3×1/3，即 1/27，约为 3.7%。

这意味着我们的论据——3 位朋友都说了同样的话——有更大的概率是他们都说了真话，也就是说，西雅图确实下雨了。具体来说，它的概率是另一种可能性的 8 倍。下雨与不下雨的概率是 8 比 1。由此可得，下雨的概率是 8/(8+1)，即 8/9，约为 88.89%。如果你给出了这个答案，那你的表现很不错!

你还可以表现得更好。我刚才忽略了这个问题的一个重要因素，即一般情况下西雅图下雨的概率。在评估朋友们的证词时，这一点也应该被考虑进去。

人们对西雅图有一天 24 小时不断下雨的误解，而统计数据显示西雅图每年只有 150 天有可测量的降雨。当然，西雅图与其他任何地方一样不会从早到晚一直在下雨。我找到的最精细的统计数据可以提供存在可测量降雨的小时数。西雅图每年有 822 小时存在可测量的降雨。[3] 这意味着在指定的一小时内有 9.38% 的概率可以测量到降雨。因此，如果没有任何目击者的证词，西雅图正在下雨的基本概率就在 9% 左右。

　　再来考虑 3 位朋友的旁证。他们的证词符合以下两种可能性：西雅图下雨了，朋友们说的是真话；或西雅图没下雨，朋友们在撒谎。如表 22-1 所示，我已经计算出了联合概率。

表 22-1　西雅图正在下雨的联合概率表

场景	西雅图的气候统计数据	目击证人的证词	联合概率
场景一：天在下雨，3 位朋友都说了实话	9% 的概率下雨	8/27 的概率 3 位朋友说的都是真话	2.67%
场景二：没有下雨，3 位朋友都在撒谎	91% 的概率不下雨	1/27 的概率 3 位朋友都在说谎	3.37%
备注	下雨的概率是 9%（忽略朋友的证词）	有 89% 的概率这 3 位朋友说的都是真话（忽略降雨统计数据）	有 44% 的概率在下雨（考虑到降雨统计数据以及朋友们证词的可靠性）

　　现在，不下雨的场景比下雨的场景更有可能发生，二者的概率分别为 3.37% 与 2.67%。我们知道在这两种情况中必然有一种为真。这意味着，基于 3 位朋友的证词这一前提，西雅图正在下雨的概率为 2.67/（2.67＋3.37）%，或者说只有 44% 左右。面试官并不期望你能大谈西雅图的气候统计数据，但你有必要指出你将要做一个贝叶斯计算，以调整西雅图正在下雨的概率。

　　更多地相信茶水间的闲聊或 Facebook 上的只言片语，而不是相信提供背景信息的总体统计数据，这是我们人类的天性。心理学家称之为基础比率忽视（base-rate neglect）。因此即使信息的来源相当可靠，我们仍要坚持批判性思维。商业公司利用焦点团体、市场测试和专业顾问等方式来预测新项目取得成功的概率。这些预测方法可能取得过辉煌的战绩，但你仍需要考虑市场上每年有多少类似的产品，其中又有多少铩羽而归。一夜爆红的概率是非常小的。当你的目标是摘下月亮时，你有理由对通常可靠的预测给出的乐观判断有所保留。

面试技巧小贴士

1. 计算概率是经营任何生意的诀窍。人们很容易过度信任直觉、估值和模型，而这正是引发金融行业走向崩溃的根源。面试官很可能会问一些概率方面的问题，以确保求职者不会触碰这些"地雷"。

2. 解答这类问题通常不需要求职者对概率或统计学有深刻的理解。一个简单的三步法就足以应对大多数此类的问题：

   （1）列出一组有相等概率的结果或场景；

   （2）计算出相关的各项结果；

   （3）将两项计数相除，得到答案。

   以上三步法（列表、计算、除以总数）就是贝叶斯定理的精髓。

23　寻找与工作相似的地方，将现实工作的原则应用到答案中

解决问题是一门寻找关联性的艺术。许多面试问题都可以通过寻找它与该职业所需的知识体系之间的关联来得到答案。这种技巧非常好用，因此值得为它单列一章。

你知道以下面试题的答案吗？

阿尼和布兰妮都独自住在荒岛上。两个岛屿仅能通过轮渡互相来往。船夫弗雷德有一艘船，船上有一个可以用挂锁锁住的箱子。阿尼和布兰妮也各有一把挂锁和一把钥匙。阿尼想送给布兰妮一颗贵重的钻石，但她不信任弗雷德。她必须把钻石锁在盒子里，而且不能把钥匙给弗雷德，因为他有可能偷偷配制出同样的钥匙。请问阿尼怎样才

能把钻石送给布兰妮，而不必担心它被弗雷德偷走呢？

从8世纪起，英格兰就流传着一道运送狼、山羊和卷心菜过河的逻辑题。[1]它已经衍生出上百种变体，其中一些还被应用于招聘面试。有两种途径可以解决这道逻辑题。一种是应用我们介绍过的那些技术，如逆向工作法、绕道而行、使用排除法，以及不要陷入思维惯性。另一种途径是找一个与面试岗位相关的类比来揭示解决思路。特别提示一下这是被甲骨文等科技公司采纳的面试问题。

让我们从逆向工作这一方法开始。正确的解决方案必然以阿尼把钻石锁在盒子里并把它寄给布兰妮而告终。弗雷德在路上不能打开箱子，因为他无法获得钥匙，而当船到达目的地后，布兰妮可以拿到钥匙并打开箱子。

关键不在于钻石，而在于钥匙。阿尼怎样才能把他的钥匙寄给布兰妮呢？他似乎只能选择把钥匙交给无耻的弗雷德，或把钥匙和钻石一起放进上锁的盒子里。在第 1 种情况下，弗雷德会用钥匙打开上锁的盒子，把钻石放进他自己的口袋。而在第 2 种情况下，最后没有一个人能打开这个上锁的盒子。

几乎所有需要跨越河流或海洋的逻辑题都要借助"冲突行动"来解决。你必须走一段"无用"的弯路或者把东西送往"错误"的方向。例如，布兰妮是否可以把她的钥匙寄给阿尼？但这会面临同样的问题：弗雷德可以偷走它，或者为洗清自己的嫌疑选择复制布兰妮的钥匙。两位岛民都不能将自己的钥匙交给对方，除非它被锁在一个对方无法打开的箱子里。

结果是（a）没有人可以直接寄钻石以及（b）没有人可以直接寄钥匙。

两个推论都是正确的。阿尼和布兰妮还能寄什么呢？除了锁，其他的选项都被我们排除了。

人们通常认为保险箱是存放钻石等贵重物品的地方，锁应该出现在它的外面。然而，这是一道含有功能固着因素的逻辑题，解决方案需要把锁放进盒子里。

它的原理是这样的：当弗雷德的船停靠在布兰妮居住的小岛时，布兰妮把她打开的挂锁放进船上的箱子，并附上一张纸条说："阿尼，我想出来了。把钻石寄给我，用这把锁锁好箱子。"船上的箱子没上锁。爱窥探的弗雷德看了看纸条，接着看到了锁。但他对此无能为力，至少无法在不留下明显迹象的前提下做坏事。当船到达阿尼的岛时，阿尼读了纸条。他把钻石放在船上的箱子里，并用布兰妮的锁把它锁好。当船再次驶回布兰妮的小岛时，布兰妮用她的钥匙打开锁，拿到了钻石。开锁的钥匙从未离开过她的掌控。

任何有软件工程背景的求职者都知道这个类比。这道逻辑题的内在逻辑与在互联网传递金钱或私人信息有一定的相似性。想象一下，今天是美国的购物节"网络星期一"，阿尼想向布兰妮的网店付款。弗雷德是巨大而不安全的互联网的象征，他的身边有许多黑客和骗子。对于那些了解这一类比的人来说，它是安全使用互联网的一大助力。我们可以将电子商务协议看作解决方案的一个蓝本。

互联网经济建立在公开密钥加密的基础上。罗恩·里弗斯特（Ron Rivest）、阿迪·沙米尔（Adi Shamir）和莱纳德·阿德尔曼（Leonard Adleman）在 1978 年创建了个安全协议，即 RSA 算法。它的前提是每个人都可以以私人方式保有针对其数字保险箱的"锁"和"钥匙"。制成这些锁和钥匙的材料是代码，而不是回火钢。一方面，锁可以被发布、编入网站、在互联网上传送，也有可能被黑客攻击。另一方面，每个人都掌握着自己的钥匙，把它们保存在电话或电脑等私人"孤岛"上。如果我想从东京的经销商那里购买一本漫画小说，从技术上说，我会用经销商的锁来锁住我的付款信息。我并不完全了解其中的运行机制，一切都交由软件来处理。但是除了经销商，没有人能拿到我的付款信息，因为其他人没有经销商的钥匙。

每个申请技术领域职位的求职者都应该熟悉 RSA 算法。如果你在解题时想到 RSA 算法，这道面试问题的解决方案就唾手可得。你必须跳出思维的框框，发送锁，而不是密钥。这正是 RSA 算法的工作原理。

为了考试而突击学习的人很快就会忘记所学的知识，另一些人虽然还记得他们所学的知识，但只能将其应用于有限的情境中。雇主们采用与这道逻辑题相类似的面试问题，是为了测试求职者运用已有知识建立有效联系的能力。

你知道以下面试题的答案吗？

世界上有多少只狗有相同数量的毛发？

答案取决于全世界狗的数量和平均每只狗身上的毛发数量。即使在参加 PetSmart 宠物连锁店的面试，求职者也不需要得出确切的数字。我们应该选择估算。

世界人口已跨过 80 亿的关口。狗的数量至少与之有松散的相关性。非洲和印度的野狗已濒临灭绝，大多数现存的狗都是人类的宠物。因此，可以大致认为，狗的数量能够从人口数量中推测得出。

看一下超市经理用多少货架来摆放狗粮，又用多少货架摆放人类的食物。人类食品仅供人类享用，狗粮则由狗消耗掉。超市里的人类食物远远多过狗粮，虽然人类平均消耗的食物更多，但我们仍可据此认为人类的数量比狗多。富裕且宠物文化盛行的国家会有较多数量的狗。而对于大多数发展中国家来说，喂养和照顾一种既不赚钱又不能用于食肉的动物是不现实的。因此，我们有进一步的理由认为，世界上的狗一定比人类少。为了方便，我们需要使用一个整数，所以假设全球有 10 亿只狗。

狗身上有多少根毛发？想象一下库伊拉•德维尔（Cruella De Vil）[①] 家中的矮脚凳。这是一个用狗的皮毛装饰的、边长为 0.3 米的立方体。矮脚凳的大小与一只狗的体型接近，但它有 6 个面，因此需要 0.3×0.3×6=0.54 平方米的皮毛。再假设狗的毛按大约 0.01 厘米的间距排列成整齐的网格状。那么每平方厘米面积上大约有 100×100 = 10 000 根狗毛。每平方米等于 10 000 平方厘米，而矮脚凳的面积为 0.54 平方米。我们由此可以计算出矮脚凳上有 5 400 万根毛发。把这只矮脚凳当作现实中的狗的替身，那么一只狗大概也会有 5 400 万根毛发。

如果世界上有 10 亿只狗，平均每只狗有 5 400 万根毛发，不难猜想一定有许多狗有相同数量的毛发。我们的判断依据是著名的鸽巢原理（Pigeonhole Principle）。

德国数学家彼得•狄利克雷（Peter Dirichlet）于 1834 年提出了鸽巢原

---

① 库伊拉•德维尔是迪士尼动画片《101 忠狗》(*One Hundred and One Dalmatians*) 中的反派角色，疯狂迷恋动物皮草。——译者注

理。这一原理认为，当你拥有的物品的数量多于其容器或类别时，比如鸽子的数量超过了鸽巢的数量，其中一些物品就必须共享同一个容器或类别。当一家酒店有 115 名客人和 100 个房间时，一些客人将不得不与其他人合住。

不难想象，狄利克雷并不是历史上第一个认识到这一点的人。1622 年，法国牧师兼数学家让·埃夫雷雄（Jean Leurechon）在文章中写道："世界上一定有两个男人拥有相同数量的头发、金币，或别的什么东西。"到了 18 世纪早期，埃夫雷雄的观点被转化成受英国人欢迎的一个脑筋急转弯：在伦敦，是否有两个人长着数量相同的头发？答案是当然有。

这里还可以举出另一些运用了相同的理念的逻辑题。例如，"一个放袜子的抽屉里放着红袜子和蓝袜子。灯灭了，你什么都看不见。你需要从中拿多少只袜子才能保证其中有两只颜色一样的？"许多求职者在听到答案是 3 只之后，被气得想要踢自己。袜子只有两种颜色——红色和蓝色。你只要取出 3 只袜子，其中至少有两只会是相同的颜色。要说明的是，你在取出袜子后，既不知道 2 只配对的袜子是什么颜色，也不知道到底有 2 只还是 3 只袜子的颜色相同。你只知道根据取出 3 只袜子和只有 2 种可能的颜色这些条件，一定有 2 只袜子可以成功配对。

我们现在要把鸽巢原理应用到狗身上。图 23-1 展示了基本的思路：根据狗的毛发数量来给狗分类。狗一般来说有 5 400 万根毛发，不过狗的体型和毛发的浓密程度对其毛发的数量影响很大。

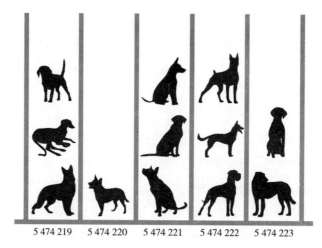

| 5 474 219 | 5 474 220 | 5 474 221 | 5 474 222 | 5 474 223 |

图 23-1　不同的狗与其毛发数量

狗的皮肤面积与其高度的平方成正比。大丹犬的身高是普通狗的两倍，这意味着在其他条件相同的情况下，它的皮肤面积和毛发数量是普通狗的4 倍。

不同品种的狗的毛发数量差异非常大，墨西哥无毛犬几乎为零，体型非常大的狗则可以多达 8 000 万。从零至 8 000 万之间的每一个数字都是一个鸽巢。由于世界上大约有 10 亿只狗，狗的数量是鸽巢的 12.5 倍，因此，一定有一些狗的毛发数量与其他狗的毛发数量相同。

如果世界上的狗的毛发数量是平均分布的，那么每只狗将与另外 11 只或 12 只狗有相同数量的毛发。但狗的毛发数量更可能呈钟形曲线分布。只有极少的狗是无毛的或者毛发极其浓密的。大多数狗的毛发数量都对应着钟形曲线的中段。在后一种情况下，一只普通的狗——既不太大也不太小，毛既不太多也不太少，可能与超过 12 只狗拥有相同数量的毛发。

回答这样的问题通常意味着你要长篇大论地表达你的想法。面试官会特别留意你如何收尾。因此，你应该用概括性的语句来结束你的发言。

- 毫无疑问，地球上有一些狗与另一些狗的毛发数量完全相同！

- 这不是什么罕见的差异，世界上几乎所有的狗都是如此。

- 一只狗至少和另外 12 只狗有相同数量的毛发，而且真实的数字很可能远超出 12 这一数字。

鸽巢原理与编程有密切的关系——这正是以其为设计要素的逻辑题在软件工程师的面试中变得流行的原因之一。鸽巢原理可被用于无损数据压缩，比如将 Spotify 上的一首歌、Netflix 上的一部电影等庞大、杂乱的数据压缩成可以无损恢复的简化格式。鸽巢原理在该领域有非常广泛的应用，因此软件工程师都应该熟悉它。

你知道以下面试题的答案吗？

一名宇航员在绕地轨道上投掷棒球，这个棒球将会沿怎样的路线运动？他能把棒球扔到地球上吗？

2008 年，美国宇航员加勒特·赖斯曼（Garrett Reisman）在国际空间站上为纽约洋基队投出了仪式性的第一球。赖斯曼朝着摄像机的方向轻轻地把球抛了出去。他声称这是一个时速达 28 000 千米的投球，因为空间站正在以这个速度绕地球环行。

这个速度应该被当作回答这个面试问题的出发点。在被投出之前，绕地轨道上的棒球的时速就已接近 28 000 千米。宇航员投球的力量并不会对这一速度产生太大的影响。美国职业棒球大联盟的快球标准是时速达到 160 千米，一名普通的宇航员穿着太空服绝对无法投出这一速度。棒球的速度将变成投球速度与轨道速度之和，但前者不过是后者的一个舍入误差。无论宇航员向哪个方向投掷棒球，它都将停留在绕地轨道上，而且该轨道也几乎不会因此受到任何影响。

要想更进一步解题，你需要稍微了解一下牛顿和开普勒提出的一些定律。牛顿第一运动定律说物体将保持直线运动，除非它们在外力的作用下改变运动状态。因此，一名在太空行走的宇航员应该会看到投出去的棒球沿着它被扔出的方向逐渐远去，直至最后消失在太空中。在这个阶段，求职者都不会遇到什么挑战。

至于开普勒第一定律，它认为行星运行的轨道是一个椭圆，太阳位于椭圆的一个焦点上。这个定律也适用于太空环境下的棒球，但其中的"太阳"应该换成"地球"，更准确地说是换成"地球的重心"。棒球最开始绕着一个圆形轨道运动，这个圆形轨道是椭圆轨道的特殊状态。投掷棒球的力量使它略微有一点呈椭圆形。

假设宇航员沿着他在绕地轨道上运动的方向投出棒球。这将使棒球进入一个半径更大、更接近椭圆形的轨道，它将在这个轨道上进一步地远离地球。与此同时，宇航员继续留在圆形的轨道上，投掷产生的轻微的反作用力几乎不会影响他的轨道。

开普勒第三定律认为，行星运行周期的平方与它们的椭圆轨道的半长轴的立方成正比。我们不需要了解这个定律的具体运算，只需要知道这个轨道越大，绕行一周所需的时间就越长。

　　如图 23-2 所示，与宇航员的轨道相比，棒球现在的轨道更大，因此需要更长的运行周期。这意味着棒球会落在宇航员的后方。从宇航员的角度来看，棒球消失在远处。但他很快会在绕地环行的轨道上再次追赶上棒球，这时棒球将出现在他的"头顶"，即在宇航员所在轨道的远离地球中心的一侧。宇航员再次追上棒球的过程很短，因为国际空间站绕地球一周只需要大约 92 分钟。假设棒球与宇航员离得足够近，可以被肉眼观察到，它的运动轨迹是在宇航员的身后沉入地平线。每绕行地球一周，宇航员都会再次追赶上棒球。

　　如果棒球被扔向其他方向，它同样会进入一个略呈椭圆形的轨道。假设宇航员把棒球扔向与他运动方向相反的方向，相对于宇航员所在的轨道，棒球的轨道更小，所需的运行周期更短。棒球会一次次地追赶上宇航员。在相遇时，棒球每次都位于他的"下方"，即在其轨道靠近地球的一侧。

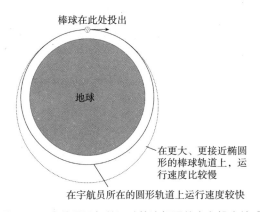

图 23-2　宇航员沿与其运动轨迹相同的方向投出棒球

　　世界各国的航天局都在追踪太空垃圾，即一些可能对航天器造成威胁的绕地飞行的碎片。这个棒球将成为新的太空垃圾。在棒球被投出的那一点，它的轨道与宇航员及其空间站的轨道是重合的，图 23-2 标示出了这个点。只要棒球和宇航员不同时回到这一点，宇航员就不会遇到危险。但这是个迟早要发生的事件，在某个注定来临的时刻，棒球将以最初被投掷出去的速度撞向宇航员。

再看另一个问题，宇航员能把棒球扔到地球上吗？直觉告诉我们要做到这一点，宇航员应该用最大的力气把球直接抛向地心。但这种做法几乎不会改变棒球的轨道。对宇航员来说，最佳的策略是将棒球投向与自己的运动方向相反的方向。

假设宇航员有超能力，能够以每小时 28 000 千米的速度投球。他的这次向后方的投掷足以使棒球的轨道运动失效，令它相对于地球保持静止。这时，重力会帮助它完成剩下的任务。棒球将垂直落下，来一个"死亡下降"！

在距地球约 400 千米的空间站轨道上，地球产生的重力并不比地球表面的重力小很多。以接近重力加速度的水平，棒球在下降时迅速地提升速度。当它进入低层大气时，它的牛皮、麻绳和软木会发出耀眼的红光，然后整个球体进入白炽状态，像流星一样燃烧殆尽，只留下一些气体和尘埃。即使宇航员可以调整投球轨道，棒球也不可能落到海里或掉到某个人的头上。它只会成为一场纷纷落下的分子雨。

事实上，即使宇航员没有超能力，他也能够实现这一目标。假设他以尽可能快的速度逆着所在轨道的运动方向，向后掷出棒球。如图 23-3 所示，他的举动将略微降低棒球的速度，使其圆形轨道变得略呈椭圆形。棒球在新的轨道上得以更接近地球。当新轨道的近地点，也即最低点，恰好与地球表面重合时，棒球将会掠过地球，也许会撞到一棵树、一头牛或一家大型商店。不过，将棒球送入这个轨道的任务远远超出了任何一名宇航员的能力范围。

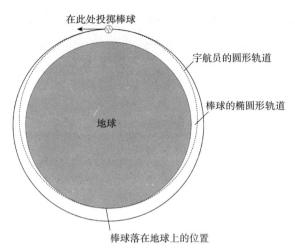

图 23-3　宇航员沿与其运动轨迹相反的方向投出棒球

在国际空间站所在的高度，空气阻力依然存在。稀薄的大气使空间站的高度每年下降大约 24 千米。它必须定期利用火箭动力提升高度，否则的话，它就会落入地球致密的大气层，并在下落的过程中被烧毁。

这意味着空间站以及一个相对于它静止的棒球的轨道，并不是严格意义上的椭圆形，而是螺旋曲线。每绕一周，它们就会离地球更近一点。即使没有宇航员的任何助力，面试问题提到的棒球也注定会落入大气层。不过宇航员倒是可以将棒球送入高度较低的轨道，使其遇到更多的空气阻力和让螺旋曲线下降得更快。

这些不仅仅是理论。2008 年，美国宇航员海德马里·斯蒂芬尼欣-派帕（Heidemarie Stefanyshyn-Piper）在一次太空行走时丢失了一个工具包。她无意丢掉它，只是不小心地碰了一下，而且无法在它飘走之前安全地取回它。这个被世界各国航天局视为危险的太空垃圾的工具包，在 8 个月后落入地球，在重新进入大气层时被气化了。[2]

近地轨道上的宇航员在投掷棒球时如果使出全身的力气来对抗他的轨道运动，就有可能极大地加速棒球在常态下的轨道衰减。棒球将在几个月后以原子的形态到达地球表面。在这个意义上，宇航员是可以把棒球扔到地球上的。

SpaceX 公司这个看似无聊的面试问题其实有着重要的现实意义。前来求职的工程师应该认识到，题中的棒球是日益严重的太空垃圾问题的象征物。对于太空垃圾来说，最快且一劳永逸的解决方案就是死亡下降。然而，与其他可行的策略相比，这一方案需要更多的能量。老化后的卫星很少有多余的燃料，因为维持卫星运行需要燃料，而航天局通常希望尽可能延长它们执行科学任务的时间。

上文所描述的过程其实是一个更具现实意义的解决方案：将目标物体的速度放慢，使其最终进入一个螺旋状的、不断与地球大气产生摩擦的轨道，它会在这个过程中被彻底烧尽。另一个反其道而为之的方案是推动绕地运行的目标物体达到逃逸速度。该物体将因此脱离地球的引力，但这需要大量的能量。更常见的情况是，目标物体被送入一个"墓地轨道"，在这个足够高的轨道上，在可预见的未来，它们不太可能造成任何伤害。

你知道以下面试题的答案吗？

热狗在受热膨胀时会裂开。它会沿哪个方向裂开，为什么？

在长期被牛津大学用于入学面试之后，这个问题现在又被 SpaceX 公司用于招聘面试。让我们先从简单的部分开始。热狗、香肠、西班牙辣香肠、德国腊肠、波兰熏肠这些美食在受热时是会沿纵向还是径向裂开？

也许你从不亲自动手烧烤，但你一定吃过烧烤，对吧？想象一下，你长胖之后穿了一条非常紧绷的牛仔裤。如同漫威的英雄角色无敌浩克一样，你的大腿似乎马上就要从牛仔裤中爆出来了。这时，你的这条牛仔裤是会纵向撕裂还是径向撕裂呢？再在脑海中想象一个被用来制作气球仿态动物的柱状气球。在爆裂的时候，它是会爆裂成条形的碎片还是圆形的碎块呢？

大多数人对于烧烤、紧身裤或气球都有足够的经验，因此不难得出答案。任何一个包裹在充满张力的表层下的柱形空间在受压、爆破后一定会沿纵向切割该表层。这既是现实宇宙的法则，也是漫威世界的法则。不信的话，不妨去看看《无敌浩克》电影和系列漫画。这个问题较难的部分是如何解释其中的原理。我将先给出一个适用于牛津大学入学面试的普通水平的答案，然后再为申请 SpaceX 的职位的工程师们提供一个更严谨的答案。

热狗多汁的内馅在烹饪的过程中不断膨胀。这会给它的表皮施加压力，它变成了某种不知名肉类的"气球"。我们用"气球"来描述这一类以轻薄表层包裹着不可压缩的流体的物品。根据所谓的帕斯卡定律（Pascal's law），气球的特点之一是它的内部压力是均匀的。

但是，气球内部压力对表层的影响与它的形状有关。球形气球受到的压力是完全对称的，所以它的内部压力均匀地作用于表层的每一点上。气球的形状与球体差距越大，它的表层上的压力就越有方向性。

如图 23-4 所示，当热狗的馅料要向外扩张时，热狗在径向上比在纵向上受到更多压力（环向压力大于轴向压力）。表层上最靠外的圆环处受到的压力特别大，也是最容易破裂的地方。爆裂点沿热狗的径向一路传导，因为这样能最好地缓解压力。于是，热狗沿着纵向"裂开"了。

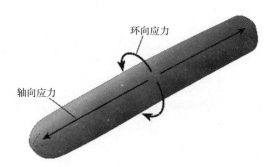

图 23-4　热狗在受热时的受力分析

下面我要来解释另一个更严谨的答案，会出现一些术语。"压力"这个词不仅适用于面试中的求职者，在物理学的领域，它也指作用在一定面积上的力。就这道面试题来说，我们讨论的是膨胀的香肠作用在表皮或肠衣上的均匀的内部压力。

批量生产的热狗在形状上接近于一个圆柱。它受到两种压力。像木桶上的箍一样，环向应力（hoop stress）沿着热狗的截面分布。由于热狗在烹饪过程中膨胀，它的表皮受到了横向拉伸。轴向应力（axial stress）沿着热狗的径向分布。热狗在受热并伸长时，它的表皮也在径向上被拉伸。

接下来我们要在一把锋利的菜刀的帮助下进行一些微积分运算。我们的计划是把热狗切成许多大小相等的薄切片。我们把热狗想象成无限个厚度非常小的连续切片。这些切片可以充分体现热狗表皮受到的压力。通过分析其中的一个，我们就可以了解整根热狗的受力状况。

设想我们用菜刀沿着热狗的纵轴将它切成一连串切片。如图 23-5 所示，每个切片都受到了轴向应力。读者可能认为这个结论是反直觉的，这些圆形的横截切片受到的应该是环向应力。每一个切片都在沿着热狗的纵轴方向传递轴向压力。学过微积分的人会意识到圆形切片可被视为轴向应力的微分。

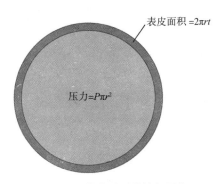

图 23-5　热狗受到的轴向压力

每个切片受到的力等于均匀内压 P 乘以横截面积。热狗的横截面的面积等于 πr^2，其中 r 代表半径。

$$压力 = P\pi r^2$$

这个压力作用在切片的环状表皮或肠衣上。它的面积等于切片的厚度 t 乘以热狗的周长 $2\pi r$，即 $2\pi rt$。热狗表皮上的轴向应力等于压力除以面积，即 $Pr/2t$

$$轴向应力 = 压力 / 面积 = P\pi r^2/2\pi rt = Pr/2t$$

现在再来计算环向应力。这个过程同样需要给热狗切片。我们要把热狗沿着图 23-6 中虚线所示的中轴切成纵向的薄切片。每个切片都将环向应力传递到邻近的沿着热狗径向分布的切片上。由于切片很长又比较均匀，我们不需要计算整个切片上的受力。为了简便，我们可以从一个切片上截取一个正方形的部分，然后以此为基础进行计算。这个正方形的边长可以被设定为热狗的半径 r。

同理，这个压力等于均匀内压乘以正方形切片的面积 r^2。

$$压力 = Pr^2$$

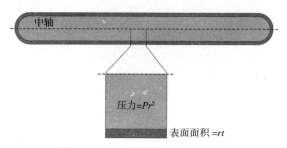

图 23-6　热狗受到的环向应力

这个压力现在作用在热狗底部的表皮上。它的边长是 r，厚度是 t，因此面积是 rt。环向应力等于 Pr/t。

$$环向应力 = 压力 \,/\, 面积 = Pr^2/rt = Pr/t$$

轴向应力和环向应力的算式看起来几乎是相同的，只是轴向应力算式的分母中多了一个 2。这意味着热狗受到的环向应力是轴向应力的两倍。当热狗的表皮破裂时，它很可能是由环向应力引起的，并由此形成一条纵向的裂痕。

有些读者可能会觉得困惑：环向应力为什么会形成纵向的而不是径向的裂痕？不妨这样想：你在穿紧身裤时，腰带与环向应力的方向是一致的。一旦裤子开裂，它的裂缝将是从上至下的，而不是沿着腰带所示的水平方向。现实世界错综复杂。热狗的肠衣可能存在随机的缺陷，这些缺陷会影响它开裂的方式。但总的来说，环向应力和轴向应力之间一倍的差值使得热狗更有可能沿纵向裂开。

热狗和 SpaceX 公司的火箭有什么联系吗？二者之间的联系极其密切。火箭的钛制外壳需要耐受高得惊人的压力。当发射失败时，火箭会因为同样的原因像热狗那样开裂。冻住的水管、超高压锅炉、潜艇和飞机的机身也面临着同样的问题。一个真正理解其中原理的 SpaceX 工程师候选人应该能够找出它们之间的联系。

面试技巧小贴士

1. 解决问题是一门寻找关联性的艺术。许多面试问题都可以通过寻找它与该职位所需的知识体系之间的关联来得到答案。雇主们采用这类面试问题，是为了测试求职者运用已有知识建立有效联系的能力。

2. 对于这类问题，我们应该努力寻找面试问题和应聘职位之间的关联，将现实工作的原则应用到答案中。

24　引入新特征，为答案增加脚手架

　　面试问题是通过文字、数字和观点来表达的。你可以像转动魔方一样把它们重新排列成新的组合。但这种方法并不总是有效。有时，你需要引入一种新的要素，斯坦福大学的数学家乔治·波利亚将其称为辅助要素。它可以是新的概念和策略、算术表达式或者图表中新加入的图形。**新特性提供了一种创造性思考问题的方式并揭示出其中的关键。**它的作用就像建筑物上的脚手架一样。新特性在蓝图里不存在，它是你为了构建建筑物或解决问题而添加上去的内容。

你知道以下面试题的答案吗？

　　你面前有一些变色龙，其中有 10 只为红色、11 只为蓝色、12 只为绿色。当两只不同颜色的变色龙在相遇后，它们会变化出第 3 种颜色。也就是说，红色的变色龙和蓝色的变色龙在相遇后会同时把身体

变成绿色。但当两只颜色相同的变色龙相遇，什么都不会发生。请问所有变色龙最终有可能变成同一种颜色吗？

这是一个非常奇怪的问题，你应该先用一个具体的例子大致演算一下。假设 10 只红色变色龙遇到 10 只绿色变色龙。它们一碰面就立即变成了 20 只蓝色的变色龙。将新增的蓝色变色龙加上原来的 11 只中，现在你面前一共有 31 只蓝色变色龙。除此之外，只剩下 2 只未变过色的绿色变色龙。这 2 只绿色的变色龙在遇到 2 只蓝色的变色龙之后，就会变成红色的变色龙。这样就会有 4 只红色变色龙、29 只蓝色变色龙，而且没有绿色的变色龙。如果目标是让所有的变色龙都变成同一种颜色，那么我们在变色龙最后一次变色时就输掉了在这次尝试中获胜的机会。这类逻辑题有个很响亮的名字——"疯狂变色龙"。

这道题的难点在于，总有些变色龙不能按颜色成功配对。如果我们先用逆向工作法，想象已经成功地让所有的变色龙都变成了同一种颜色，这个结果需要什么条件呢？

条件是有两种颜色的变色龙的数量是相等的。例如，我们有 3 只红色的变色龙、3 只蓝色的变色龙，其余的变色龙都是绿色的。当 3 只红色的变色龙遇到 3 只蓝色的变色龙时，它们变成了 6 只绿色的变色龙，从而所有的变色龙最终都变成了绿色。

面试问题中指定了不同颜色的变色龙的数量，分别是 10 只、11 只和 12 只。这意味着我们不能一步就把所有的变色龙变成同一种颜色。你或许会产生一种直觉，设定的这些数字决定了所有的变色龙最后不可能都变成同一种颜色。但即便如此，我们仍需要证明它。

证明的过程并不简单，因为这里存在很多种相遇和变色的可能。假设我们想要证明不可能得到相同数量的红色变色龙和蓝色变色龙。当红色变色龙和蓝色变色龙相遇时，会发生以下事件：

- 红色变色龙的数量减少 1；

- 蓝色变色龙的数量减少 1；

- 绿色变色龙的数量增加 2。

一般来说，任意两只不同颜色的变色龙相遇时，这两种颜色的变色龙的数量减少 1，第 3 种颜色的变色龙的数量增加 2。

这道题的关键词是红色、蓝色和绿色。你可以通过它们来演算，但算了半天也不会得出任何进展。所以，你要引入一个新的概念，即红色对蓝色盈余（red-versus-blue surplus）。它是指红色变色龙减去蓝色变色龙后的数量，简称 R−B。注意，当 R−B 等于 0 时，红色变色龙的数量等于蓝色变色龙的数量，我们就可以得到一个全绿色的集合。所以，目标是使 R−B 等于 0。

当两只变色龙相遇时，R−B 的值会发生什么变化？可能产生以下 4 种结果：

- 如果相遇的两只变色龙是相同的颜色，则什么也不会发生，R−B 保持不变。

- 如果红色的变色龙遇到蓝色的变色龙，红色和蓝色的变色龙的数量都会减少 1，但 R−B 仍然保持不变。

- 如果 1 只绿色的变色龙遇到 1 只红色的变色龙，红色的变色龙减少 1，蓝色的变色龙增加 2，而 R−B 的值减少 3。

● 如果1只绿色的变色龙遇到1只蓝色的变色龙，蓝色的变色龙减少1，
红色的变色龙增加2，而R–B的值增加3。

在某些情况下，R–B的值是不变的。当它发生变化时，它只能增加或减少3的倍数。这个判断对我们来说很重要。

题目中说一开始有10只红色变色龙和11只蓝色变色龙。这意味着R–B的初始值是–1。因此，R–B可以取值为2、5、8、11或–4、–7、–10、–13……但不可能成为0。这意味着所有的变色龙不可能都变成绿色，因为唯一使它成立的条件是R–B = 0。

我们可以继续引入红色对绿色盈余（red-versus-green surplus）和蓝色对绿色盈余（blue-versus-green surplus）。同理可证，变色龙也不可能全变成蓝色或红色。因此，这道面试的问题的答案是变色龙最终不可能都变成同一种颜色。

你知道以下面试题的答案吗？

一位国王得知敌人在100瓶宴会用酒中的一瓶里下了毒。测试一瓶酒是否有毒的唯一方法是倒出几滴酒喂给猴子。如果酒被下毒了，喝下毒酒的猴子将在24小时内死亡。宴会将于明晚举行。国王最少需要多少只猴子才能找出有毒的酒？

当爆发群体食物中毒事件时，卫生机构该怎么办？负责人会要求病人列出吃过或喝过的食物，然后通过排除法确定受害者共同吃过哪些食物。

猴子既不会说话也不会写字。一个对猴子不友好的解决方案是，从每瓶酒中取样并按照不同的组合为每只猴子倒一杯独特的鸡尾酒。如果处理得当，国王就能根据哪些猴子活了下来推断出哪瓶酒有毒。

这个解决方案意味着要为每只猴子列出一份个性化的详单，以说明它喝下的酒曾经从哪些瓶子中取过样。这份详单将相当冗长，因为它涉及 100 个酒瓶和数量未知的猴子。酒瓶必须被编号，举例来说，我们可以将它们编为 1 号至 100 号。

更好的方法是使用二进制来编号。软件工程师很容易想到这个办法，而且它有一个很有用的特点。它的每个数位上的数字只能是 1 或 0，恰好可以表示猴子喝下的鸡尾酒是否从某个特定的酒瓶中取过样本。在这里，我们引入了新的要素——二进制代码，它既可以为酒瓶编号，又可以表明取样的分布。

把数字 1 到 100 转换成二进制。如果将计入占据空白数位的 0 导入，这些二进制数字中的每一个都有 7 个数位。1 号瓶子是 0000001，2 号瓶子是 0000010……以此类推，100 号瓶子是 1100100。数字 100 的二进制换算过程如下：$1 \times 2^6 + 1 \times 2^5 + 0 \times 2^4 + 0 \times 2^3 + 1 \times 2^2 + 0 \times 2^1 + 0 \times 2^0 = 100$。

7 个数位刚好可以对应 7 只猴子，在这道题目中，我们只需要 7 只猴子。我们分别把这些猴子叫作阿娃、布鲁克林、奇塔、德利拉、埃森、弗朗西斯科和"好奇的乔治"。如图 24-1 所示，每一只猴子都用二进制代码中 7 个数位中的 1 个来标识。1 表示猴子喝到了由二进制代码编号的瓶子样本，0 表示它没有喝过。

　　例如，52 号瓶子的二进制编号为 0110100。这个数字告诉我们，布鲁克林、奇塔和埃森喝下的鸡尾酒被加入过几滴 52 号瓶子的酒，而其他猴子则没有喝过来自这个瓶子的酒。

图 24-1　用二进制数字表示猴子是否喝过某瓶酒

　　24 小时后，检查猴子们是否还活着。猴子的尸体将会揭示有毒酒的瓶子的编号。如果布鲁克林、奇塔和埃森死了，我们可以看到，它们是唯一一组从编号为 0110100 的 52 号瓶子里取酒喝的猴子。如果试毒的猴子里只有这 3 只死亡，那么 52 号瓶子一定是有毒的那瓶酒。

　　那编号为 0110101 的 53 号瓶子呢？3 只死亡的猴子也喝了这个瓶子里的酒。不过"好奇的乔治"也喝了 53 号瓶子里的酒，而它活了下来。"好奇的乔治"幸存的事实证明，53 号瓶子里的酒是没有问题的。3 只死去的猴子喝下的鸡尾酒里还包含来自其他瓶子的取样，但这个解决方案的内在设计决定了其他活下来的猴子可以证明那些瓶子里装的不是致命的毒酒。

　　如果采用这个方案，只需要 7 只猴子，因为 7 个数位的二进制数字在十进制记数法中对应的最大数字是 127，足以满足为 100 瓶编号的条件。在最不幸的情况下，如果装有毒酒的是编号为 0111111 的 63 号瓶子，多达 6 只猴子会死亡，但通常来说，死亡率不会这么高。

　　"好奇的乔治"将不得不喝掉来自 50 个不同瓶子的取样，即所有奇数编号的瓶子，他可能会喝得酩酊大醉。这道题目的必要条件之一是毒药的毒性比酒精大得多，所以一两滴的样本足以检测出一个瓶子里的酒是否有毒。

你知道以下面试题的答案吗？

7 个人围坐成一圈，每个人戴着一顶彩色的帽子。每个人都能看到另外 6 个人的帽子颜色，唯独看不到自己的帽子颜色。帽子是从一个包含 7 种颜色的列表中随机抽取的，而且不一定每种颜色的帽子都会被抽中。被抽到的 7 顶帽子有可能全都是绿色的，也可能是 7 种颜色的任意组合。每个人都被告知了抽取帽子的规则。

这 7 个人要根据一个给定的信号同时喊出自己帽子的颜色。只要有一个人猜对了，每个人都可以取下帽子回家。但如果没有一个人猜对，他们将全部被处死。

这 7 个人在抽取帽子之前可以一起商讨策略。他们应该怎么做？

Jane Capital 公司提出的这个面试问题极其棘手，请准备好运用工具箱中的所有工具。

使用类比。 经常做脑筋急转弯的人会意识到这是一个所谓的 "彩帽问题"（colored-hat problem）。这类逻辑题遵循程式化的规则。其中一条是每个人都拥有 "完美逻辑"，能够立即推断出行动的后果，而且总是预判多个行动步骤。在一个典型的 "彩帽问题" 中，一个人能够根据其他人无法推导出他的帽子的颜色的这一事实而猜出自己帽子的颜色。使用类比是一个经典的解题技巧。

第一反应是错误的／不要陷入思维惯性。因此，经验丰富的解题者应该想到要找出一个与标准的"彩帽问题"答案相接近的解决方案。在常见的"彩帽问题"中，戴帽子的人是轮流猜自己帽子的颜色的，但在这个面试问题中，这些人必须同时给出答案。在下定决心喊出自己的判断之前，戴帽子的人无法从别人那里获得任何信息。这道面试问题需要一种全新的方法。

注意意想不到的词语。有几个地方值得特别注意，例如"不一定每种颜色的帽子都会被抽中""只要有一个人猜对""商讨策略"等。

在典型的"彩帽问题"中，人们能够根据他们看到的帽子颜色得出一些关于自己帽子颜色的推论。然而，这个可能性已经被排除了，因为不管戴帽子的人看到什么颜色的帽子，他自己的帽子仍可以是"7种颜色列表"中的任何一种。面试官用一整句话来确定这7顶帽子既可以全部是绿色的，也可以是其他的颜色组合。

显然，有待得出的解决方案应该是一个集体决策。游戏里的人要就一个策略达成一致，以保证至少有一个人的猜测是正确的。他们不需要确保每个人都给出正确的答案。尝试一下问题的简单版本。想象一下如果只有两个人和两种颜色的帽子——黑色帽子和白色帽子——的情况。你看着另一个人，看到他戴着一顶黑色帽子。现在怎么办呢？他的帽子的颜色与你的帽子的颜色无关。

然而，你们可以合作制定策略。在只有两人参与的情况下，你们比较容易列出所有可能的策略。一种是完全没有策略：

每个人独立地随机猜测一种颜色。

这么随意的策略其实也不像想象得那么糟糕。你们每个人的猜测都有1/2的概率是正确的。只有在两个人都出错的情况下，你们才会受到惩罚，这个概率是1/4。这意味着你们两个有75%的概率活下来。

现在的目标是提高这个概率。这里有一些简单的集体策略：

● 不管结果如何，每个人都猜黑色。

● 不管结果如何，每个人都猜白色。

● 一个人负责猜黑色，另一个人负责猜白色。

仔细研究这些策略，你会发现它们与随机猜测并没有太大差别。没有一个策略能保证至少有一个人猜对。

据说，爱因斯坦有这样一句名言，世间万物应该尽可能简单，但不能过度简单。[1]当过于简单的策略不起作用时，不妨尝试一下复杂一点的方法。

新的策略可以把对方帽子的颜色当作条件。例如：

● 每个人以他看到的对方帽子的颜色为答案。

● 每个人以他没有看到的帽子颜色为答案。

● 一个人猜他看到的帽子颜色，另一个人猜他没有看到的帽子颜色。

答对了，最后一种策略是可行的。如果两个人戴的帽子的颜色相同，那么猜他看到的帽子颜色的人对自己帽子颜色的猜测一定是正确的；如果两个人戴的帽子的颜色不同，那么猜他没有看到的帽子颜色的人对自己帽子颜色的猜测一定是正确的。

两名戴帽子的人属于同一个团队，这个团队中不应出现所谓的"我"。他们要做的不是使自己给出正确答案的概率最大化，而是按照题目要求的那样，确保至少有一个人的猜测是正确的。

我们现在已经解决了面试问题的简单版。下一步是将这一思路扩展到 7 个人和 7 种帽子颜色的情况。通常情况下，解题方案可以在扩展后直接被使用。遗憾的是，这个规律不适用于眼下这道面试问题。毕竟，我提醒过你这可是一道难题。

不要被麦高芬误导。 两人版的解决方案将所有的可能性分成两种互相排斥但涵盖了单个类别内所有可能的情况，即"颜色相同"与"颜色不同"。游戏里的每个人都分配到其中一种情况，并且要按照题目的指示根据适用的条件给出答案。我们不需要知道哪种情况是正确的。它是这个题目中的麦高芬，关键的是所有答案中必须有一个是正确的。

再来看这个面试问题的另一个简单版。这次参与游戏的有 7 个人。他们要回答的问题是猜出成吉思汗出生的那一天是星期几。7 个人中至少有一个人要给出正确答案，否则情况会非常不妙。

成吉思汗的父母是牧人，他本人出生在 1162 年的某一天，但具体的日期早被蒙古草原的风沙所淹没。历史学家也未必知道它的正确答案。但这不重要！只要确保 7 个人中每一个人都喊出一个星期中排序不同的一天就一定有一个人是对的。

同理，我们需要找到一种方法，它可以将面试中遇到的"彩帽问题"的所有可能性分为 7 类，而且其中一定有一类包含了正确的答案。很明显，这个策略不会太简单。游戏中的每个人都可以看到任何一种颜色组合，而且这可能会以非常复杂的方式影响他的猜测。"猜一种看到次数最多的颜色"或"猜一种你没看见过的颜色"这一类策略是行不通的。

引入新特性。让我们从 1 到 7 给这些颜色编号。数字的好处之一是它们可以相加。这 7 顶帽子的颜色编号相加之后得出一个总和。知道这个总和的人就可以根据这一点计算出自己帽子的颜色。假设你知道这个总和是 29。然后你看到了 6 顶帽子，它们的颜色编号分别是 2、5、3、5、5 和 3，其总和是 23。因此，你看不到的那顶帽子，也就是你自己的帽子，就一定是以 6 为编号的，只有这样，所有帽子的编号加起来才等于 29。你的帽子的颜色就是与数字 6 相对应的颜色。

没有人能看到所有 7 顶帽子，所以每个人都不知道帽子颜色编号的总和。但是，由于只需要有一个人是对的，这未必会成为一个问题。一个可能有效的策略是让游戏里的每个人都选择一个可能的总和，并根据这个总和推断出自己帽子的颜色。他们中的某个人有可能会选择正确的总和并给出正确的答案。

难点在于可供选择的总数比人数多。从 1 到 7 的 7 种颜色编码的总和可以是介于 7 到 49 之间的任意值。也就是说，有 43 个可供选择的总和，而戴帽子的人只有 7 名。

对此，有一个简单的解决办法。把这个总数除以 7，取余数。这个余数必定在 0 到 6 之间，总共有 7 种可能，游戏里的每个人刚好可以选择其中一种。这个余数足以帮助他们推断出自己的帽子的颜色。

例如，假设我被分配的余数是 5。它是不是真正的余数并不重要。我的任务就是把它想象成真正的余数，并据此采取行动。我看到 6 顶彩色帽子，它们的编号加起来等于 31。用 31 除以 7，得到 4 这个整数，余数是

3。3 比 5 小 2，所以我看不见的帽子的颜色一定是编号 2 对应的颜色。我要在答题时说出这个颜色。

　　其他人也遵循同样的策略，但认领的余数各不相同。只要这 7 个人都遵循这个过程，并且没有犯错，那么他们的成功率将是 100%。7 个答案中一定有 6 个是错的，只有一个人会给出正确的答案。

面试技巧小贴士

1. 面试问题是通过文字、数字和观点来表达的。你可以像转动魔方一样把它们重新排列成新的组合，但这种方法并不总是有效。
2. 对于其他情况，我们就需要在面试问题中引入新的要素，可以是新的概念和策略、算术表达式或者图表中新加入的图形。新要素为我们提供了一种创造性思考问题的方式并揭示出其中的关键，它的作用就像建筑物上的脚手架一样。

破除爱迪生谬误，如何更有效地面试

托马斯·爱迪生错了！**世界上没有一个神奇的问题或一套问卷可以告诉你谁会成为优秀的员工。**当下，太多雇主正在犯同样的错误。心理学家收集到大量证据，证明每一种被广泛运用的评估技术都有缺陷，而且没有一种评估技术能像人们想象中那样对职场表现做出准确的预测。不管面试官提出哪种类型的问题，面试过程都有可能成为确认偏差的一次演习。

不过，即使评估技术以及它们的使用者并不完美，我们还是有一些方法可以实现更有效的面试。这篇后记将介绍一些有助于实现这一目标的策略。

首先，雇主应该意识到，对求职者的筛选主要是在面试之前完成的。人工智能和应用程序，比如简历扫描软件、有针对性的社交媒体广告、基于人工智能的电话面试、心理测试游戏，决定着谁会被邀请参加正式的面试。这个环节最容易出现错误否定和歧视，但雇主们也最有机会将其不良影响降至最低。招聘人员应该像对待招聘的后期阶段一样认真对待这些前期工作。他们需要认真考虑如何将"盲试"的理念应用到初筛之中。

面试的意义不仅仅是找到一个最合格的求职者。对于雇主和求职者来说，面试也是一次重要的机会。它使双方在做出重大的共同承诺之前可以先见个面，并建立一种让人舒适的关系。求职者在评估招聘的公司，这家公司也在评估求职者。如果一家公司有一个空缺的岗位，它当然希望求职者能够快速地做出决定——以对公司有利的方式。然而，求职者的决定在很大程度上取决于他对面试的满意程度。

从定义上说，古怪的面试问题似乎与招聘职位没有任何关系。提出这些问题的面试官应该尽快向求职者解释这些问题的必要性。如果你不能迅速给出提出这类问题的理由，那么这似乎预示着你不应该在面试中提出它。

在低级职位的集体面试中，人们对于体现文化契合度的面试问题，如"你的超能力是什么"，有一定的容忍度。但在与经验丰富的求职者进行一对一的面试时，同样的问题可能会被视为一种侮辱。一家公司不是一个寻找特定"类型"的候选者并将其他所有人拒之门外的兄弟会。求职者身上最重要的特质是完成这项工作的能力和意愿，任何与此无关的事都只会无端地消耗精力。

在面试中使用逻辑题的公司尤其重视创造性解决问题以及在工作中学习新技能的能力。就这些素质的适用性而言，解决逻辑题的卓越能力很可能与工作中的出色表现存在一定的相关性。

逻辑题乃至任何其他面试问题最有意义的地方在于，质疑面试官对求职者的第一印象。心理学家因此建议尽量采用结构化面试，即向每一位求职者提出同一组问题。这可以抑制面试官潜意识中的一些倾向，即选择那些印证面试官对求职者产生的既有印象的问题来提问。考虑到面试问题会在网上或 Facebook 账号中被曝光，无限期地重复提问同一组问题可能是不现实的。但是面试官还是可以并且应该对申请同一个职位的每一位求职者提出同样的问题。

　　有经验的面试官会认识到他们的期望不仅仅是这些脑筋急转弯得到了正确的解答。"重点在于面试问题会引起半个小时的对话，"前微软面试官周思博指出，"你可以根据这些对话来判断一个人有多聪明。"[1]

　　有一些方法可以处理面试过程中固有的主观性。计分标准的设定为给答案评分提供了统一的原则。我在这里要展示一份计分标准，耶利米·霍纳和他的同事们在给"美国有多少加油站"这一逻辑题的答案打分时参照了这一标准。[2]

"美国有多少加油站"的评分标准

1 分：

不能理解问题

给出一个毫无逻辑的估值

3 分：

建立并讨论一些估值的逻辑依据

例如：

• 汽车数量

• 人口数量以及拥有汽车的人数

• 持有驾照的人数

• 每辆车多长时间加一次油

• 某个时期内的耗油量

• 平均旅行距离

• 平均油耗

5 分：

建立了一个连接多个变量的独特逻辑

例如：

根据美国人口、家庭规模以及人均拥有汽车的数量来估算汽车的数量

这个标准要求面试官在 1 分到 5 分的范围内给求职者的答案打分，而且保证了多位面试官的评分的一致性。只有在保证不同的面试官就某个既定的回答给出几乎相同的评分之后，面试问题才有可能是公平的。

在提出刁钻古怪的面试问题方面，雇主们已经展开了一场"军备竞赛"。对于一个可能永远不会成功上岸的独角兽公司的求职者来说，面试问题就像石中剑 ① 那样可望而不可即。有些问题实在太难了，并不适合面试阶段的评估。说谎者及诚实者的国度、7 个戴彩色帽子的人等问题就属于这一类。求职者可能需要花掉 20 多分钟才能找到一个解决这类高难度的逻辑题的有效思路。但事实上，在面试过程中，求职者既不能也不应该在一个问题上花那么多时间。

聪明的雇主懂得工作面试是一个有噪声的指标，最好的做法是对冲下注的风险：问许多个不用花太多时间的问题，而不是只问一个超高难度的问题；问不同类型的问题，而不是只问一类问题。 总而言之，不要把评估的重心放在某个单一类别的问题的回复上。

爱迪生认为自己是一名伟大的天才光环破除者。他有一句名言："发明家只需要丰富的想象力和一堆垃圾。"创新者与其说是创造者，不如说是一个不断将旧想法以新方式组合在一起，直到某种化学反应发生的修补匠。"我这辈子从来没有提出什么想法，"爱迪生说，"我所谓的发明早就存在于我的身边——我只是发掘了它们。我什么也不曾创造。没有人真正在创造。"[3]

---

① 石中剑是英国神话传说中的一把名剑，据说亚瑟王因成功从石中拔出此剑而被拥戴为英格兰国王。——译者注

在很大程度上，这样的自谦更能彰显出发言者的自矜身份。但重点在于，爱迪生意识到即使是他的标志性发明也不是真正意义上的全新发明。爱迪生是一个伟大的改良者，改良创意则是一项艰苦的工作。在有着些许杜撰色彩的爱迪生名言录中，在"大多数人与机会擦肩而过，因为'机会'穿着工作服出现，看起来与日常工作并无差别"[4] "天才是 1% 的灵感加上 99% 的汗水"[5] "许多人没有获得成功是因为他们在放弃时不知道自己离成功多么接近"[6] 等金句中，我们不难看到这个理念。

这个理念被一代又一代的创新者不断地强调。"创造性就是将不同的事物连接起来"是史蒂夫·乔布斯最广为人知的言论之一。"失败是一种选择，"埃隆·马斯克说，"如果你的项目没有失败，那说明你的创新还不够。"

创造性地解决问题的确需要试错，但不要对这句话产生误解。优秀的问题解决者不会随随便便地开始尝试。他们不断刷新自己下一步将要做什么的直觉。随着对所面对的问题的理解不断加深，他们的策略也会相应地改变。

逻辑题和心理测试游戏以理想状态下可控制的形式再现了现实生活中的运气、挫折和胜利。雇主们可以从求职者身上学到的最重要的一点是如何应对不可避免的挫折。**有创造力的问题解决者愿意拥抱不确定性。他们很快就能发现此路不通，然后继续探寻新的路径。**他们日复一日地坚持工作。拥有这样一份重要性不亚于才华的毅力，对于正在迎接当下这个颠覆性的世纪的我们来说至关重要。

我已经写了3本以非常规面试为主题的书，其中包括2003年出版的《如何移动富士山》以及2013年的《谁是谷歌想要的人才》。喜欢这两本书的读者们不断地督促我了解新的问题和技术。衷心感谢所有帮助过我的人，包括那些要求我不要在书中公布他们的名字的人。

我要特别感谢保罗·M. 丹尼斯（Paul M. Dennis）忠实地记录了爱迪生调查问卷对招聘研究的影响。爱德华·卡斯勒（Edward Cussler）提示我，牛津和剑桥大学入学面试的传统开创了在面试时用脑筋急转弯来进行测试的先河。辛克莱·麦凯（Sinclair McKay）有关布莱切利园组织对填字游戏和逻辑题的运用的研究使我受益匪浅。弗里达·波利是一位热情的指导者，她引导人们重新思考在招聘过程中出现的性别和种族偏见，并致力于研究心理测试游戏如何就此提供补救措施。

我还要在此感谢路易斯·阿布勒（Luis Abreu）、拉凯什·阿格拉沃尔（Rakesh Agrawal）、亚当·戴维·巴尔（Adam David Barr）、乔·巴雷拉（Joe Barrera）、特雷西·贝阿尔（Tracy Behar）、基兰·邦达拉帕提（Kiran Bondalapati）、约翰·布罗克曼（John Brockman）、马克斯·布罗克曼（Max Brockman）、柯蒂斯·福杰（Curtis Fonger）、艾丽西亚·戈弗雷（Alicia Godfrey）、兰迪·戈尔德（Randy Gold）、瑞安·哈贝奇（Ryan Harbage）、阿斯特里德·德·克朗加尔（Astrid De Kerangal）、拉里·赫萨

（Larry Hussar）、菲利普•约翰逊－莱尔德（Philip Johnson-Laird）、罗恩•马修（Rohan Mathew）、吉恩•麦克纳（Gene McKenna）、亚历克斯•派金（Alex Paikin）、埃里克•波林（Eric Polin）、迈克尔•普赖尔（Michael Pryor）、米歇尔•罗比诺维茨（Michelle Robinovitz）、克里斯蒂娜•罗德里格斯（Christina Rodriguez）、老布雷特•鲁迪（Brett Rudy Sr.）、阿瑟•圣－奥宾（Arthur Saint-Aubin）、克里斯•赛尔斯（Chris Sells）、乔尔•舒尔金（Joel Shurkin）、艾莉森•肖特尔（Alyson Shontell）、杰瑞•斯洛克姆（Jerry Slocum）、杰尔姆•史密斯（Jerome Smith）、诺尔曼•斯皮尔斯（Norman Spears）、周思博、诺亚•索亚宁（Noah Suojanen）、卡伦•维克雷（Karen Wickre），以及加州大学洛杉矶分校研究图书馆的工作人员——罗德•范•梅赫伦（Rod Van Mechelen）和罗克珊•威廉姆斯（Roxanne Williams）。

前言

1   *Forbes* 1921, 85.

2   *Forbes* 1921, 86.

3   *Forbes* 1921, 86.

4   Bradley 2011, 34.

5   *Boston Herald*, May 15, 1921.

6   *New York Times*, May 15, 1921, 14.

7   *New York Times*, May 15, 1921, 14.

8   *Literary Digest*, 1921.

9   Dennis 1984, 30.

10   *New York Times*, May 22, 1921.

11   Dennis 1984.

12   Lambert 2018.

13   Carr 2018.

14   Frida Polli interview, March 10, 2020.

15   Pymetrics website, Polli interview, March 10, 2020.

16   Carr 2018.

17   Useem 2019.

18   Madhok 2019.

19   Berg, Dickhout, McCabe 1995.

01

1   Brigham 1923, 4.

2   Brigham 1921.

3   答案分别是布法罗、诗人和烟草。

4   Brigham 1930, 164.

5   Brigham 1930, 1964.

6   Heilweil 2019.

7   Hogan, Hogan, and Roberts 1996, 475.

8   Hogan, Hogan, and Roberts 1996, 473.

9   Tupes and Christal 1961, 14.

10   Weber and Dwoskin 2014.

11   Weber and Dwoskin 2014.

12   Hogan, Hogan, and Roberts 1996, 471.

13   Weber and Dwoskin 2014.

14   没有同时代的记录表明巴纳姆曾经说过或写过这句话。但网上流传的巴纳姆
      关于这句话的说法，有助于证明这一点。

15   Weber and Dwoskin 2014.

16   Carr 2018.

17   Rudy, interview April 8, 2020.

18   Abreu 2015.

19　Luis Abreu, 个人邮件，July 8, 2019。

20　Jackson 2017.

21　TeamBlind 2018a.

22　TeamBlind 2018a.

23　TeamBlind 2018a.

24　Deutschman 2004.

25　Poundstone 2012, 37.

26　Gillett, Cain, and Perino 2019.

27　Lebowitz 2016.

28　McLaren 2019.

29　Mac 2012.

30　Thiel and Masters 2014.

31　Poundstone 2012, 46.

32　Smith 2015.

33　Prickett, Gada-Jain, and Bernieri 2000.

34　Prickett, Gada-Jain, and Bernieri 2000.

35　Prickett, Gada-Jain, and Bernieri 2000.

36　Hunter and Hunter 1984.

37　Highhouse 2008, 336.

38　Highhouse 2008, 339—340.

39　*Yahoo! News*, December 16, 2019.

40　Prickett, Gada-Jain, and Bernieri 2000.

02

1　Tukey 1958, 3.

2   Braythwayt 2012.

3   Thompson 2019.

4   Umoh 2018.

5   Umoh 2018.

6   Honer, Wright, and Sablynski 2007.

7   Poundstone 2003.

8   Agry 2019.

03

1   Seltzer 1989.

2   Nayeri 2019.

3   Nayeri 2019.

4   Seltzer 1989.

5   Goldin and Rouse 1997; Nayeri 2019.

6   Goldin and Rouse 1997.

7   这是 Pymetric 版本的信任游戏的屏幕评论。

8   Polli interview, March 10, 2020.

9   Polli interview, March 10, 2020.

10   Gershgorn 2018; Polli interview, March 10, 2020.

11   Gershgorn 2018.

12   Polli interview, March 10, 2020.

13   Ip 2018.

14   Ryan 2018

15   Lauren Cohen, Pymetrics Internal Demo Day Pitch, January 30, 2017.

16   Polli, interview March 10, 2020.

17   Hunter 2017.

18   Matousek 2020.

19   Polli interview, March 10, 2020.

20   Bock and Kolakowski 1973.

21   Ip 2018.

22   Michael, Brown, Erickson 2017.

04

1   Csapó and Funke 2017.

2   Pólya 1945.

3   Newell and Simon 1972.

4   Newell and Simon 1972.

5   Munger 1994.

05

1   Neisser 2002. (读者没有必要写信告诉我你的狗或猫懂得绕路原则。后来的研究证实了这一点。在绕路实验中，这很大程度上取决于动物对环境的熟悉程度，以及它以前是否接触过绕路实验。)

2   Shallice 1982 and Berg and Byrd 2002.

3   Ward and Allport 1997.

4   Mischel and Ebbesen 1970.

07

1   Kahneman, Knetsch, and Thaler 1986; Poundstone 2010, 116—119.

2   Hoffman, McCabe, Shachat, and Smith 1994.

3   Frida Polli interview, March 10, 2020.

4 Bartling, Cappelen, Ekström, et al.2018.

5 García-Gallego, Georgantzis, and Ruiz-Martos 2019.

6 Kidd and Castano 2013.

08

1 Gillett, Cain, and Perino 2019.

2 Gillett, Cain, and Perino 2019.

3 *The Naked Scientists* 2007.

4 Kraitchik 1943.

5 Nalebuff 1989; Gardner 1989, 147–148.

6 Nalebuff 1989.

09

1 Gardner 1959, 25 and 33.

10

1 Friedersdorf 2013.

2 Hastings 2013.

3 Pólya 1945.

11

1 Bruce 2003.

13

1 Swenson 1981.

2 Gardner 1986.

3　Gardner 1986, 72. 这篇文章最初发表在加德纳在 1973 年 5 月和 6 月为《科学美国人》杂志撰写的"数学游戏"专栏中。

4　Baritompa, Löwen, Polster, Ross 2018 及其参考文献。

5　Gardner 1986, 81.

14

1　这部电影改编自安迪·威尔 (Andy Weir)2011 年的同名小说，由雷德利·斯科特 (Ridley Scott) 执导，德鲁·戈达德 (Drew Goddard) 担任编剧。

2　卡内基梅隆大学计算机科学家爱德华·弗雷德金 (Edward Fredkin) 阐述了这一广泛适用的理论。

3　Spolsky 2000.

4　Isaacson 2011, 316.

5　这道逻辑题有很多版本。有时题目中的糖果指的是软糖，有时完成目标是指移除这种可食用的糖果。

6　Klein 2012.

15

1　Numberphile, "How to order 43 Chicken McNuggets".

17

1　Novak 2015.

18

1　Mohan 2019.

20

1　Calandra 1968.

2　Calandra 1968.

3　Duncker 1945.

4　Chrysikou and Weisberg 2005.

5　Salkeld 2017.

6　Newell and Simon 1972.

7　Chen 2005.

21

1　Truffaut 1984, 139.

2　1933 年的两本书——塞西尔·B. 里德（Cecil B. Read）的《数学谬误》（*Mathematical Fallacies*）和 R.M. 亚伯拉罕（R. M. Abraham）的《娱乐与消遣》（*Diversions and Pastimes*）收录了一些类似的脑筋急转弯。

3　Boolos 1996, 62.

22

1　Gardner 1961, 152—153; 159.

2　Gardner 1961, 159.

3　Western Regional Climate Center.

23

1　约克的阿尔昆（Alcuin of York, 735—804）曾描述过一道任务是将狼、山羊和卷心菜运到河对岸的逻辑题。

2　Matson 2009.

24

1　没有证据表明爱因斯坦说过这句话。这可能是 1933 年他在牛津大学演讲中的一句话的转述:"几乎不能否认,所有理论的最高目标都是使不可约的基本要素尽可能简单,而不必放弃对单一经验资料的充分表达。"

后记

1　Poundstone 2003, 124.

2　Honer, Wright, and Sablynski 2007.

3　Morris 2019.

4　直到 1962 年,也就是爱迪生去世很久之后,这句话才被认为是爱迪生说的。

5　这句话的不同版本在爱迪生生前就有报道。最常被引用的版本中的占比分别是 2% 和 98%。但现在最常遇到的是 1% 和 99% 的版本。

6　这句话在网站上随处可见,但我不知道有哪个来源可以追溯到爱迪生生前。

参考文献

Abreu, Luis (2015). "700 Billion: My experience interviewing at Apple"(blog post). Feb. 24, 2015.

Agry, David (2019). "As an interviewer, what question has ruined a perfectly solid interview of a candidate for you?" *Quora* answer, September 10, 2019.

Allport, Gordon W. (1961). *Pattern and Growth in Personality*. New York:Holt, Rinehart and Winston, 1961.

Allport, Gordon W., and Henry S. Odbert (1936). "Trait names: A psycholexical study." *Psychological Monographs* 47: 211.

Alvarez, Simon (2019). "Elon Musk's Tesla, SpaceX top list of most attractive employers for engineering students." *Teslarati*, June 7, 2019.

Ambady, Nalini, and Robert Rosenthal (1993). "Half a Minute: Predicting Teacher Evaluations from Thin Slices of Nonverbal Behavior and Physical Attractiveness." *Journal of Personality and Social Psychology* 64, 431—441.

Anderson, Chris (2012). "Elon Musk's Mission to Mars." *Wired*, October 21, 2012.

Anderson, Chris (2013). "The mind behind Tesla, SpaceX, SolarCity."

Ankeny, Jason (2017). "NRF Foundation unveils retail education, credentialing program." *Retail Dive*, Jan. 15, 2017.

Baritompa, Bill, Rainer Löwen, Burkard Polster, and Marty Ross (2018).

"Mathematical Table Turning Revisited." June 28, 2018.

Baron-Cohen, Simon, Sally Wheelwright, Jacqueline Hill, Yogini Raste, and Ian Plumb (2001). "The 'Reading the Mind in the Eyes' Test Revised Version: A Study with Normal Adults, and Adults with Asperger Syndrome or High-functioning Autism." *Journal of Child Psychology and Psychiatry* 42, 241—251.

Bartling, Björn, and Alexander W. Cappelen, Mathias Ekström, Erik Ø.Sørensen, and Bertil Tungodden (2018). "Fairness in Winner-Take-All-Markets." NHH Department of Economics Discussion Paper No.08/2018.

Berg, W. Keith, and Dana L. Byrd (2002). "The Tower of London Spatial Problem-Solving Task: Enhancing Clinical and Research Implementation." *Journal of Clinical and Experimental Neuropsychology* 24, 586—604.

Berg, Joyce, John Dickhaut, and Kevin McCabe (1995). "Trust, Reciprocity, and Social History." *Games and Economic Behavior* 10, 122—142.

Bertrand, Marianne, and Sendhil Mullainathan (2004). "Are Emily and Greg More Employable than Lakisha and Jamal? A Field Experiment on Labor Market Discrimination." *The American Economic Review* 94, 991—1013.

Bock, R. Darrell, and Donald Kolakowski (1973). "Further Evidence of Sex-Linked Major-Gene Influence on Human Spatial Visualizing Ability." *American Journal of Human Genetics* 25, 1—14.

Boolos, George (1996). "The Hardest Logic Puzzle Ever." *The Harvard Review of Philosophy*, Spring 1996, 62—65.

Bortkiewicz, Ladislaus Josephovich (1898). *Das Gesetz der kleinen Zahlen* ["The law of small numbers"]. Leipzig, Germany: B.G.Teubner.

Bradley, Robert L. Jr. (2011). *Edison to Enron: Markets and Political Strategies*.New York: Wiley.

Braythwayt, R. S. (2012). "A Woman's Story."

Brigham, Carl C. (1923). A *Study of American Intelligence*. Princeton:Princeton University Press, 1923.

Brigham, Carl C. (1930). "Intelligence Tests of Immigrant Groups." *The Psychological Review* 37, 158—165.

Bruce, Laura (2003). "Penny Facts." *Bankrate*, June 17, 2003.

Buckley, M. Ronald, Amy Christine Norris, and Danielle S. Wiese (2000). "A brief history of the selection interview: May the next 100 years be more fruitful." *Journal of Management History* 6, 113—126.

Calandra, Alexander (1968). "Angels on a Pin." *Saturday Review*, December 21, 1968, 60.

Carr, Austin (2018). "Moneyball for business: How AI is changing talent management." *Fast Company*, August 16, 2018.

Chen, Desiree (2005). "How Would I ... Find a Needle in a Haystack?" *Chicago Tribune*, March 27, 2005.

Chrysikou, Evangelia G., and Robert W. Weisberg (2005). "Following the Wrong Footsteps: Fixation Effects of Pictorial Examples in a Design Problem-Solving Task." *Journal of Experimental Psychology:Learning, Memory, and Cognition* 31, 1134—1148.

Connley, Courtney (2019). "Amazon HR exec: This interview misstep can kill your chances of getting hired." CNBC, Jan. 18, 2019.

Constine, Josh (2017). "Pymetrics attacks discrimination in hiring with AI and recruiting games." *TechCrunch, September* 20, 2017.

Coren, Stanley (2012). "How Many Dogs Are There in the World?" *Psychology Today*, September 19, 2012.

Csapó, Beno, and Joachim Funke (2017). *The Nature of Problem Solving:Using Research to Inspire 21st Century Learning*. Paris: OECD Publishing.

Dennis, Paul M. (1984). "The Edison Questionnaire." *Journal of the History of the Behavioral Sciences* 20, 23—37.

Deutschman, Alan (2004). "Inside the Mind of Jeff Bezos." *Fast Company*, August 1, 2004.

D'Onfro, Jillian (2019). "Chris Urmson, CEO of Hot Self-Driving Startup Aurora, on Hiring and Humility." *Forbes*, September 11, 2019.

Duncker, Karl (1945). "On problem solving." *Psychological Monographs* 58, 5.

Durant, Elizabeth (2003). "70th reunion for Edison discovery." *MIT News*, June 4, 2003.

Fast Company staff (2016). "Apple's Angela Ahrendts on What It Takes to Make Change Inside a Successful Business." *Fast Company*, February 2016.

Feloni, Richard (2016). "Facebook's most asked interview question is tough to answer but a brilliant way to find the perfect fit." *Business Insider*, February 23, 2016.

Fimbel, Eric, Stéphane Lauzon, and Constant Rainville (2009). "Performance of Humans vs. Exploration Algorithms on the Tower of London Test." *PLoS ONE* 4 (9): e763.

Forbes, B. C. (1921). "Why Do So Many Men Never Amount to Anything?" *American Magazine* 91, 86.

Friedersdorf, Conor (2013). "President Obama Would Choose to Fight the Horse-Sized Duck." *The Atlantic*, January 11, 2013.

Gaddis, S. Michael (2017). "How Black Are Lakisha and Jamal? Racial Perceptions from Names Used in Correspondence Audit Studies." *Sociological Science* 4, 469—489.

García-Gallego, Aurora, Nikolaos Georgantzis, and Maria J. Ruis-Martos (2019). "The Heaven Dictator Game: Costless Taking or Giving." *Journal of Behavioral and Experimental Economics* 82, 1—10.

Gardner, Martin (1959). *Mathematical Puzzles & Diversions*. New York:Simon & Schuster.

Gardner, Martin (1961). *The 2nd Scientific American Book of Mathematical Puzzles & Diversions*. New York: Simon & Schuster.

Gardner, Martin (1986). *Knotted Doughnuts and Other Mathematical Entertainments*. New York: W.H. Freeman.

Gardner, Martin (1989). *Penrose Tiles to Trapdoor Ciphers*. New York:W.H. Freeman.

Gershgorn, Dave (2018). "Companies are on the hook if their hiring algorithms are biased." *Quartz*, October 22, 2018.

Gillett, Rachel, Áine Cain, and Marissa Perino. "Here's what Elon Musk, Richard Branson, and 53 other successful people ask job candidates during interviews." *Business Insider*, August 22, 2019.

Goldberg, Emma (2020). " 'Techlash' Hits College Campuses." *New York Times*, January 11, 2020.

Goldin, Claudia, and Cecelia Rouse (1997). "Orchestrating Impartiality:The Impact of 'Blind' Auditions on Female Musicians." Cambridge, Mass.: National Bureau of Economic Research. Working paper 5903, January 1997.

Hastings, Michael (2013). "How Obama Won the Internet." *BuzzFeed News*, January 8, 2013.

Heilwell, Rebecca (2019). "Artificial intelligence will help determine if you get your next job." *Vox*, December 12, 2019.

Highhouse, Scott (2008). "Stubborn Reliance on Intuition and Subjectivity in Employee Selection." *Industrial and Organizational Psychology* 1, 333—342.

Hjelle, Larry A., and Daniel J. Ziegler (1992). *Personality Theories: Basic Assumptions, Research, and Applications*, 3rd edition. New York:McGraw-Hill.

Hoffman, Elizabeth, Kevin A. McCabe, Keith Shachat, and Vernon Smith (1994). "Preferences, Property Rights, and Anonymity in Bargaining Games." *Games and Economic Behavior 7*, 346—380.

Hogan, Robert, Joyce Hogan, and Brent W. Roberts (1996). "Personality measurement and employment decisions: Questions and answers." *American Psychologist* 51, 469—477.

Honer, Jeremiah, Chris W. Wright, and Chris J. Sablinski (2007). "Puzzle Interviews: What Are They and What Do They Measure?" *Applied Human Resource Management Research* 11, 79—96.

Huffcutt, Allen I., and Winfred Arthur Jr. (1994). "Hunter and Hunter (1984) Revisited: Interview Validity for Entry-Level Jobs." *Journal of Applied Psychology* 79, 184—190.

Hunter, Darryl L. Jr. (2017). "Using Work Experience to Predict Job Performance:Do More Years Matter?" Master's Thesis, San Francisco State University, May 2017.

Hunter, John E., and Ronda F. Hunter (1984). "Validity and Utility of Alternative Predictors of Job Performance." *Psychological Bulletin* 96, 72—98.

Ip, Chris (2018). "To find a job, play these games." *Engadget*, May 4, 2018. Isaacson, Walter (2011). Steve Jobs. New York: Simon & Schuster.

Jackson, Abby (2017). "Elon Musk puts potential SpaceX hires through a grueling interviewing process one former employee calls a 'gauntlet.'" *Business Insider*, December 4, 2017.

Jackson-Wright, Quinisha (2019). "To Promote Inclusivity, Stay Away from Personality Assessments." *New York Times*, August 23, 2019.

Kahneman, Daniel, Jack L. Knetsch, and Richard Thaler (1986). "Fairness as a Constraint on Profit-Seeking Entitlements in the Market." *The American Economic Review* 76, 728—741.

Kidd, David Comer, and Emanuele Castano (2013). "Reading Literary Fiction Improves Theory of Mind." *Science* 342, 377—380.

Klein, Christopher (2012). "The Man Who Shipped New England Ice Around the World." *History Channel*, August 29, 2012.

Konop, Joe (2014). "10 Job Interview Questions You Should Ask." *Next Avenue*, June 18, 2014.

Kraitchik, Maurice (1943). *Mathematical Recreations*. London: George Allen & Unwin.

Lambert, Fred (2018). "Tesla says it received 'nearly 500, 000 applicants' last year as it grows to over 37, 000 employees." *Electrek*, March 21, 2018.

Lebowitz, Shana (2016). "Here's the tricky interview question Larry Ellison asked to hire extremely smart employees." *Business Insider*, February 10, 2016.

Lejuez, C. W., Jennifer P. Read, Christopher W. Kahler, Jerry B. Richards, et al. (2002). "Evaluation of a behavioral measure of risk taking: The Balloon Analogue Risk Task (BART)." *Journal of Experimental Psychology: Applied* 8, 75—84.

Lievens, Filip, Scott Highhouse, and Wilfried De Corte (2005). "The importance of traits and abilities in supervisors' hirability decisions as a function of method of assessment." *Journal of Occupational and Organizational Psychology* 78, 453—470.

Literary Digest, uncredited (1921). "Mr. Edison's Brain-Meter." *Literary Digest* 69, 28.

Live Science Staff (2010). "Ocean's Depth and Volume Revealed." *Live Science*, May 19, 2010.

Mac, Ryan (2012). "Reid Hoffman and Peter Thiel in Conversation: Finding the Best Candidates for the Job." *Forbes*, May 1, 2012.

Madhok, Diksha (2019). "Indian employers are stubbornly obsessed with elite students—and it's hurting them." *Quartz India*, November 20, 2019.

Mansour, Iris (2013). "Why your Halloween costume matters if you want to work for Warby Parker." *Quartz*, October 31, 2013.

Matousek, Mark (2020). "Elon Musk says you still don't need a college degree to work at Tesla. Here's what he looks for in job applicants instead." *Business Insider*, January 8, 2020.

Matson, John (2009). "Tool kit dropped from space station is orbital junk no more." *Scientific American* blog, August 3, 2009.

McKay, Sinclair (2017). *Bletchley Park Brainteasers*. London: Headline, 2017.

McLaren, Samantha (2019). "The Go-To Interview Questions of Companies Like Warby Parker, Airbnb and More." *LinkedIn Talent Blog*, February 26, 2019.

Meisenzahl, Mary (2019). "The most incredible perks Silicon Valley workers can take advantage of, from free rental cars to travel stipends." *Business Insider*, September 15, 2019.

Minsky, Marvin (1960). "Steps Toward Artificial Intelligence."

Minsky, Marvin (1986). *The Society of Mind.* New York: Simon & Schuster.

Mishel, Lawrence, and Jessica Schieder (2017). "CEO pay remains high relative to the pay of typical workers and high-wage earners." Washington, DC: Economic Policy Institute, July 20, 2017.

Mischel, Walter, and Ebbe B. Ebbesen. "Attention in Delay of Gratification." *Journal of Personality and Social Psychology* 16, 329—337.

Mohan, Pavithra (2019). "9 CEOs share their favorite interview questions." *Fast Company*, July 25, 2019.

Moren, Dan, and Jason Snell (2019). "Apple Earnings Call: Live Update." *MacWorld*, January 21, 2009.

Morris, Edmund (2019). *Edison.* New York: Random House.

Munger, Charles (1994). "A Lesson on Elementary, Worldly Wisdom as It Relates to Investment Management and Business" (speech given at USC Business School).

The Naked Scientists (2007). "When to add the milk." *The Naked Scientists* (podcast), November 11, 2007.

Nalebuff, Barry (1989). "Puzzles: The Other Person's Envelope Is Always Greener." *Journal of Economic Perspectives* 3, 171—181.

National Commission on Testing and Public Policy. (1990). "From gatekeeper to gateway: Transforming testing in America." Chestnut Hill, Mass.: National Commission on Testing and Public Policy, Boston College.

Nayeri, Farah (2019). "When an Orchestra Was No Place for a Woman." *New York Times*, December 23, 2019.

Neisser, Ulric (2002). *Wolfgang Köhler* 1887–1967.Washington, DC:National Academy Press. Biographical Memoirs, volume 81.

Newell, Allen, and Herbert A. Simon (1972). *Human Problem Solving*.Englewood Cliffs, N.J.: Prentice-Hall.

Novak, Matt (2015). "Take the Intelligence Test That Thomas Edison Gave to Job Seekers." *Gizmodo*, March 12, 2015.

Paquette, Danielle (2019). "Employers are offering to help pay off workers' student loans." *Washington Post*, January 15, 2019.

Paunonen, Sampo V., and Douglas N. Jackson (2000). "What Is Beyond the Big Five? Plenty!" *Journal of Personality* 68, 821—835.

Phillips, H. I. (1926). "Is a Prune a Social Climber? A Nut? Or a Kind of Fruit?" *American Magazine* 102, 56.

Polli, Frida (2019). "Seven very simple principles for designing more ethical AI." *Fast Company*, August 6, 2019.

Pólya, G. (1945). *How to Solve It: A New Aspect of Mathematical Method*. Princeton: Princeton University Press.

Poundstone, William (2003). *How Would You Move Mount Fuji? Microsoft's Cult of the Puzzle: How the World's Smartest Companies Select the Most Creative Thinkers*. Boston: Little, Brown.

Poundstone, William (2010). *Priceless: The Myth of Fair Value (and How to Take Advantage of It)*. New York: Hill and Wang.

Poundstone, William (2012). *Are You Smart Enough to Work at Google*? New York: Little, Brown.

Povey, Thomas (2015). *Professor Povey's Perplexing Problems*. London: OneWorld.

Prickett, Tricia J., Neha Gada-Jain, and Frank J. Bernieri. "The Importance of First Impressions in a Job Interview." Presented at annual meeting of the Midwestern Psychological Association, Chicago, May 2000.

Rondeau, René (1997—2019)."Lost in History: Thomas A. Edison, Junior."

Rossen, Jake (2017). "How Thomas Edison Jr. Shamed the Family Name." *Mental Floss,* April 21, 2017.

Roth, Daniel (2017). "LinkedIn Top Companies 2017: Where the world wants to work now." LinkedIn, May 18, 2017.

Ryan, Kevin J. (2018). "Tesla and LinkedIn Think Résumés Are Overrated.They Use These Neuroscience-Based Games Instead." *Inc.*, June 6, 2018.

Sackett, Paul R. and Philip T. Walmsley. "Which Personality Attributes Are Most Important in the Workplace?" *Perspectives on Psychological Science* 9, 538—551.

Salkeld, Lauren (2017). "Slicing pizza? 14 surprising uses for kitchen scissors." *Today*, April 3, 2017.

Seltzer, George (1989). *Music Matters*: *The Performer and the American Federation of Musicians*. Metuchen, N.J.: Scarecrow Press.

Shallice, Tim (1982). "Specific impairments of planning." *Philosophical Transactions of the Royal Society of London B* 298: 199—209.

Smith, Jacquelyn (2015). "The unusual interview question the president of Overstock asks every job candidate." *Business Insider*, September 8, 2015.

Sonnleitner, Philipp, Ulrich Keller, Romain Martin, and Martin Brunner (2013). "Students' complex problem-solving abilities: Their structure and relations to reasoning ability and educational success." *Intelligence* 41, 289—305.

Spolsky, Joel (2000). "The Guerrilla Guide to Hiring."

Stephen, Michael, David Brown, and Robin Erickson (2017). "Talent acquisition: Enter the cognitive recruiter." In *Deloitte Human Capital Trends*, 2017.

Stross, Randall E. (2007). *The Wizard of Menlo Park: How Thomas Alva Edison Invented the Modern World*. New York: Crown.

Swenson, Ola (1981). "Are we all less risky and more skillful than our fellow drivers?" *Acta Psychologica* 47, 143—148.

TeamBlind (2018a). "About LeetCode and the Recruitment Process in Silicon Valley." *Medium*, May 21, 2018.

TeamBlind (2018b). "Is FAANG really that special?" *Medium*, May 23, 2018.

Thiel, Peter, and Blake Masters (2014). *Zero to One*: *Notes on Startups, or How to Build the Future*. New York: Random House.

Thompson, Clive (2019). "The Secret History of Women in Coding." *New York Times*, February 13, 2019.

Tiku, Nitasha (2019). "Three Years of Misery Inside Google, the Happiest Company in Tech." *Wired*, August 13, 2019.

Truffaut, François (1984). *Hitchcock*. New York: Simon & Schuster.

Tukey, John (1958). "The Teaching of Concrete Mathematics." *The American Mathematical Monthly* 65, 1—9.

Tupes, Ernest C., and Raymond E. Christal (1961). "Recurrent personality factors based on trait ratings." *USAF ASD Technical Report*, 61—97.

Umoh, Ruth (2018). "Elon Musk asks this tricky interview question that most people can't answer." CNBC, October 9, 2018.

Useem, Jerry (2019). "At Work, Expertise Is Falling Out of Favor." *The Atlantic*, July 2019.

Vakhania, Nicholas (2009). "On a Probability Problem of Lewis Carroll." *Bulletin of the Georgian National Academy of Sciences* 3, 8—11.

Vance, Ashlee (2015). *Elon Musk: Tesla, SpaceX, and the Quest for a Fantastic Future*. New York: Ecco.

Ward, Geoff, and Alan Allport (1997). "Planning and Problem Solving Using the Five-disc Tower of London Task." *The Quarterly Journal of Experimental Psychology* 50A, 49—78.

Weber, Lauren, and Elizabeth Dwoskin (2014). "Are Workplace Personality Tests Fair?" *The Wall Street Journal*, September 29, 2014.

Weinberg, Gabriel, and Lauren McCann (2019). *Super Thinking: The Big Book of Mental Models*. New York: Penguin.

Winterhalter, Benjamin (2014). "ISTJ? ENFP? Careers hinge on a dubious personality test." *Boston Globe*, August 31, 2014.

未来，属于终身学习者

我们正在亲历前所未有的变革——互联网改变了信息传递的方式，指数级技术快速发展并颠覆商业世界，人工智能正在侵占越来越多的人类领地。

面对这些变化，我们需要问自己：未来需要什么样的人才？

答案是，成为终身学习者。终身学习意味着永不停歇地追求全面的知识结构、强大的逻辑思考能力和敏锐的感知力。这是一种能够在不断变化中随时重建、更新认知体系的能力。阅读，无疑是帮助我们提高这种能力的最佳途径。

在充满不确定性的时代，答案并不总是简单地出现在书本之中。"读万卷书"不仅要亲自阅读、广泛阅读，也需要我们深入探索好书的内部世界，让知识不再局限于书本之中。

湛庐阅读 App: 与最聪明的人共同进化

我们现在推出全新的湛庐阅读 App，它将成为您在书本之外，践行终身学习的场所。

- 不用考虑"读什么"。这里汇集了湛庐所有纸质书、电子书、有声书和各种阅读服务。
- 可以学习"怎么读"。我们提供包括课程、精读班和讲书在内的全方位阅读解决方案。
- 谁来领读？您能最先了解到作者、译者、专家等大咖的前沿洞见，他们是高质量思想的源泉。
- 与谁共读？您将加入优秀的读者和终身学习者的行列，他们对阅读和学习具有持久的热情和源源不断的动力。

在湛庐阅读 App 首页，编辑为您精选了经典书目和优质音视频内容，每天早、中、晚更新，满足您不间断的阅读需求。

【特别专题】【主题书单】【人物特写】等原创专栏，提供专业、深度的解读和选书参考，回应社会议题，是您了解湛庐近千位重要作者思想的独家渠道。

在每本图书的详情页，您将通过深度导读栏目【专家视点】【深度访谈】和【书评】读懂、读透一本好书。

通过这个不设限的学习平台，您在任何时间、任何地点都能获得有价值的思想，并通过阅读实现终身学习。我们邀您共建一个与最聪明的人共同进化的社区，使其成为先进思想交汇的聚集地，这正是我们的使命和价值所在。

CHEERS

湛庐阅读 App
使用指南

读什么
- 纸质书
- 电子书
- 有声书

怎么读
- 课程
- 精读班
- 讲书
- 测一测
- 参考文献
- 图片资料

与谁共读
- 主题书单
- 特别专题
- 人物特写
- 日更专栏
- 编辑推荐

谁来领读
- 专家视点
- 深度访谈
- 书评
- 精彩视频

HERE COMES EVERYBODY

下载湛庐阅读 App
一站获取阅读服务

How Do You Fight a Horse-Sized Duck？
Copyright © 2021 by William Poundstone
All rights reserved.

本书中文简体字版经授权在中华人民共和国境内独家出版发行。未经出版者书面许可，不得以任何方式抄袭、复制或节录本书中的任何部分。

版权所有，侵权必究。

图书在版编目（CIP）数据

如何对付像马一样大的鸭子 /（美）威廉·庞德斯通
（William Poundstone）著；刘晓旭译 . — 杭州：浙江
教育出版社，2024.1（2024.3重印）

ISBN 978-7-5722-7030-7

Ⅰ . ① 如 … Ⅱ . ① 威 … ② 刘 … Ⅲ . ① 招聘 — 基本知
识 Ⅳ . ① F241.32

中国国家版本馆 CIP 数据核字（2023）第 239440 号

浙 江 省 版 权 局
著作权合同登记号
图字 :11-2023-388号

上架指导：商业 / 职场成长

版权所有，侵权必究

本书法律顾问　北京市盈科律师事务所　崔爽律师

如何对付像马一样大的鸭子
RUHE DUIFU XIANG MA YIYANGDA DE YAZI

［美］威廉·庞德斯通（William Poundstone）　著

刘晓旭　译

责任编辑： 胡凯莉

美术编辑： 韩　波

责任校对： 刘姗姗

责任印务： 陈　沁

封面设计： ablackcover.com

出版发行： 浙江教育出版社（杭州市天目山路 40 号）

印　　刷： 石家庄继文印刷有限公司

开　　本： 710mm ×965mm 1/16

印　　张： 21.5　　　　　　　　　　**字　　数：** 324 千字

版　　次： 2024 年 1 月第 1 版　　　　**印　　次：** 2024 年 3 月第 2 次印刷

书　　号： ISBN 978-7-5722-7030-7　　**定　　价：** 109.90 元

如发现印装质量问题，影响阅读，请致电 010-56676359 联系调换。